内 容 简 介

本书是西安市东南郊黄渠头汉代墓地的发掘报告。本书系统、全面地收录了关于黄渠头汉代墓地的调查、发掘成果，为研究汉代时期的历史提供了丰富的实物资料。本书共分四章：第一章概述，交代了黄渠头汉代墓地的地理位置、历史沿革、发掘及整理情况；第二章Ⅰ区墓葬，则系统梳理了Ⅰ区墓地内各墓的形制、出土器物等情况；第三章Ⅱ区墓葬，详细记录了该区墓地内各墓的形制、出土器物等情况；第四章初步研究，则从宏观上梳理了墓葬形制、出土器物类型、分期与年代、墓地的形成与布局、对墓地的几点认识。

本书适合高等院校考古专业的师生，以及相关专业的从业人员阅读参考。

图书在版编目（CIP）数据

西安黄渠头汉代墓地：全2册 / 西安市文物保护考古研究院编著.—北京：科学出版社，2023.9
（杜陵汉墓考古报告之二）
ISBN 978-7-03-073703-8

Ⅰ.①西…　Ⅱ.①西…　Ⅲ.①汉墓–发掘报告–西安　Ⅳ.①K878.85

中国版本图书馆CIP数据核字（2022）第213430号

责任编辑：闫广宇 / 责任校对：邹慧卿
责任印制：肖　兴 / 封面设计：北京有道文化传播有限公司

科 学 出 版 社 出版
北京东黄城根北街 16 号
邮政编码：100717
http://www.sciencep.com

北京中科印刷有限公司 印刷
科学出版社发行　各地新华书店经销
*
2023年9月第 一 版　开本：889×1194　1/16
2023年9月第一次印刷　印张：56 1/2　插页：110
字数：1 630 000
定价：**800.00元**（全二册）
（如有印装质量问题，我社负责调换）

杜陵汉墓考古报告之二

西安黄渠头

（下

西安市文物保护考

科学

北

第三章　Ⅱ区墓葬

　　Ⅱ区，位于Ⅰ区西侧，规划为办公区。为黄渠头村占拆迁区域，地形地貌破坏严重，墓葬已无原始开口层位，加上清表较深，部分残存深度仅2～3米。该区域发掘墓葬27座，其中汉墓19座，大多盗扰严重，出土器物也相对较少。

第一节　M3

1. 墓葬形制

　　M3，位于该区域的西北部，距周围其他墓相对较远。方向0度。形制为竖穴墓道土洞墓，由墓道、墓室两部分组成（图六〇九；图版六九，3、4）。

　　墓道　位于墓室北端，平面呈长方形，壁面较直。长2.18、宽0.85、底距开口深2.4米。墓道内填五花土，土质疏松，未经夯打。

　　墓室　平面呈长方形，拱顶土洞，条砖错缝平铺地。长3.70、宽1.44、残高1.1米。该墓被盗扰，出土有陶灶1套（甑1、盆1）、陶灯1、铜钱3。

　　封门　条砖封门，下部为侧立对缝，上部顺置平铺。长0.85、宽0.37、高0.93米，条砖的尺寸36厘米×18厘米×7厘米。

　　葬具　木棺1具，保存较差，仅剩棺痕，长2.40、宽1.44米。

　　葬式　不详。

　　盗洞　1处，位于墓道的末端，自上而下进入墓室，平面呈圆形，直径约0.60米。

2. 出土器物

　　该墓出土陶器4件，另有铜钱3枚，分述如下。

　　陶器　4件，均为泥质灰陶，器类有灯、灶、盆、甑。

　　灶　1件，标本M3：2，灶体平面呈马蹄形，前方后圆，灶面前端稍出檐，两釜前后布置，尾部有短柱形烟囱，前端有方形落地灶门。灶门周围模印两重方框，之上一条连续菱形纹带，之外左侧两道竖棱之间饰竖向"8"字纹，右侧两道竖棱间饰菱形纹带。灶面之上，前面

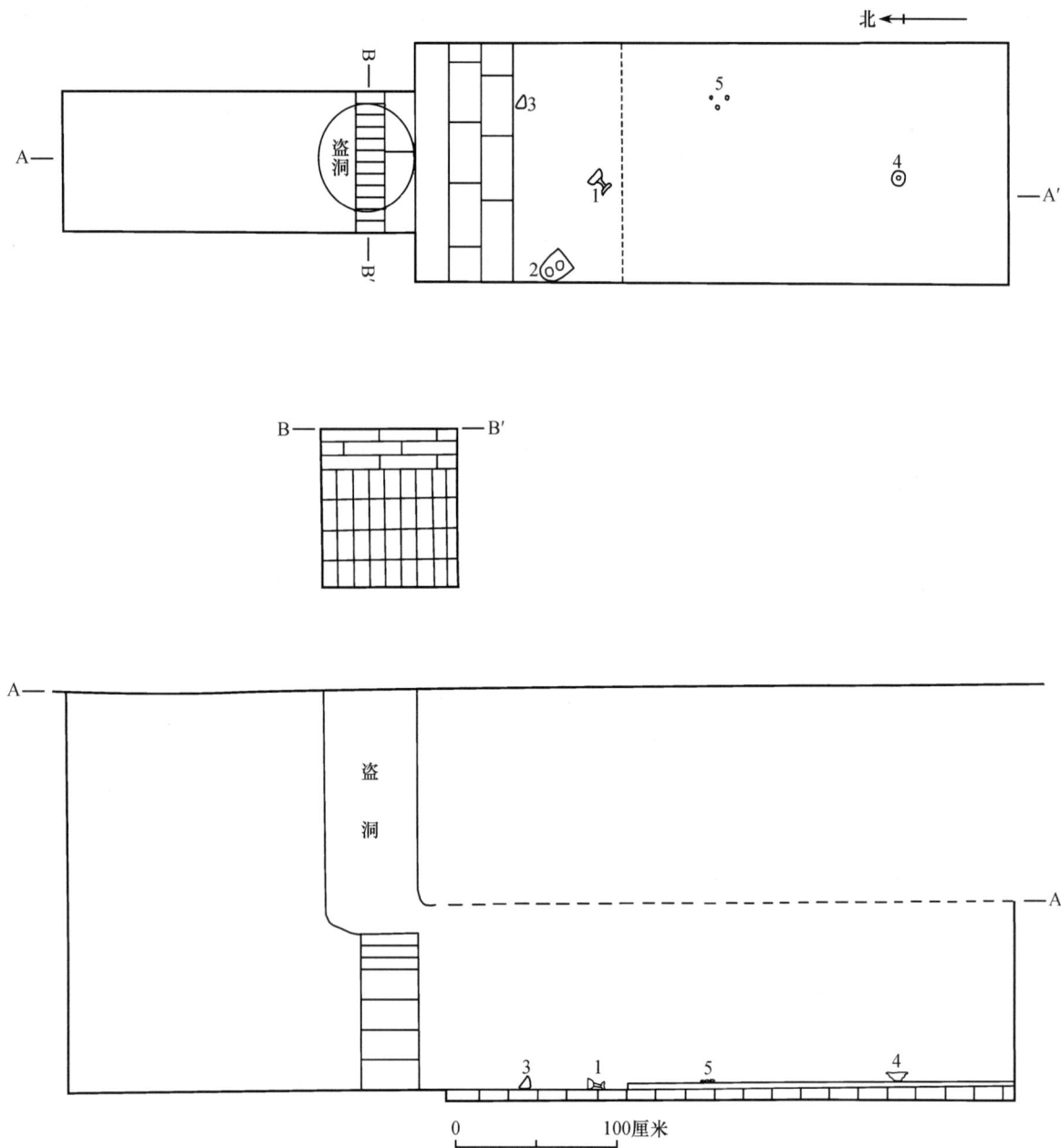

图六○九　Ⅱ区M3平、剖面图
1. 陶灯　2. 陶灶　3. 陶甑　4. 陶盆　5. 铜钱

连续菱形纹带，中间三菱形内各一小乳钉，釜之两侧模印对称的鱼、盖、瓢，以及勺等食物、炊具。灶面、灶壁分体模制而后粘结，釜之肩部与灶面一次性模制而成，腹模制而后粘结于相应的位置。长20.2、宽13.7、高9.6厘米（图六一○，1；图版一四九，3）。

　　盆　1件，与灶配套。标本M3：4，敞口，平沿，方唇，折腹平底内凹。轮制。口径8.4、底径2.2、高5厘米（图六一○，3）。

　　甑　1件，与灶配套。标本M3：3，敞口，平沿，方唇，斜直腹，平底，底部有三个箅孔，轮制。口径8.6、底径3、高3.7厘米（图六一○，2）。

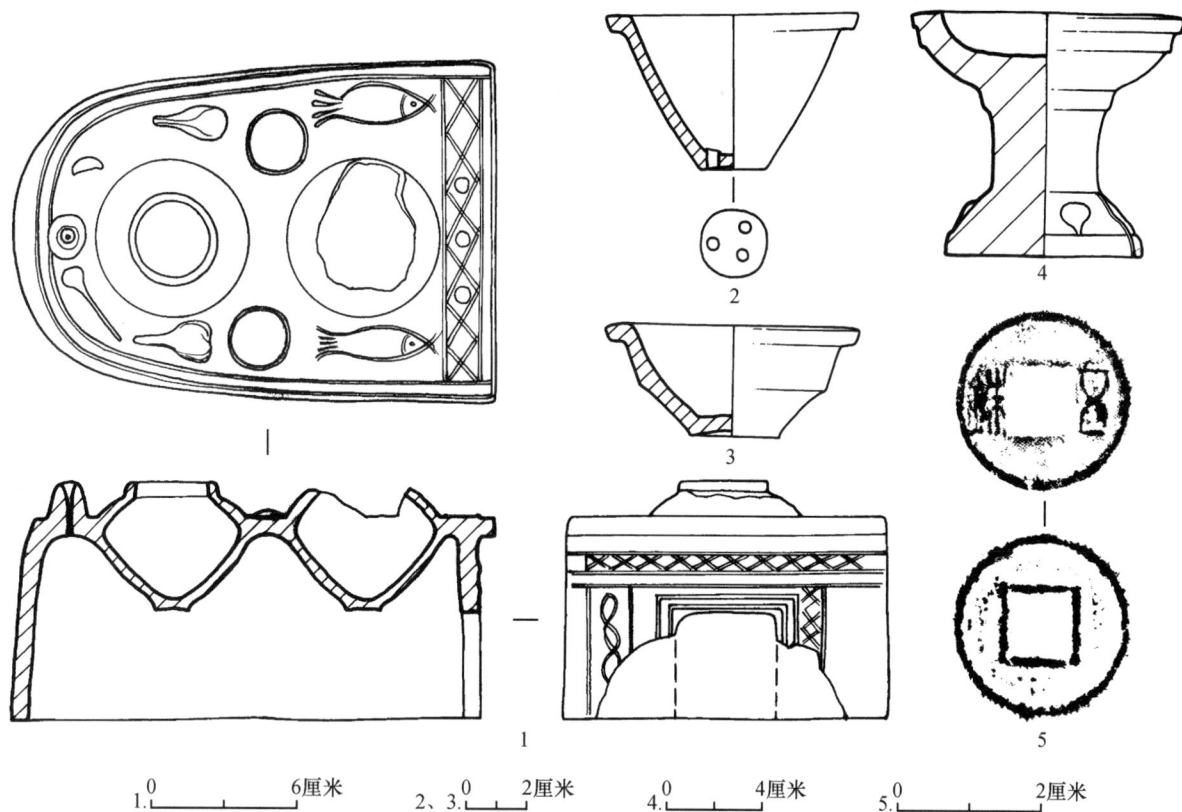

图六一〇 Ⅱ区M3出土器物

1. 陶灶（M3：2） 2. 陶甑（M3：3） 3. 陶盆（M3：4） 4. 陶灯（M3：1） 5. 铜钱（M3：5-1）

灯 1件，标本M3：1，豆形，盘，浅腹，平沿，方唇，唇下有一周凸棱，实心柱形柄，实心假圈足。合模制作。盘径11.7、盘深1.8、座径8.3、通高9.9厘米（图六一〇，4；图版一四九，2）。

铜钱 3枚，均为五铢钱，圆形方穿，穿背面有郭，穿之两侧有篆文"五铢"二字。M3：5-1，钱径24.49、穿宽8.81、郭厚1.47毫米，重2.95克（图六一〇，5）。

第二节 M5

1. 墓葬形制

M5，位于该区的西侧中部，西北邻M17，北侧邻M7、M8、M9。方向280度。形制为竖穴墓道砖室墓，由墓道、主室和耳室三部分组成（图六一一；图版七〇，1、2）。

墓道 位于墓室西端，平面呈长方形，底略呈斜坡状，壁面较直。开口长2.52、宽0.96、底距开口残深1.56～2.0米。墓道内填五花土，土质疏松，未经夯打。

墓室 平面呈长方形，券顶砖室。条砖对缝券顶，条砖错缝砌壁，底为条砖错缝平铺。墓

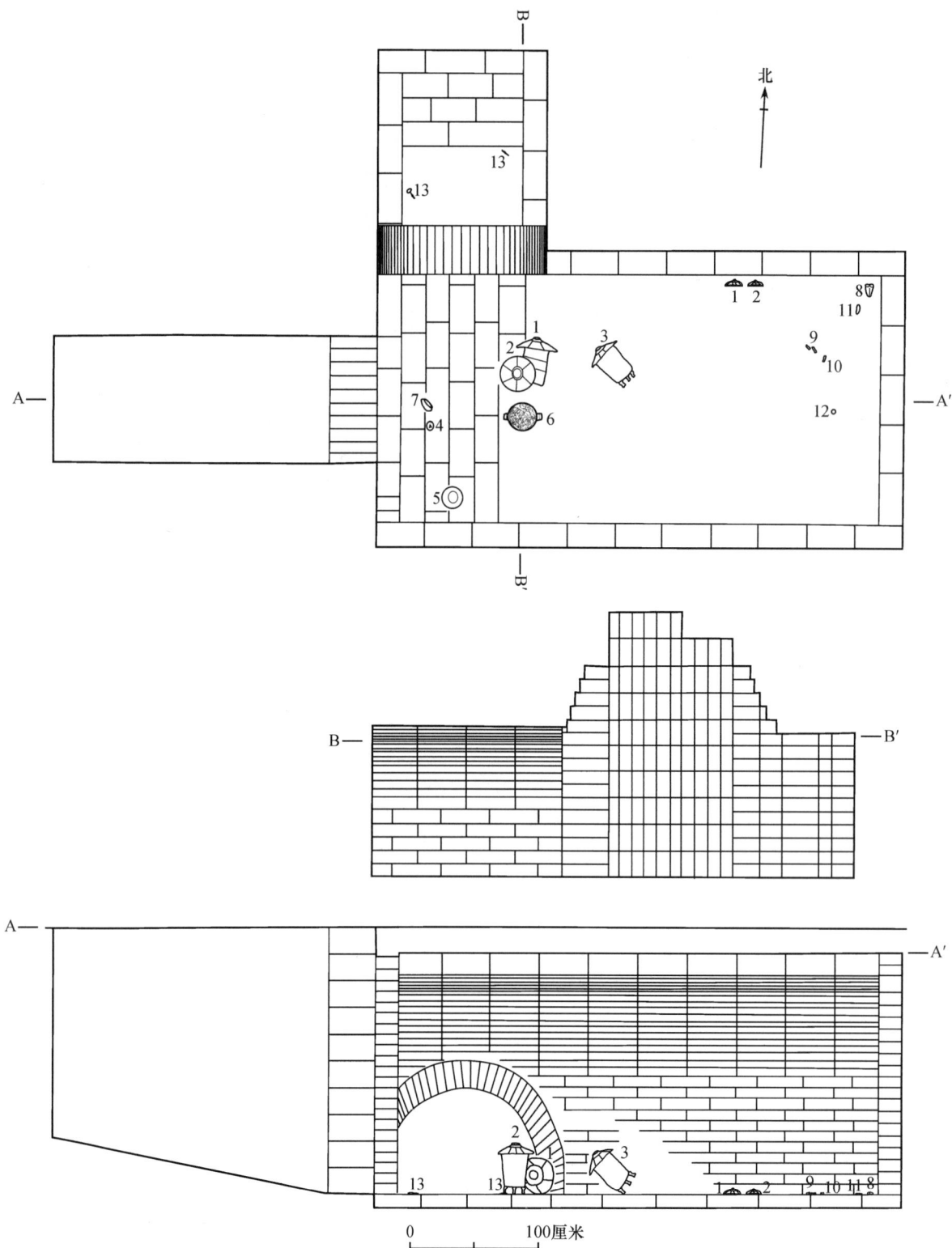

图六一一　Ⅱ区M5平、剖面图

1~3.陶仓　4.陶甂　5.陶壶　6.陶鼎　7.陶釜　8.玉口琀　9.玉耳塞　10.玉鼻塞　11.玉眼罩　12.铜环　13.铜马衔镳

室长4.08、宽2.24、壁高0.88、洞高1.80米，条砖37厘米×18厘米×9厘米，楔形砖36厘米×18厘米×3~5厘米。该墓被盗扰，出土有陶鼎1、陶壶1、陶仓3、陶釜1、陶甑1、铜环1、铜马衔镳1、玉口琀1、玉耳塞2、玉鼻塞1、玉眼罩1。

耳室　位于墓室前部北侧，平面呈长方形，为条砖对缝券顶，壁条砖错缝平砌，条砖横向错缝铺底。长1.50、宽1.32、壁高0.60、洞高1.0米，条砖37厘米×18厘米×9厘米，楔形砖36厘米×18厘米×3~5厘米。出土有铜马衔镳1。

封门　条砖封门，顺向对缝侧立。封门长0.96、高2.0米，条砖37厘米×18厘米×9厘米。

葬具　木棺，仅发现朽木痕迹，形制、尺寸不详。

葬式　不详。

盗洞　1处，位于墓室的东部，自上而下进入墓室。平面呈圆形，直径约0.60米。

2. 出土器物

该墓出土器物14件，质地有陶、铜、玉石三种，分述如下。

陶器　7件，分泥质灰陶和红胎釉陶，器类有鼎、壶、仓、釜、甑（图版九八，1）。

鼎　1件，标本M5：6，红胎釉陶，通体饰墨绿釉，釉层较厚，釉面有光泽。盖，浅覆钵形；器身，子母口内敛，深弧腹，圜底，肩部附对称双耳，顶端向外弯曲，中腹一周台棱，底附三兽形足。盖面模印浅浮雕图案，图案以一周双线凸棱分为内外两区，凸棱之上均匀分布三个带一周圆点的乳突。内区，中心为一带一周圆点的乳突，之外以三组云纹均匀分其为三部分，其内分别置白虎、朱雀、熊。外区，五组云气分其为五部分，其内置奔走的野猪、虎、熊、龙、仙人、鹿等形象。模制，腹轮制，耳、足模制，而后粘结。盖径19.2、器身口径19.5、腹深11.6、足高6.8、通高19厘米（图六一二，1；彩版一四，3；图版一四九，6）。

壶　1件，标本M5：5，红胎灰皮釉陶（釉陶多红胎，少见灰胎者，从剥落处的器表看，为青灰色，而其内为红胎，器物内壁为红色，这是否与烧造过程有关，值得关注），器表釉层呈白色粉状，剥落极其严重，口沿内壁青绿色釉保存相对较好，釉层极薄，剥落后露出红胎。侈口，圆唇，束径，弧肩，鼓腹，最大径在中腹，假圈足，腹部饰两道凸棱纹，中间模印铺首衔环、虎、龙、仙人灯图案。肩、腹轮制，而后粘结。口径12.8、腹径24、底径12.7、高31.3厘米（图六一二，2；图版一四九，5）。

仓　3件（M5：1、2、3），红胎釉陶，通体饰墨绿釉，釉层较厚，釉面有光泽，形制相同。盖，伞形，顶部有一乳突，之外有两周凸棱，其外有十二道瓦棱，瓦棱间有两周板瓦叠痕；器身，直口，圆唇，矮领，绕口一周环状台面，之外布置二十四道瓦棱，每相间五条瓦棱之上有短粗竖棱，瓦棱间有两周板瓦叠痕，肩出檐，直筒腹，平底，底附三蹲踞形熊足。腹部饰三组（每组三道）凹弦纹。器盖，模制，肩、足模制，腹轮制而后粘结。标本M5：3，盖径9.4、器身口径7.4、足高6.75、通高37.9厘米（图六一二，3；彩版一八，1；图版一四九，4）。

釜　1件，标本M5：7，残，泥质灰陶，口微敛，平沿，矮领，鼓肩，鼓腹，最大径在中腹。轮制，口径7.9、腹径9.3、残高7.2厘米（图六一二，5）。

　　甑　　1件，标本M5：4，泥质灰陶，敞口，平沿，尖圆唇，斜直腹，平底，底部有五个箅孔，轮制。口径7.6、腹径5.2、底径1.8、高2.8厘米（图六一二，4）。

　　铜器　　2件，为马衔镳和环。

　　马衔镳　　1件，标本M5：13，残，衔，两端有环，镳为棒形（图六一三，1）。

　　环　　1件，标本M5：12，圆环形，断面为圆形。直径2.3厘米（图六一三，2）。

　　玉器　　5件，为口琀、耳塞、鼻塞和眼罩。

　　口琀　　1件，标本M5：8，青玉，蝉形，阴线刻出眼睛、嘴、头、背、双翼、腹部和尾部，刻画细腻。尾略上翘。长6.1、宽3.25、厚0.8厘米（图六一三，3；彩版五五，3）。

　　眼罩　　1件，标本M5：11，椭圆形，两端各有一圆形穿孔。上弧下平。通长4.2厘米（图六一三，4；彩版五五，2）。

　　耳塞　　2件，形制相同，标本M5：9，八棱柱形。直径0.7厘米（图六一三，5）。

　　鼻塞　　1件，标本M5：10，八棱柱形。直径0.75厘米（图六一三，6）。

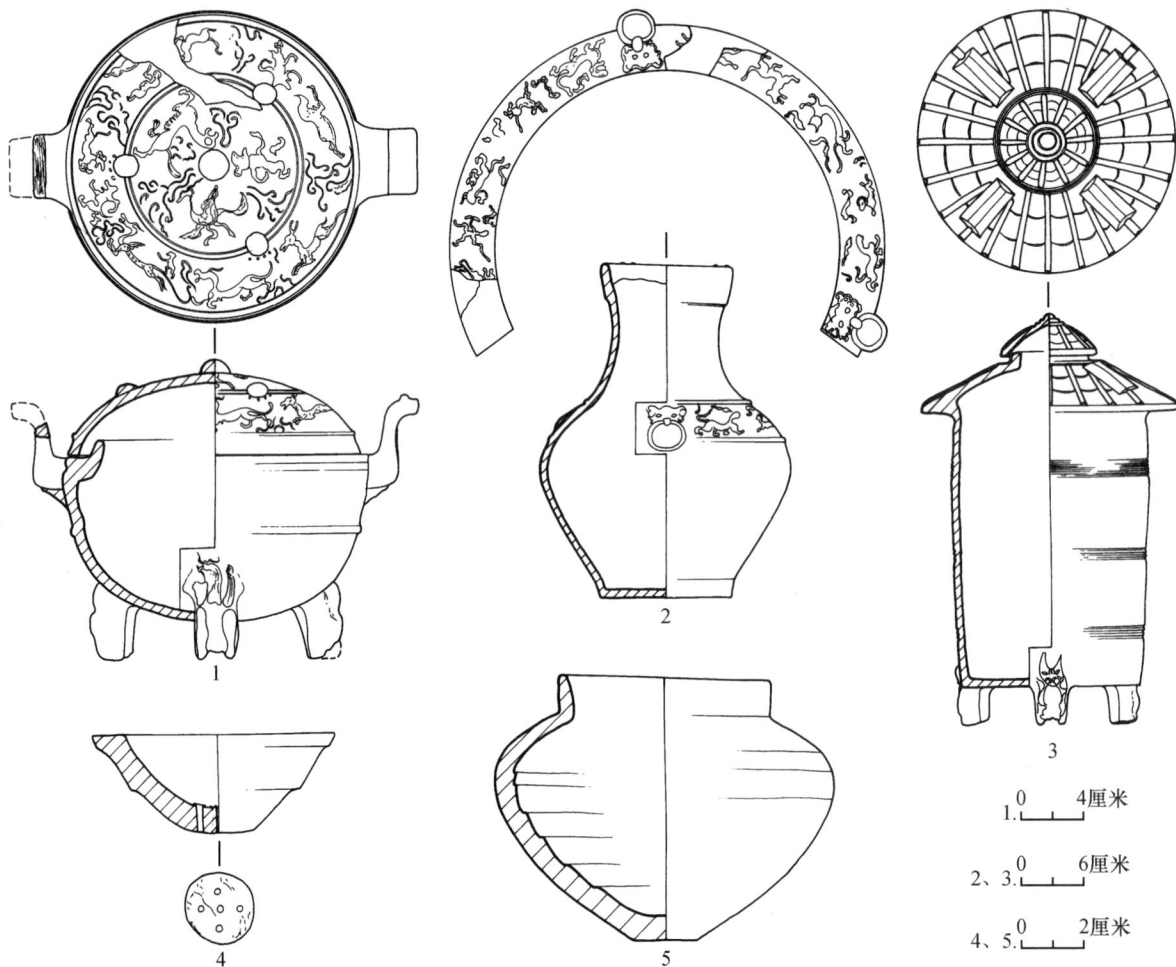

图六一二　Ⅱ区M5出土器物（一）

1.陶鼎（M5：6）　2.陶壶（M5：5）　3.陶仓（M5：3）　4.陶甑（M5：4）　5.陶釜（M5：7）

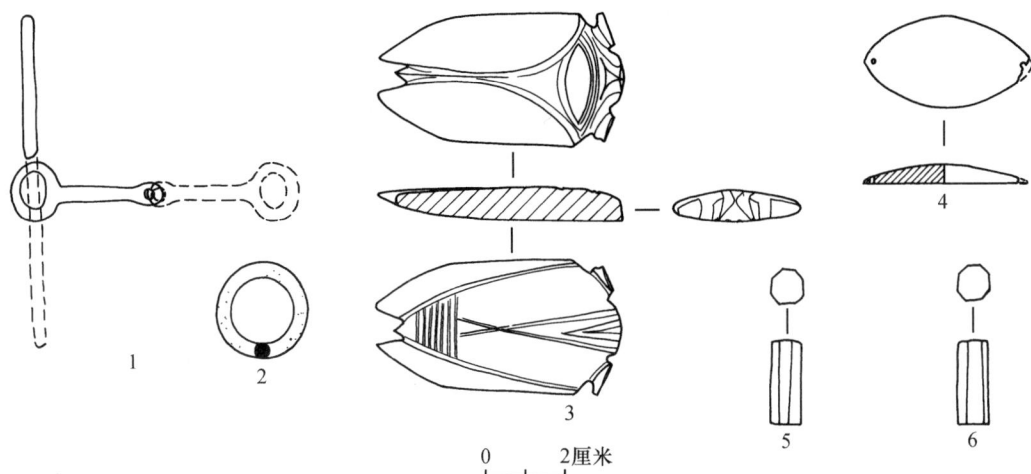

图六一三　Ⅱ区M5出土器物（二）

1. 铜马衔镳（M5：13）　2. 铜环（M5：12）　3. 玉口琀（M5：8）　4. 玉眼罩（M5：11）　5. 玉耳塞（M5：9）

6. 玉鼻塞（M5：10）

第三节　M8

1. 墓葬形制

M8，位于该区西部，M5北侧。方向0度。形制为竖穴墓道砖室墓，由墓道和墓室两部分组成（图六一四；图版七〇，3、4）。

墓道　位于墓室北端，平面呈长方形，底呈台阶状，壁面较直，东、西两壁有平面呈三角形的脚窝。脚窝宽0.30、进深0.14、高0.16米。墓道长2.80、宽0.92、底距开口深1.80米。墓道内填五花土，土质疏松，未经夯打。

墓室　平面略呈长方形，条砖（楔形砖）对缝券顶。壁为条砖顺向错缝平砌，条砖错缝平铺地。墓室长4.54、宽2.2、壁高0.90、高1.70米，条砖37厘米×18厘米×9厘米，楔形砖36厘米×18厘米×（3～5）厘米。该墓被盗扰，出土有陶罐1、铜弩机1、铜衔环1、玉饰件1。

封门　条砖封门，顺置错缝平砌。长0.92、高1.70米。条砖37厘米×18厘米×9厘米。

葬具　木棺1具，保存较差，仅存棺痕。棺长2.20、宽0.64米。

葬式　不详。

盗洞　1处，位于墓室的南部，自上而下进入墓室。平面呈圆形，直径约0.60米。

2. 出土器物

该墓出土器物4件，质地有陶、铜两种，分述如下。

陶罐　1件，标本M8：1，红胎酱黄釉，釉层较厚，釉面有光泽。侈口，双唇，矮领，圆鼓肩，下腹弧收，平底。轮制，器底有轮旋痕。口径7.8、腹径14.2、底径7.6、高12.2厘米（图六一五，1）。

铜器　2件，器类为弩机和衔环。

弩机　1件，标本M8:2，由郭、望山、牙、钩心、悬刀、键构成。郭长6.8、宽1.0～1.6、望山1.5、牙0.5、钩心2.0、悬刀3.2、键2.2厘米（图六一五，2）。

衔环　1件，标本M8:3，圆环形，铺首已残。直径1.85厘米（图六一五，3）。

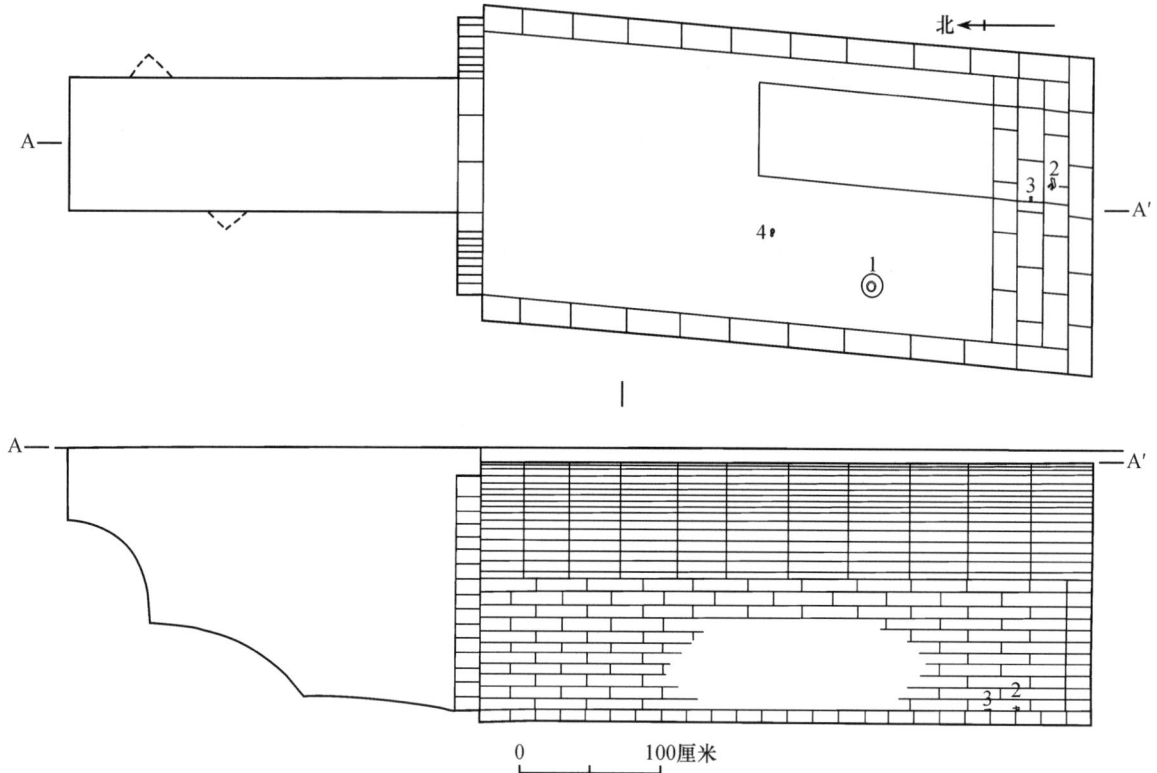

0　　　　　　100厘米

图六一四　Ⅱ区M8平、剖面图
1.陶罐　2.铜弩机　3.铜衔环　4.玉饰件

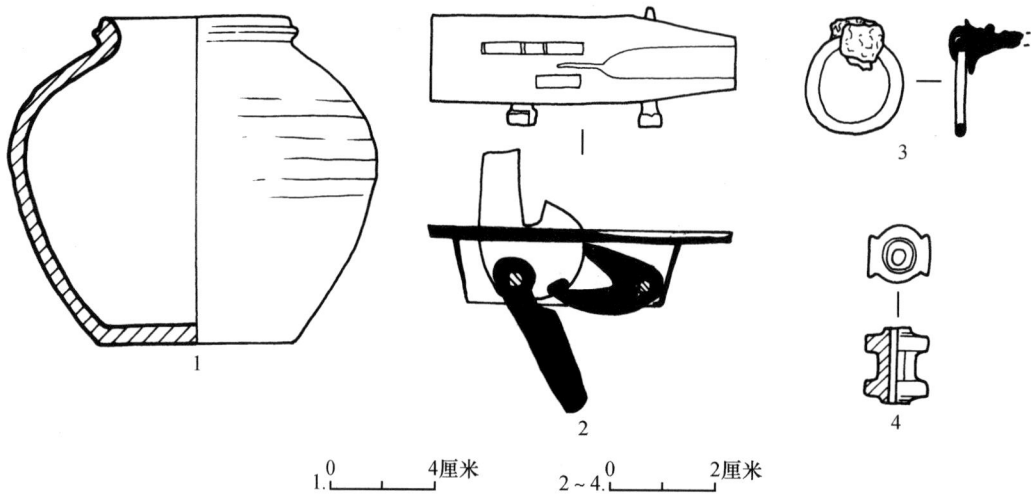

1. 0　　　　　4厘米　　　2～4. 0　　　　　2厘米

图六一五　Ⅱ区M8出土器物
1.陶罐（M8:1）　2.铜弩机（M8:2）　3.铜衔环（M8:3）　4.玉饰件（M8:4）

玉饰件　1件，标本M8：4，整体圆柱形，断面呈"工"字形。中部有一小圆形穿孔。高1.4厘米（图六一五，4；彩版五六，2）。

第四节　M12

1. 墓葬形制

M12，位于该区中部，东侧邻M18。方向270度。形制为竖穴土圹砖椁墓，由墓室和小龛两部分组成（图六一六；图版七一，1、2）。

墓室　平面呈长方形，土圹砖椁。土圹长3.08、宽1.70、底距开口残深1.24米。四壁条砖顺向错缝平砌，条砖顺向错缝平铺地，条砖36厘米×18厘米×7厘米。砖椁长2.96、宽1.58、残高1.10米。

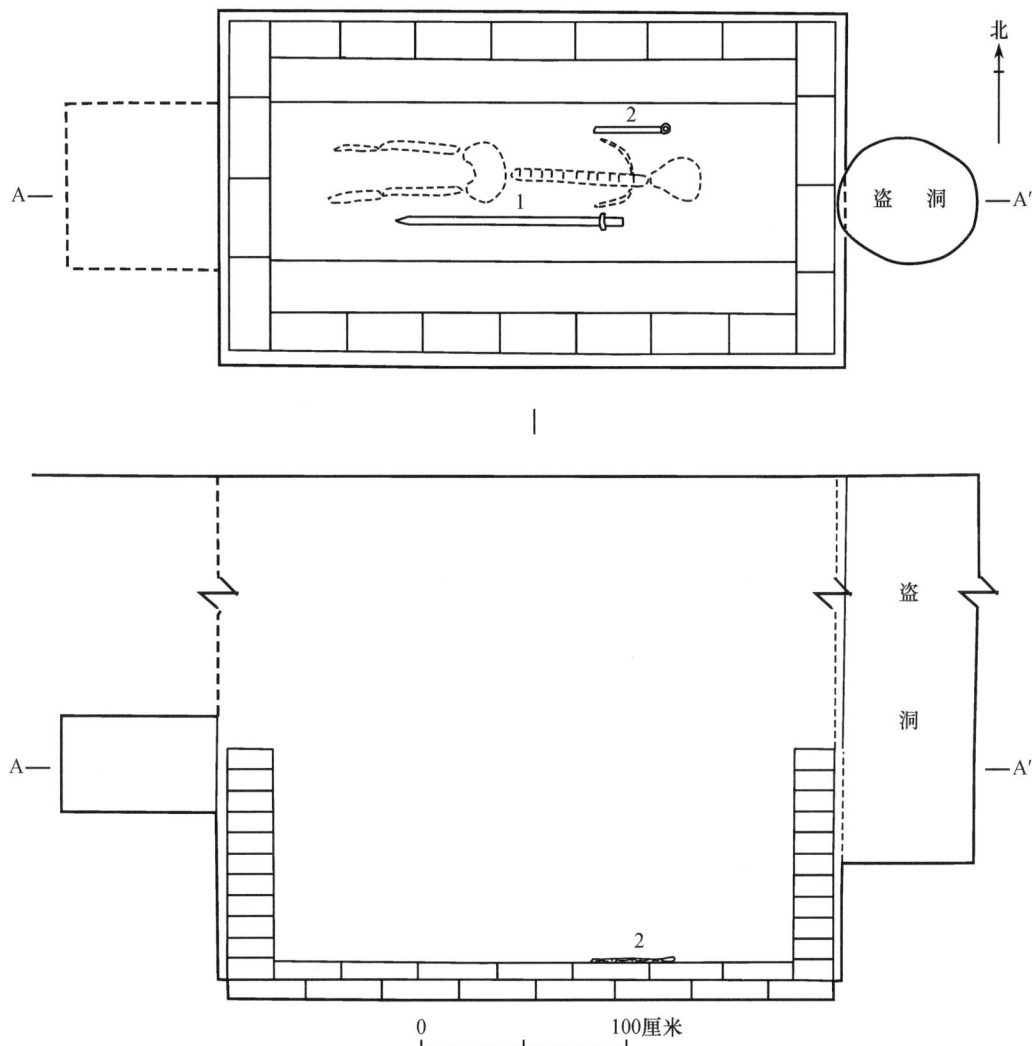

图六一六　Ⅱ区M12平、剖面图

1.铁剑　2.铁削

龛　位于墓圹西侧，距底0.75米。平面呈正方形，长0.76、高0.5米。该墓经盗扰。墓室内出土有铁剑1、铁削1。

葬具　木棺1具，置于砖棺床之上，棺痕长2.60、宽0.76米。

葬式　骨架1具，保存较差，已朽成灰，头向东，仰身直肢葬。

盗洞　1处，位于墓室的东壁，自上而下进入墓室。平面呈圆形，直径约0.70米。

2. 出土器物

该墓出土铁器2件，器类有剑和削。

剑1件，标本M12：1，残，断面扁圆形，铜质菱形剑格，柄部有缠绳痕迹。残长83.6厘米（图六一七，1）。

削　1件，标本M12：2，残，环首柄，直背，直刃。残长25.6厘米（图六一七，2）。

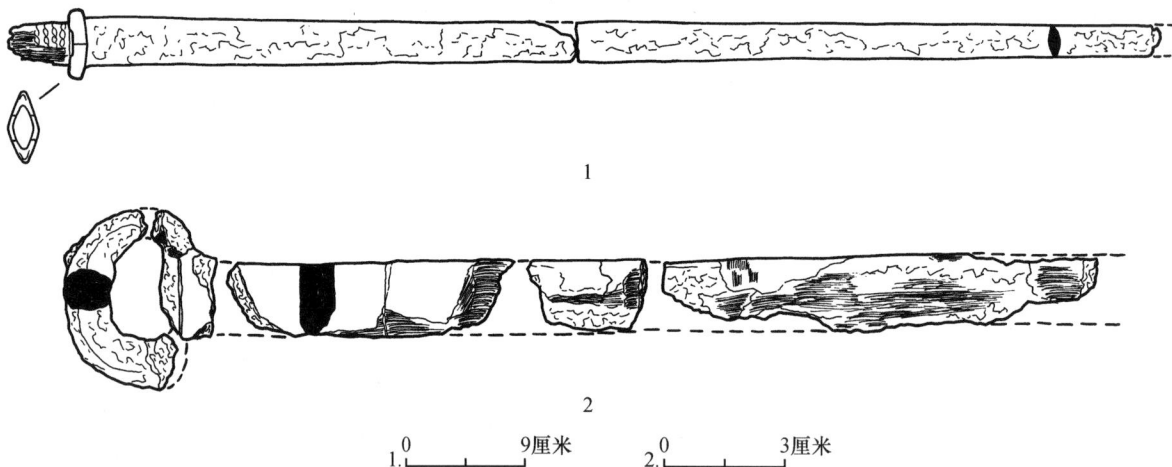

图六一七　Ⅱ区M12出土器物

1. 铁剑（M12：1）　2. 铁削（M12：2）

第五节　M13

1. 墓葬形制

M13，位于该区东北部，距周边墓葬较远。方向182度。形制为竖穴墓道土洞墓，由墓道、墓室、小龛三部分组成（图六一八）。

墓道　位于墓室南端，平面呈长方形，壁面较直。西壁残存一脚窝。脚窝，平面呈三角形，宽0.30、高0.24、进深0.10米。墓道长2.40、宽0.80、底距开口残深1.0米。内填五花土，土质疏松，未经夯打，填土内出土铁锸1件。

墓室　平面呈长方形，拱顶土洞。条砖错缝铺底，墓室后半部被破坏。墓室残长2.50、宽1.0、残高1.0米。靠近墓室封门处西侧有一小龛，平面略呈半圆形，宽0.60、高0.60、进深0.20

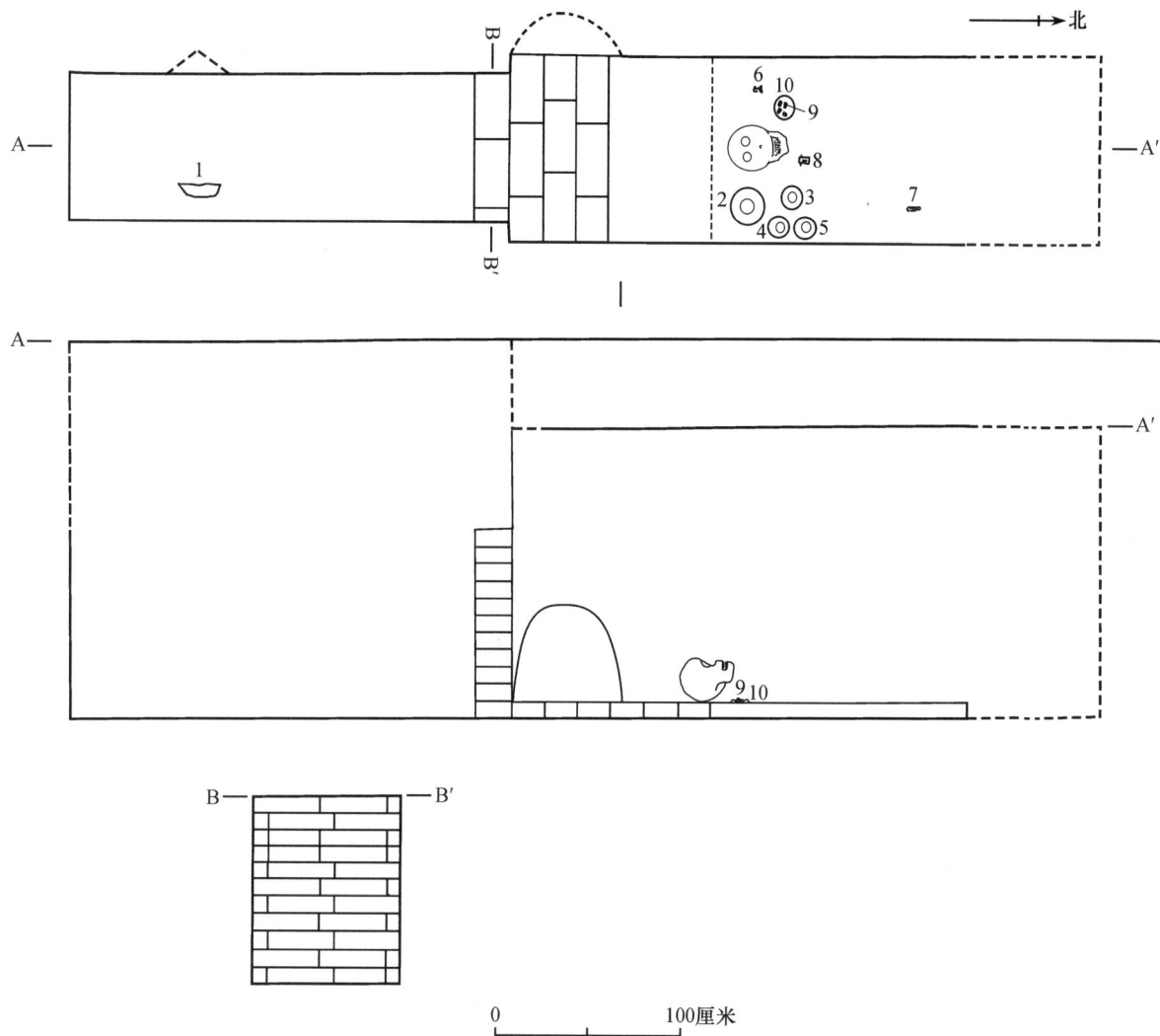

图六一八　Ⅱ区M13平、剖面图

1~5.陶罐　6.泥灯　7.铁锸　8.铜弩机　9.玉鼻塞/耳塞　10.铜镜

米（龛未被扰乱，却没有出土器物，可能放置的是易朽物件）。该墓后半部分被破坏，前部保存完好，墓室前部出土有陶罐5、铜镜1、铜弩机1、铁锸1、玉耳塞2、玉鼻塞2、泥灯1。

封门　条砖封门，错缝平砌。长0.80、残高1.0米，条砖36厘米×18厘米×7厘米。

葬具　木棺1具，保存较差，仅剩棺痕。残长1.40、宽0.90米。

葬式　人骨1具，人骨保存极差，已朽成灰，头向南，仰身直肢葬。

2. 出土器物

该墓出土器物13件，质地有陶、铜、铁、玉、泥五种，分述如下。

陶罐　5件，M13∶1、2、3、4、5，均为泥质灰陶，形制相同，3件较大，2件相对较小。喇叭口，平沿，方唇，短束颈，弧肩，鼓腹，下腹略弧收，大平底。轮制，器底有轮旋痕。标本M13∶4，口径8、腹径13.4、底径10.4、高13.3厘米（图六一九，1）。标本M13∶2，口径

12、腹径20.4、底径14.8、高22厘米（图六一九，2）。

铜器　2件，器类有镜、弩机。

镜　1面，标本M13∶10，云雷纹镜，圆形，半圆钮，圆钮座，宽素平缘，镜面微凸。钮座圆周均匀伸出四组（每组三条）短竖线及四条弧线，之外一周凸弦纹圈带，再外两周短斜线纹之间四云雷纹与二禽、一兽、一仙人纹配列。面径6.70、背径6.60、钮宽0.90、缘宽0.50、缘厚0.20厘米，重57克（图六二〇；彩版五一，1）。

弩机　1件，标本M13∶8，由郭、望山、牙、钩心、悬刀、键构成。郭长4.8、宽0.9～1.6、望山0.45、牙0.2、钩心1.1、悬刀2.1、键1.8厘米（图六一九，6）。

铁锸　1件，标本M13∶7，刃部扁平略宽，顶部略窄，总体呈"V"形，宽17.8、高5.7、厚1.6厘米（图六一九，5）。

玉器　4件，为鼻塞和耳塞。

鼻塞　2件，标本M13∶9-2，短八棱柱形，长2.0厘米（图六一九，3）。

耳塞　2件，标本M13∶9-1，短八棱柱形，一端稍细。长2.2厘米（图六一九，4）。

泥灯　1件，标本M13∶6，残，豆形，浅盘，实心柄，假圈足，平底，底座模制乳突等装饰，复原高9.8厘米（图六一九，7）。

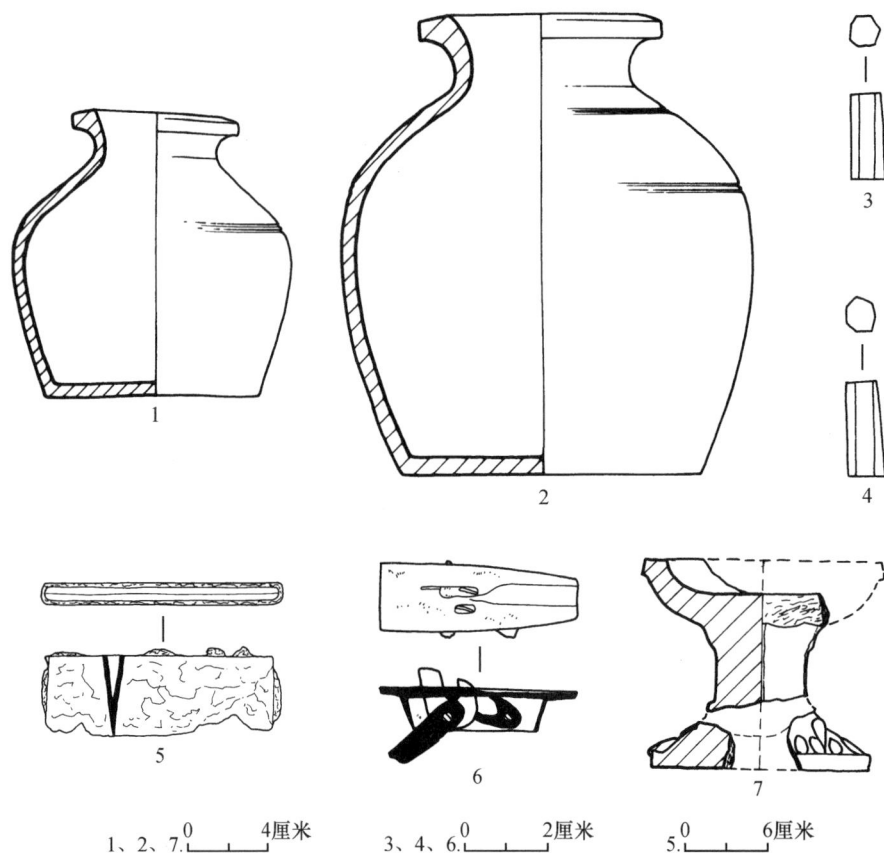

图六一九　Ⅱ区M13出土器物

1、2.陶罐（M13∶4、2）　3.玉鼻塞（M13∶9-2）　4.玉耳塞（M13∶9-1）　5.铁锸（M13∶7）

6.铜弩机（M13∶8）　7.泥灯（M13∶6）

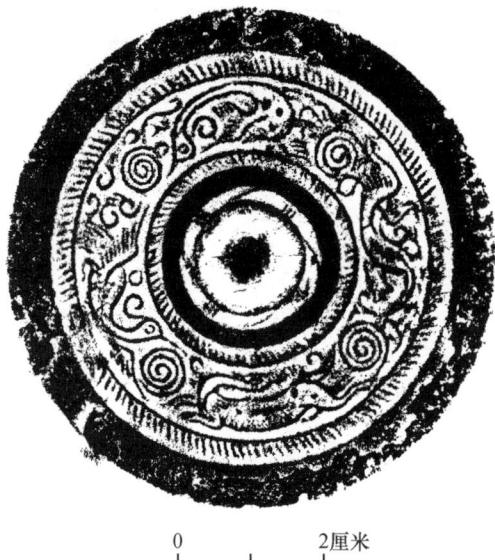

图六二〇 Ⅱ区M13出土铜镜（M13∶10）

第六节 M14

1. 墓葬形制

M14，位于该区中南部，南邻M16，西邻M18，与M21、M22、M19、M15基本呈东西并列分布，且方向一致，当有一定关系。方向187度。形制为竖穴墓道砖室墓，由墓道和墓室两部分组成（图六二一；图版七一，3、4）。

墓道 位于墓室南端，平面呈长方形，壁面较直。长2.30、宽0.90、底距开口残深0.90米。

墓室 平面呈长方形，条砖对缝券顶。壁条砖顺向错缝平砌，条砖横向错缝铺地。条砖37厘米×18厘米×9厘米，楔形砖36厘米×18厘米×（3～5）厘米。墓室长3.88、宽1.96、壁高1.0、室高1.80米。该墓被盗扰严重，仅出土陶器残片（已修复）。

封门 条砖封门，对缝侧立（西汉小型汉墓的砖封门大多为横向错缝平砌，这种顺向侧立砌法方便于第二次打开合葬，尤其是到了东汉时期的顺向斜侧立砌法更为明确）。封门长0.90、残高0.90米，条砖36厘米×18厘米×7厘米。

葬具 木棺1具，紧靠墓室东壁和北壁，保存较差，仅存棺痕，白灰铺底（棺底铺白灰，在西汉时期尚不多见，东汉时期似乎相对常见一些，其用途是否与除湿有关，值得注意），位于墓室东北端。长2.50、宽0.90米。

葬式 不详。

盗洞 1处，位于墓室的前部，自上而下进入墓室。平面呈长方形，长0.70、宽0.50米。

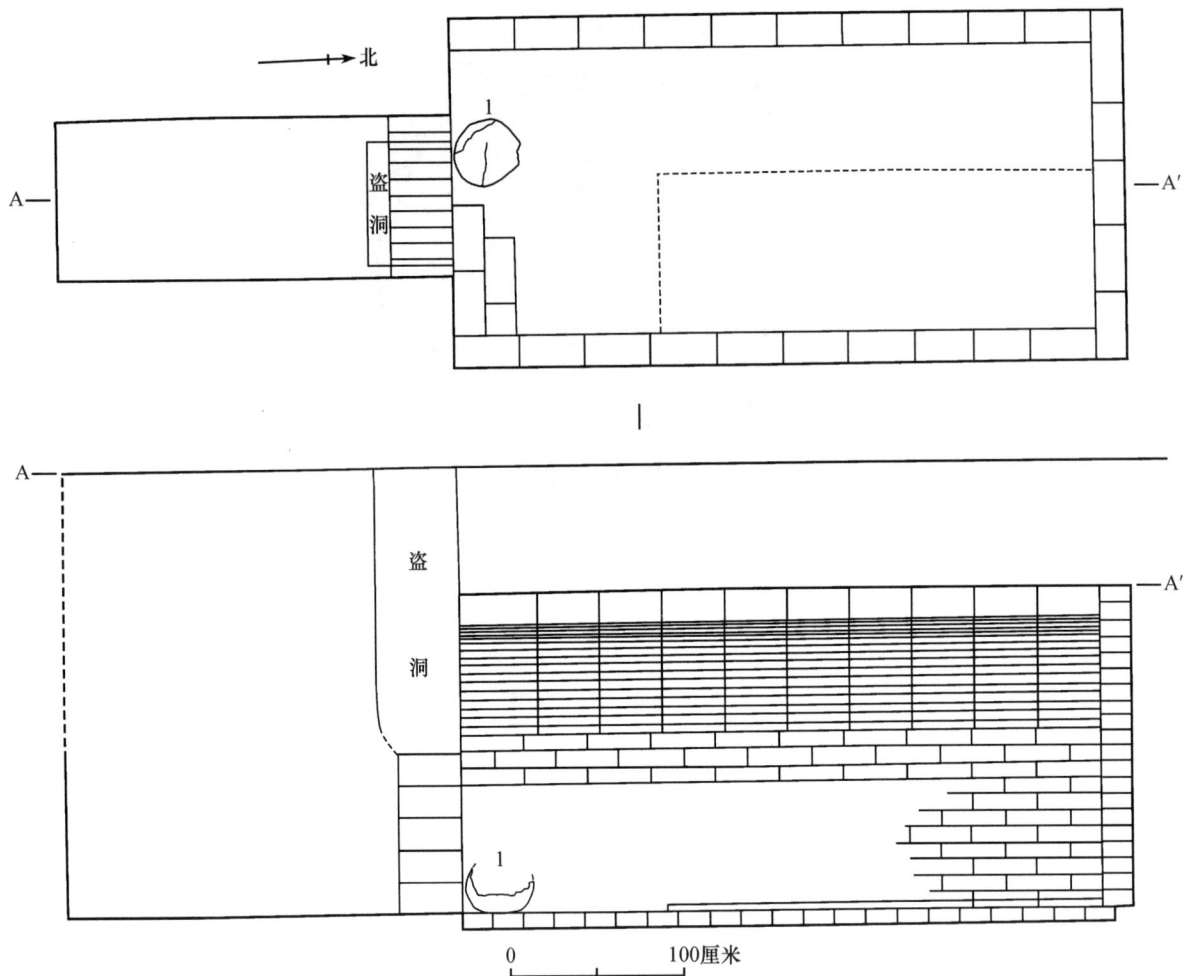

图六二一　Ⅱ区M14平、剖面图
1. 陶罐

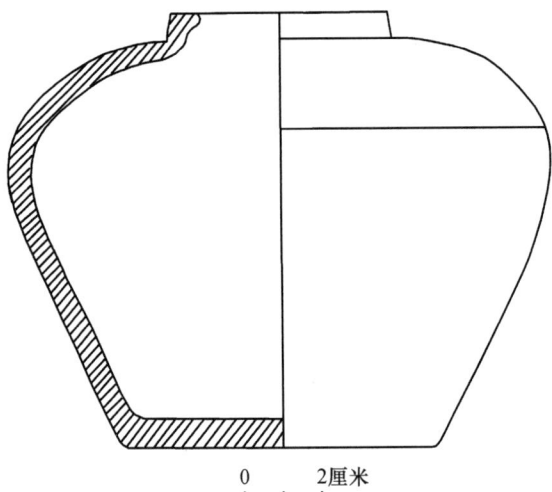

图六二二　Ⅱ区M14出土陶罐（M14：2）

2. 出土器物

　　该墓盗扰严重，仅出土陶罐（修复）1件。标本M14：2，残损，泥质红陶，口微敛，平沿，矮领，圆鼓肩，鼓腹，最大径在腹上部，下腹内收，平底，腹部饰一周凹弦纹，轮制，器底有轮旋痕。口径5.3、腹径13.5、底径7.8、高10.3厘米（图六二二）。

第七节　M15

1. 墓葬形制

M15，位于该区东部，西与M19并列，南邻M20。方向195度。形制为竖穴墓道土洞墓，由墓道和墓室两部分组成（图六二三）。

墓道　位于墓室南端，平面呈长方形，壁面较直，东西两壁有对称分布的脚窝。脚窝，平面呈三角形，宽0.24、高0.20、进深0.10米。墓道长2.48、宽0.85、底距开口残深1.40米。

墓室　平面呈长方形，拱顶土洞。条砖横向错缝铺地，条砖36厘米×18厘米×8厘米。墓室长3.49、宽1.80、残高1.40米。该墓被盗扰，出土有陶仓3、陶罐4、陶釜2、陶甑1、陶盆3、陶猪1、铜泡钉5、铜车軎1、铜马衔镳1、铁剑1、石砚1、铜钱1。

封门　条砖封门，错缝平砌。长0.85、残高1.40米。条砖36厘米×18厘米×8厘米。

葬具　木棺1具，保存较差，仅存棺痕。长2.30、宽0.90米。

葬式　不详。

盗洞　1处，位于墓室的北部，自上而下进入墓室。平面呈圆形，直径约0.60米。

2. 出土器物

该墓出土器物23件，质地有陶、铜、铁、石四种，另有铜钱1枚。分述如下。

陶器14件，分为泥质灰陶和红胎釉陶，器类有仓、罐、釜、甑、盆、猪。

仓　3件（M15：2、3、4），红胎釉陶，通体饰墨绿釉，釉层较厚，釉面有光泽，形制相同。器身，直口，圆唇，矮领，绕口一周有环状台面，之外布置二十四道瓦棱，每相间五道瓦棱，之上再加一短粗竖棱（共四条），肩出檐，直筒腹，平底，底附三蹲踞形熊足。腹部饰三组（每组三道）凹弦纹。器盖，模制，肩、足模制，腹轮制而后粘结。标本M15：4，口径6、底径12.2、足高4、通高24厘米（图六二四，1）。

罐　4件（M15：5、6、9、10），红胎釉陶，通体饰墨绿釉，釉层较厚，釉面有光泽，形制相同。侈口，圆唇，矮领，圆鼓肩，下腹内收，平底。肩部两道凸棱之间模印云气、奔兽图案，七只奔兽，其间以云气相隔，可辨有虎、鹿、野猪等。标本M15：9，口径8.3、腹径15.6、底径6.7、高12.9厘米（图六二四，2）。

釜　2件（M15：1、12），泥质灰陶，形制相同。直口，圆唇，矮领，弧肩，鼓腹，最大颈在腹中部，下腹斜内收，小平底，轮制。标本M15：12，口径6.8，腹径10.8、底径2、高8.3厘米（图六二四，3）。

甑　1件，标本M15：8，泥质灰陶，敞口，平沿，尖圆唇，斜直腹，平底，底部有七个箅孔。轮制。口径11.8、底径4.1、高7.75厘米（图六二四，4）。

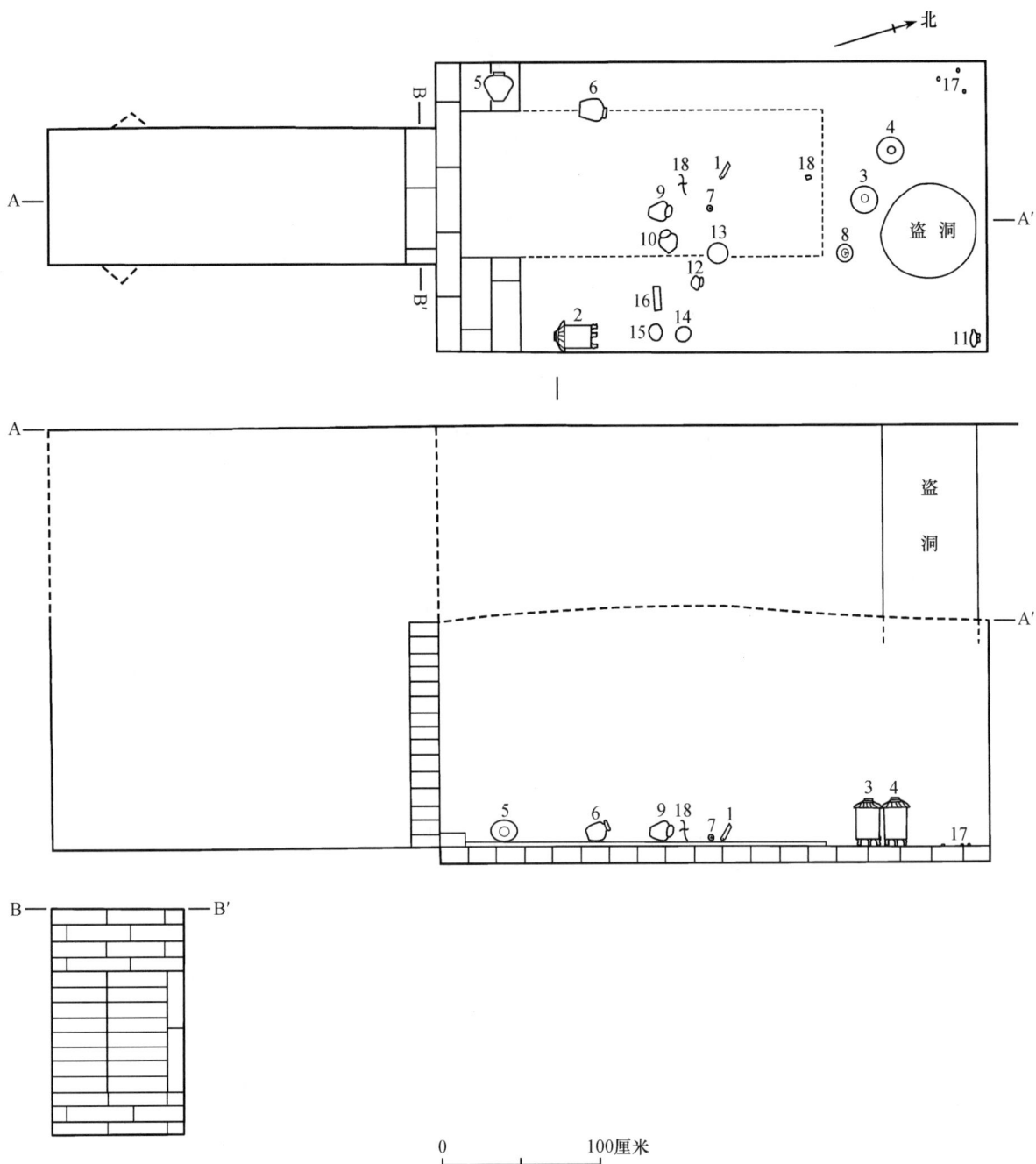

图六二三　Ⅱ区M15平、剖面图

1. 铁削　2～4. 陶仓　5、6、9、10. 陶罐　7. 铜钱　8. 陶甑　11. 陶猪　12. 陶釜　13～15. 陶盆　16. 石砚　17. 铜泡钉
18. 铜车马饰

　　盆　3件（M15：13、14、15），泥质灰陶，形制相同。敞口，平沿，方唇，弧腹，平底。轮制，器底有轮旋痕。标本M15：15，腹部微折，口径12.9、底径6.5、高4.65厘米（图六二四，6）。标本M15：13，平底稍内凹，口径13.8、底径5.2、高5.85厘米（图六二四，5）。

　　猪　1件，标本M15：11，酱黄釉，模制，器身中间有一纵向模制扉棱，用刀削平。吻部前突，圜眼，双耳前翻下垂，颈背部鬃毛直立，腰腹下垂，前后左右腿两两相连，仅蹄部有三角形切口。长5.7、高3.7厘米（图六二五，5；图版一五一，1）。

铜器 7件，器类有马衔镳、车辖、泡钉。

马衔镳 1件，标本M15：18-1，残损。衔，一节，两端有环，长3.4厘米。镳，棒形，有两孔，长8.0厘米（图六二五，1）。

车辖 1件，标本M15：18-2，"U"形，断面圆形。宽1.8、高1.7厘米（图六二五，2）。

泡钉 5件，形制相同。标本M15：17，帽形，泡径2.0、高1.6厘米（图六二五，3）。

铁剑 1件，标本M15：19，残，断面菱形，残长10.4厘米（图六二五，6）。

石砚 1件，标本M15：16，石质，表面黑色，长方形片状，长13.2、宽5.4、厚1.0厘米（图六二五，4）。

铜钱 1枚，标本M15：7，五铢钱，圆形方穿，穿背面有郭，穿上有一横纹，穿之两侧有篆文"五铢"二字，"五"字瘦长，交笔缓曲，朱头方折，穿上一横（图六二五，7）。

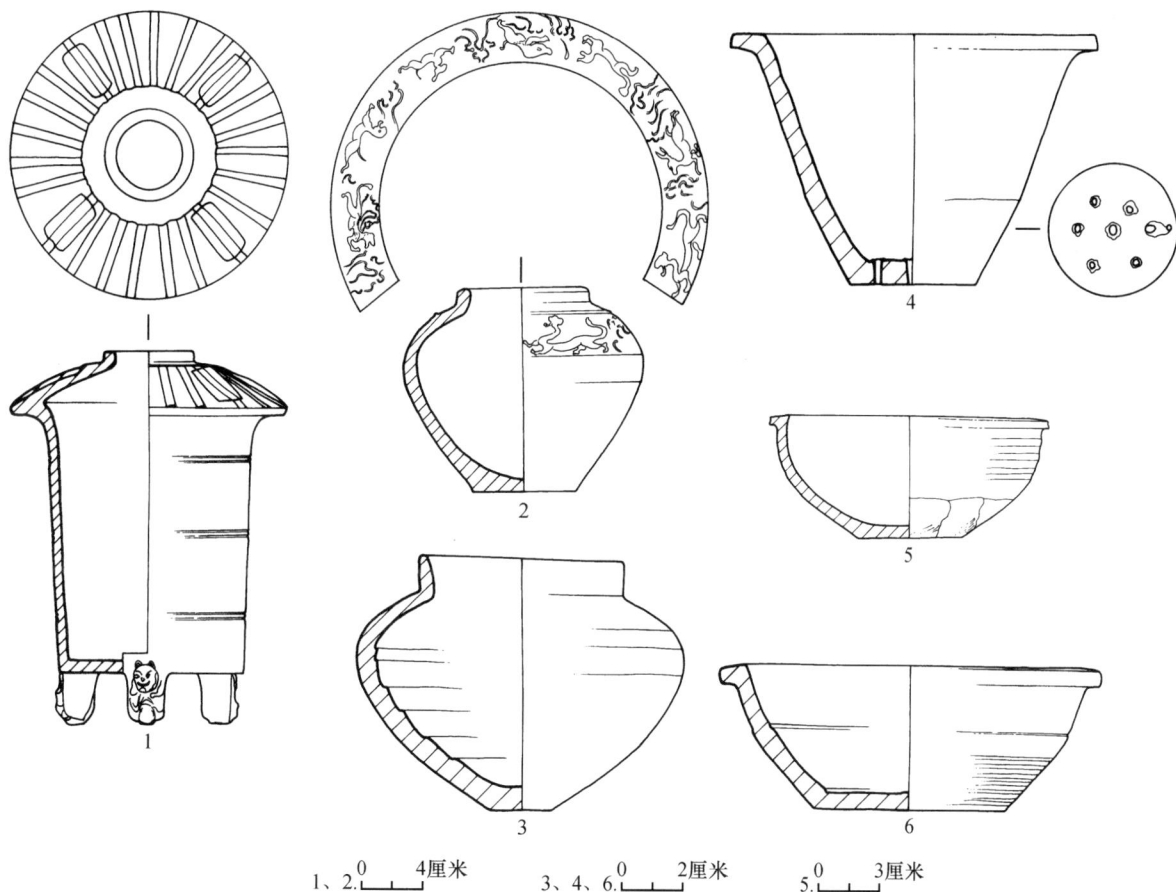

1、2 ⊢0 ⊣4厘米   3、4、6 ⊢0 ⊣2厘米   5 ⊢0 ⊣3厘米

图六二四　Ⅱ区M15出土器物（一）

1.陶仓（M15：4）　2.陶罐（M15：9）　3.陶釜（M15：12）　4.陶甑（M15：8）　5.陶盆（M15：13）

6.陶盆（M15：15）

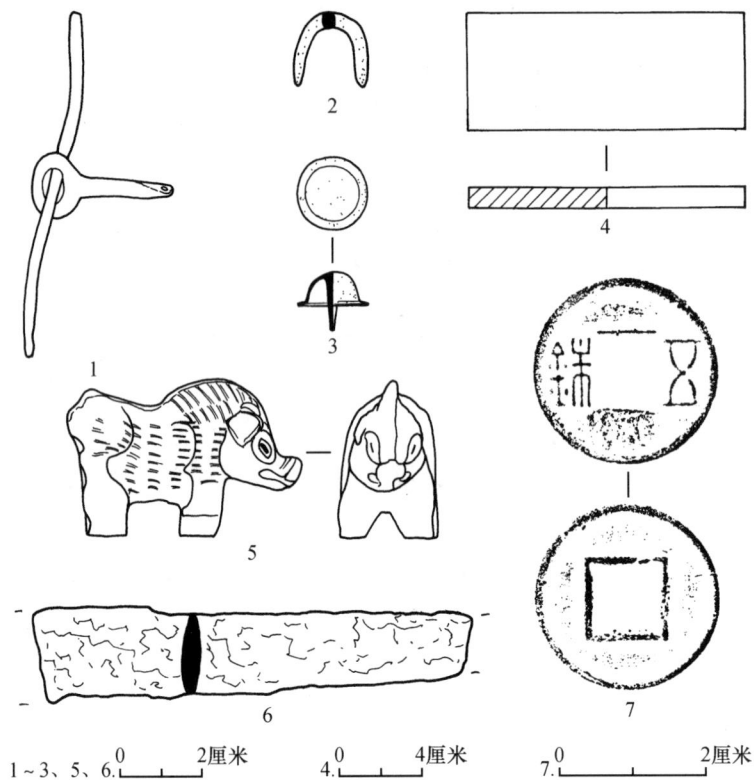

图六二五　　Ⅱ区M15出土器物（二）

1. 铜马衔镳（M15：18-1）　　2. 铜车軎（M15：18-2）　　3. 铜泡钉（M15：17）　　4. 石砚（M15：16）　　5. 陶猪（M15：11）

6. 铁剑（M15：19）　　7. 铜钱（M15：7）

第八节　M16

1. 墓葬形制

位于该区的中南部，西偏北邻M14，东偏北邻M21，且方向一致，似有一定关系。方向181度。形制为竖穴墓道土洞墓，由墓道、墓室和小龛三部分组成（图六二六；图版七二，1、2）。

墓道　位于墓室南端，平面略呈梯形，壁面较直。长2.0、宽0.88～1.2、残深1.10米。墓道内填五花土，土质疏松，未经夯打。

墓室　平面略呈长方形，拱顶土洞。长2.70、宽1.2～1.5、残高1.10米。小龛，位于墓室北端偏西，平面略呈长方形，可能为砖结构。长1.10、宽0.95、残高1.10米。该墓被盗扰，出土有陶灯（残）1、陶壶（口沿）1。

封门　不详。

葬具　木棺1具，保存较差，仅剩棺痕，白灰铺底。长2.20、宽0.50米。

葬式　不详。

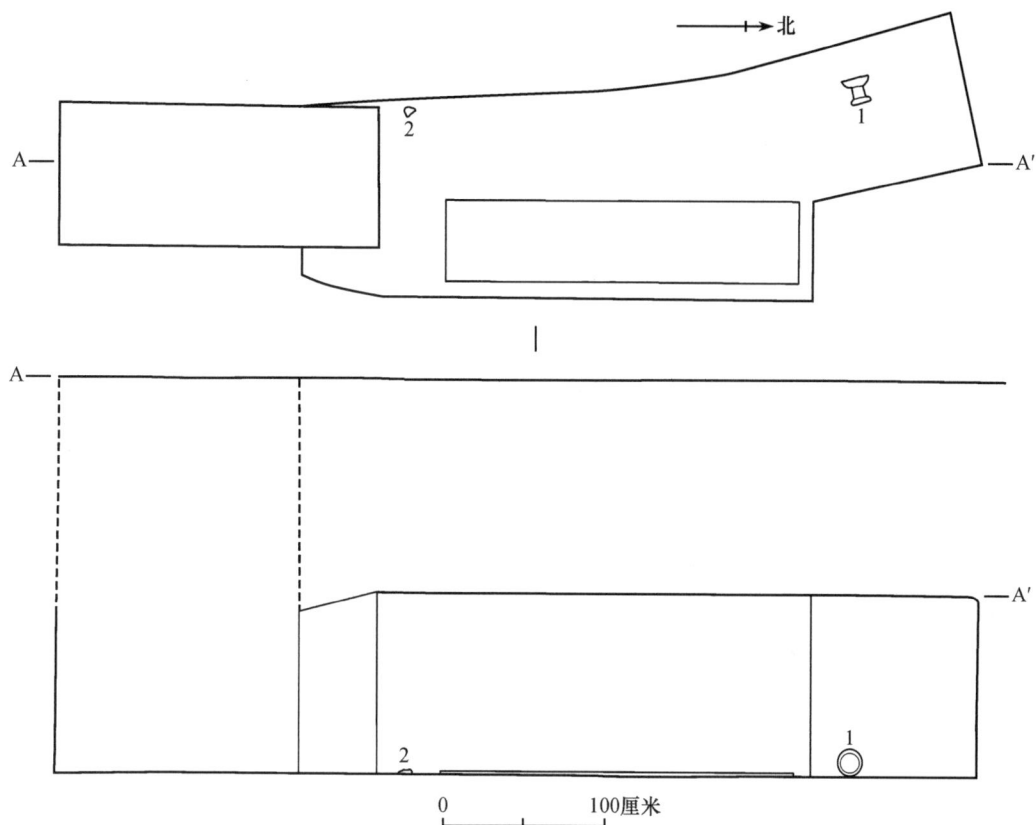

图六二六　Ⅱ区M16平、剖面图
1. 陶灯　2. 陶壶

2. 出土器物

该墓出土器物2件，均为陶器，器类有灯、壶。

灯　1件，标本M16∶1，灯盘残缺，实心柱柄，覆钵形底座，其上饰有三乳钉及锯齿纹。盘，柄座分体模制而后粘结，柄与座右两道竖向对称扉棱。座径9.3、通高8.3厘米（图六二七，1）。

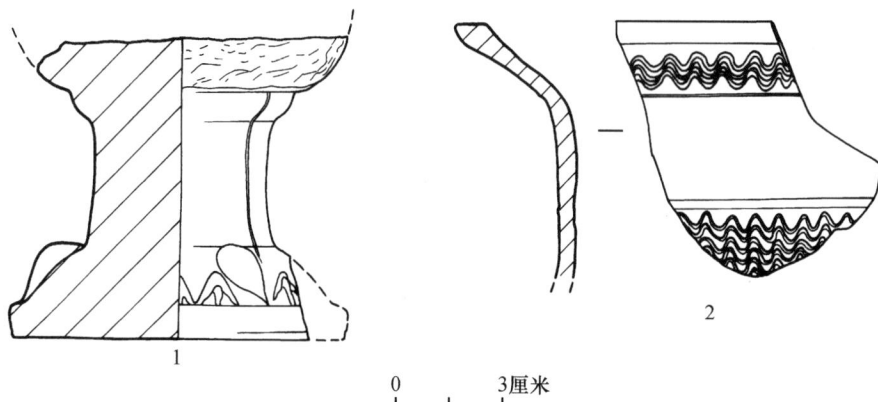

图六二七　Ⅱ区M16出土器物
1. 陶灯（M16∶1）　2. 陶壶（M16∶2）

壶　1件，标本M16：2，硬釉陶，灰胎，青釉，仅残存口部，喇叭口，器表饰水波纹。残高7厘米（图六二七，2）。

第九节　M17

1. 墓葬形制

M17，位于该区的西北部，东北邻M8，东南邻M5，方向均与之不同。方向96度。形制为竖穴墓道砖室墓，由墓道、墓室、小龛三部分组成（图六二八）。

墓道　位于墓室东端，平面呈长方形，底部台阶状，壁面较直，南北两侧有对称的平面呈三角形的脚窝。脚窝长0.24、宽0.24、进深0.10米。墓道长2.60、宽0.90、残深0.80～0.90米。墓道内填五花土，土质疏松，未经夯打。

墓室　平面呈长方形，墓室前有一排楔形砖券顶，后部拱形土洞顶，底条砖错缝平铺，东、西、北三壁条砖侧立。墓室长3.80、宽1.06、壁高0.90、顶高1.20米。条砖38厘米×18厘米×9厘米，楔形砖36厘米×17厘米×（4～5）厘米。墓室后部北侧有一小龛，平面呈近半圆形，宽1.20、高0.90、进深0.80米。该墓经严重盗扰，墓室内出土有陶仓盖1（残）。

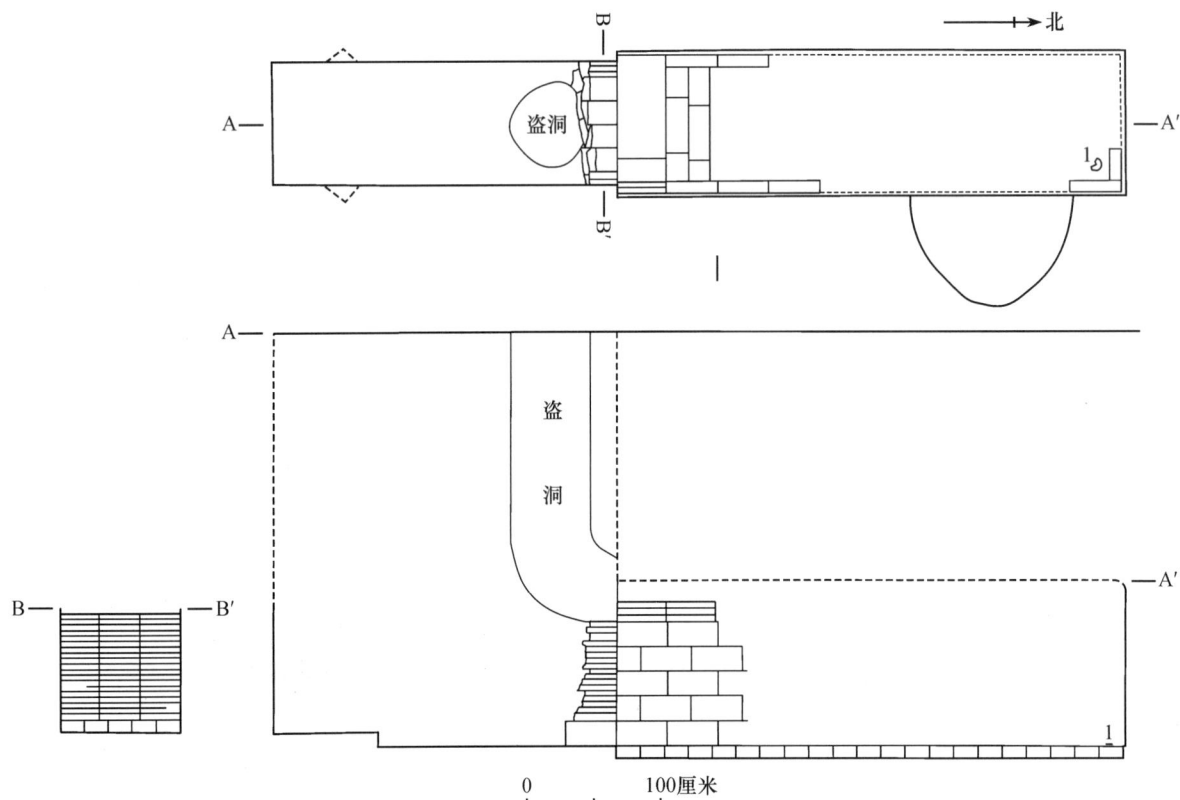

图六二八　Ⅱ区M17平、剖面图

1. 陶仓盖

封门 条砖封门，大部分被扰乱仅剩一排侧立。长0.90、宽0.36、残高0.18米。条砖尺寸为38厘米×18厘米×9厘米。

葬具 木棺，出土铁棺钉，其尺寸不详。

葬式 不详。

盗洞 1处，位于墓道的末端，自上而下进入墓室，平面呈圆形，直径约0.60米。

2. 出土器物

该墓盗扰严重，仅出土陶仓盖1件，残损严重，无法复原。

第十节 M18

1. 墓葬形制

M18，位于该区中南部，东邻M14，西南邻M12。方向277度。形制为竖穴墓道土洞墓，由墓道、墓室两部分组成（图六二九；图版七二，3、4）。

墓道 位于墓室西端，平面呈长方形，底略呈斜坡状，壁面较直，长2.10、宽0.77、残深0.35～0.80米。墓道内填五花土，土质疏松，未经夯打。

墓室 平面呈长方形，拱顶土洞，墓室前端有一排楔形砖券顶，南、北、东三壁条砖侧立，底条砖错缝平铺。长2.70、宽1.05、壁高0.80、顶高1.30米。条砖38厘米×18厘米×9厘米，楔形砖36厘米×17厘米×（4～5）厘米。该墓经盗扰，出土铁削1、玉口琀1。

封门 条砖封门，对缝平砌。长0.77、高0.80米。条砖尺寸为38厘米×18厘米×9厘米。

葬具 木棺，出土有棺钉，形制、尺寸不详。

葬式 人骨1具，保存极差，已朽成灰，头向东。

盗洞 1处，位于墓道的末端，自上而下进入墓室。平面呈圆形，直径约0.60米。

2. 出土器物

该墓出土器物2件，分别为铁削和玉口琀，质地分铁、玉两种，分述如下。

铁削 1件，标本M18：1，环首，直背，直刃，残长49.2厘米（图六三〇，1；图版一五五，1）。

玉口琀 1件，标本M18：2，蝉形，质差，表面已钙化成白色，背部以三阴刻线划分头与腹。长3.65、宽3.2、高0.85厘米（图六三〇，2）。

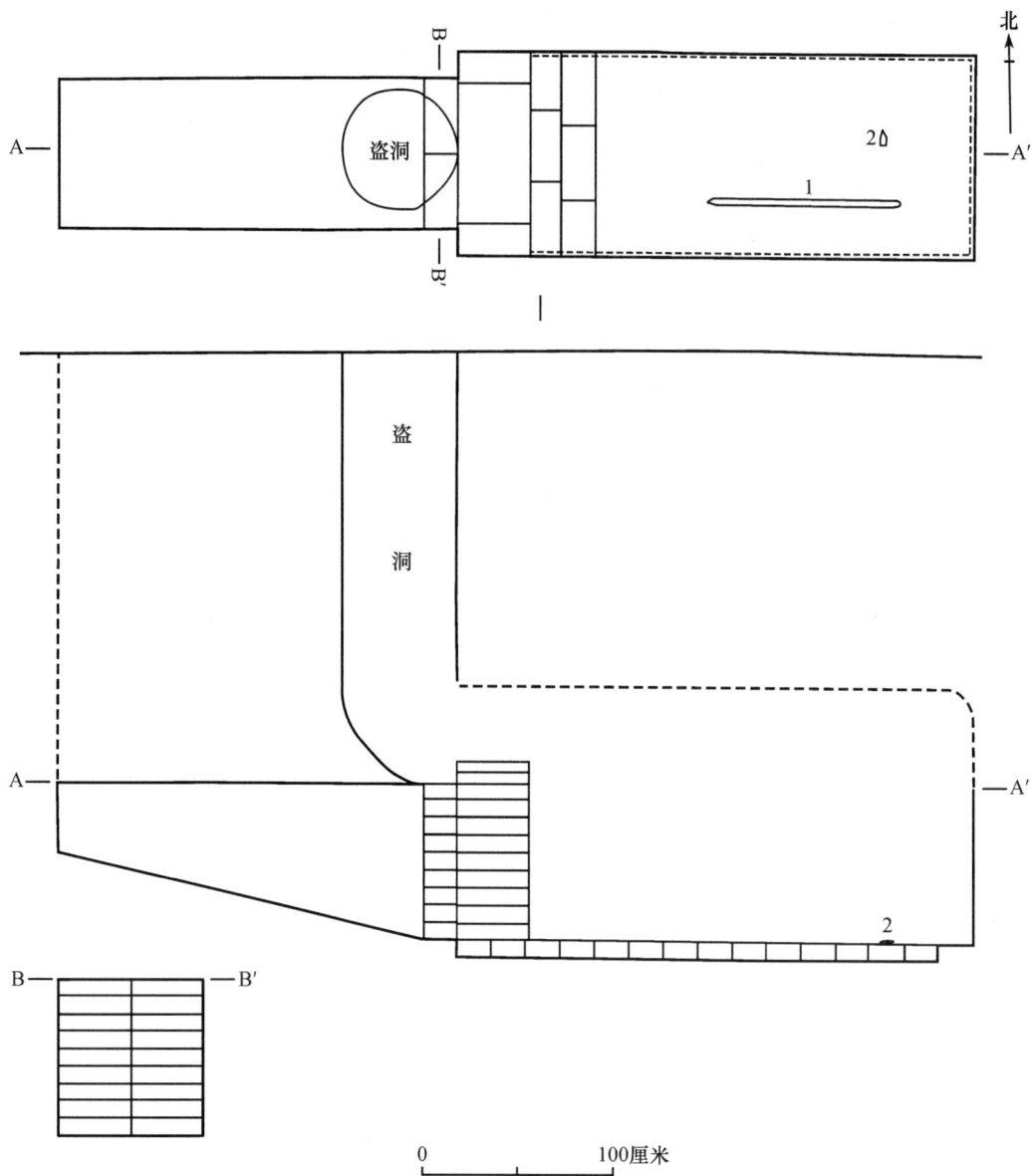

图六二九　Ⅱ区M18平、剖面图
1.铁削　2.玉口琀

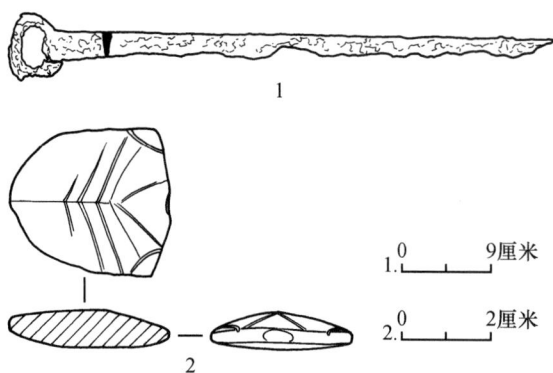

图六三〇　Ⅱ区M18出土器物
1.铁削（M18：1）　2.玉口琀（M18：2）

第十一节　M19

1. 墓葬形制

M19，位于该区中南部，东与M15，西与M22基本并列。方向180度。形制为竖穴墓道土洞墓，由墓道、墓室两部分组成（图六三一；图版七三，1、2）。

墓道　位于墓室南端，平面呈梯形，底部有一级台阶，壁面较直，台阶长0.6、深0.7，墓道长2.30、宽0.90～1.0、残高0.70～1.0米。墓道内填五花土，土质疏松，未经夯打。

墓室　平面呈长方形，拱顶土洞，长4.70、宽2.3、残高1.0米。该墓经盗扰，仅出土有原始瓷壶残片1。

封门　条砖封门。

葬具　不详。

葬式　不详。

2. 出土器物

该墓盗扰严重，仅出土原始瓷壶残片，残损严重，无法复原。

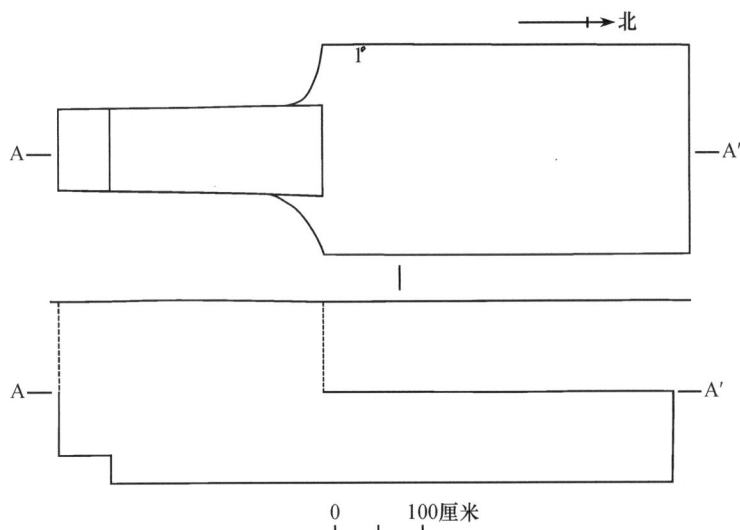

图六三一　Ⅱ区M19平、剖面图
1.原始瓷壶残片

第十二节　M20

1. 墓葬形制

M20，位于该区的中南部，M19与M15之间的南侧，且方向一致，似有一定关系。方向185度。形制为竖穴墓道土洞墓，由墓道、墓室两部分组成（图六三二）。

墓道　位于墓室南端，平面呈长方形，底部有一级台阶，且略呈斜坡状，壁面较直。长2.60、宽0.88、残深0.24~0.60米。墓道内填五花土，土质疏松，未经夯打。

墓室　平面呈长方形，拱顶土洞。墓室南高北低，条砖错缝平铺地。长3.70、宽0.88、残高0.60~0.80米，条砖38厘米×19厘米×9厘米。该墓经盗扰，出土有陶壶2、陶罐2、泥灯1、铜钱4。

封门　条砖封门，错缝平砌，长0.88、残高0.60米。条砖38厘米×19厘米×9厘米。

葬具　木棺，出土有铁棺钉，形制、尺寸不详。

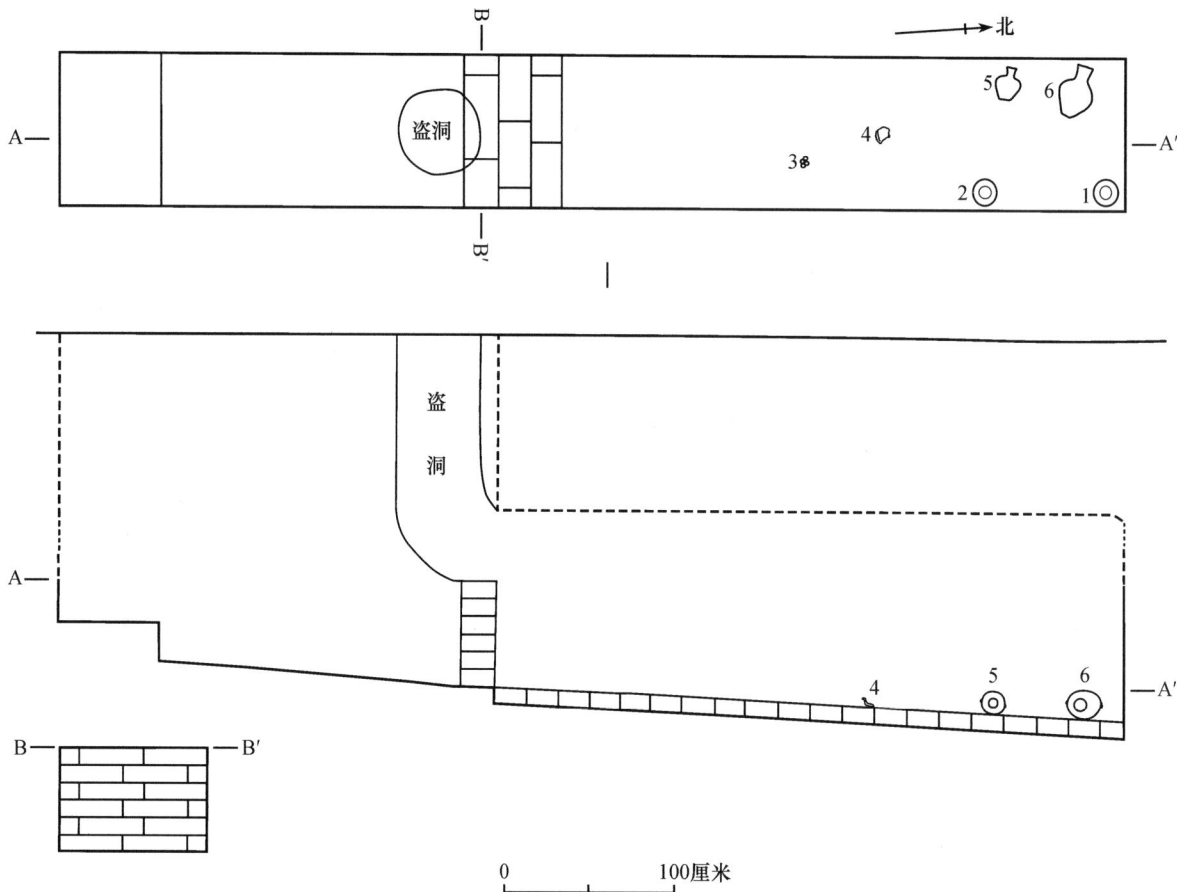

图六三二　Ⅱ区M20平、剖面图
1、2.陶罐　3.铜钱　4.泥灯　5、6.陶壶

葬式　不详。

盗洞　1处，位于墓道的末端，自上而下进入墓室。平面呈圆形，直径约0.50米。

2. 出土器物

随葬器物5件，质地有陶、泥两种，另有铜钱4枚，分述如下。

陶器　4件，为红胎绿釉陶，器类有壶、罐。

壶　2件（M20：5、6），形制相同。侈口，圆唇，唇部加厚，束颈，圆鼓肩，下腹内收，假圈足，平底。肩、腹部两周凸弦纹之间，填饰一周浅浮雕图案，近处一周连绵起伏山峦，山峦间有铺首衔环、骑马射猎、熊、虎、奔兽等内容。标本M20：6，口径12.4、腹径25.5、底径13.1、高30.9厘米（图六三三，1）。

罐　2件（M20：1、2），形制相同，通体饰墨绿釉，侈口，卷沿，矮领，圆鼓肩，下腹内收，平底。肩部模印山峦、云气、熊、虎、野猪、乘龙羽人等内容。标本M20：2，口径9.1、腹径15.6、底径7.5、高12.6厘米（图六三三，2）。

泥灯　1件，标本M20：4，残损，仅残存底座，圆形（图六三三，3）。

铜钱　4枚，为五铢钱，圆形方穿，穿背面有郭，部分穿上有一横纹，穿之两侧有篆文"五铢"二字。"五"字或瘦长，交笔较直，或宽大，交笔甚曲，"铢"字朱头方折，"五"字瘦长，交笔较直或甚曲（图六三四）。

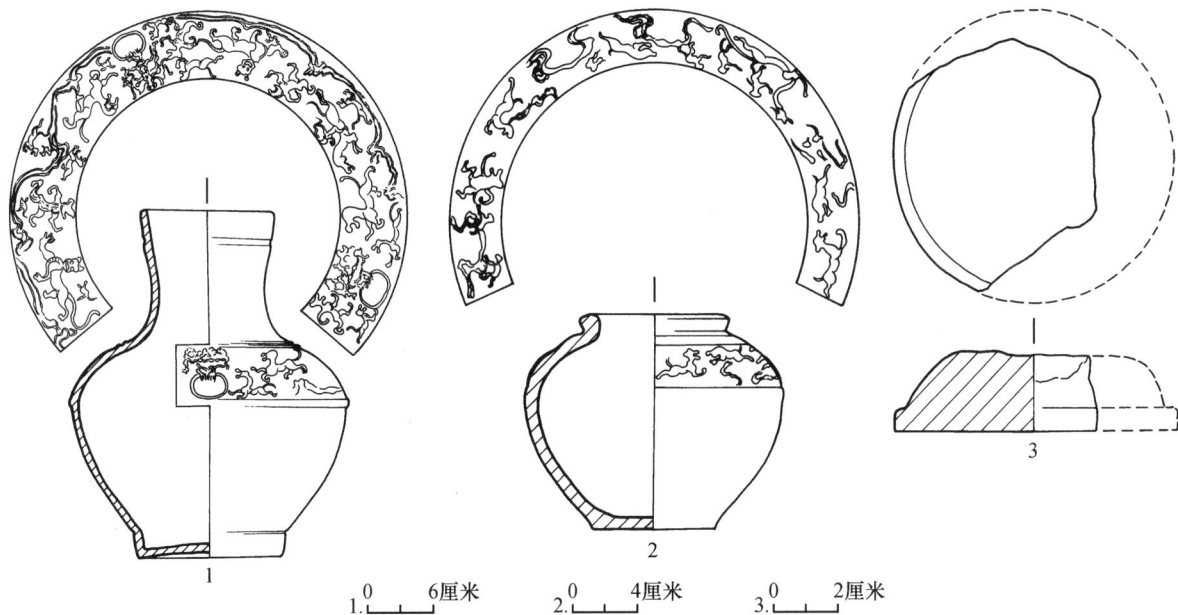

图六三三　Ⅱ区M20出土器物

1.陶壶（M20：6）　2.陶罐（M20：2）　3.泥灯（M20：4）

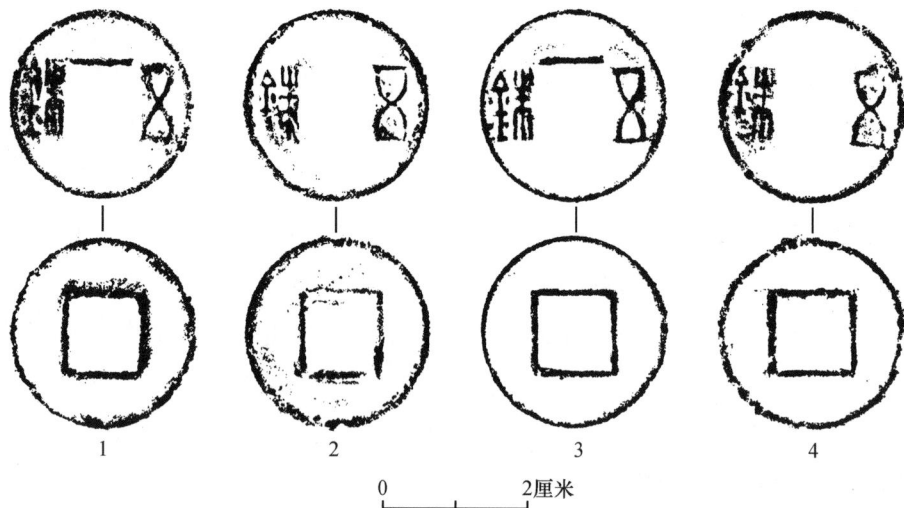

图六三四　Ⅱ区M20出土铜钱
1～4. M20：3-1～4

第十三节　M21

1. 墓葬形制

M21，位于该区中南部，东与M22并列，西与M14基本并列，西南邻M16，且方向一致。方向186度。形制为竖穴墓道土洞墓，由墓道、墓室两部分组成（图六三五；图版七三，3、4）。

墓道　位于墓室南端，平面近长方形，底略呈斜坡状，壁面较直，南北两侧有对称分布平面呈三角形的脚窝，高0.2、宽0.24、进深0.10米。墓道长2.50、宽0.90、残深1.0～1.3米。墓道内填五花土，土质疏松，未经夯打。

墓室　平面呈长方形，拱顶土洞。墓室前端，一排楔形砖券顶，前部条砖错缝铺地。墓室长4.5、宽1.4、壁高0.72、高1.30米。条砖38厘米×18厘米×9厘米，楔形砖的尺寸36厘米×17厘米×（4～5）厘米。该墓盗扰严重，出土陶仓（残）2、铜车辖1。

封门　条砖封门，下部四层对缝，东侧一立砖，之上错缝平砌。宽0.9、残高0.99米。条砖尺寸为38厘米×18厘米×9厘米。

葬具　木棺，出土铁棺钉，其尺寸不详。

葬式　不详。

盗洞　1处，位于墓室的中部，自上而下进入墓室。平面呈圆形，直径约0.50米。

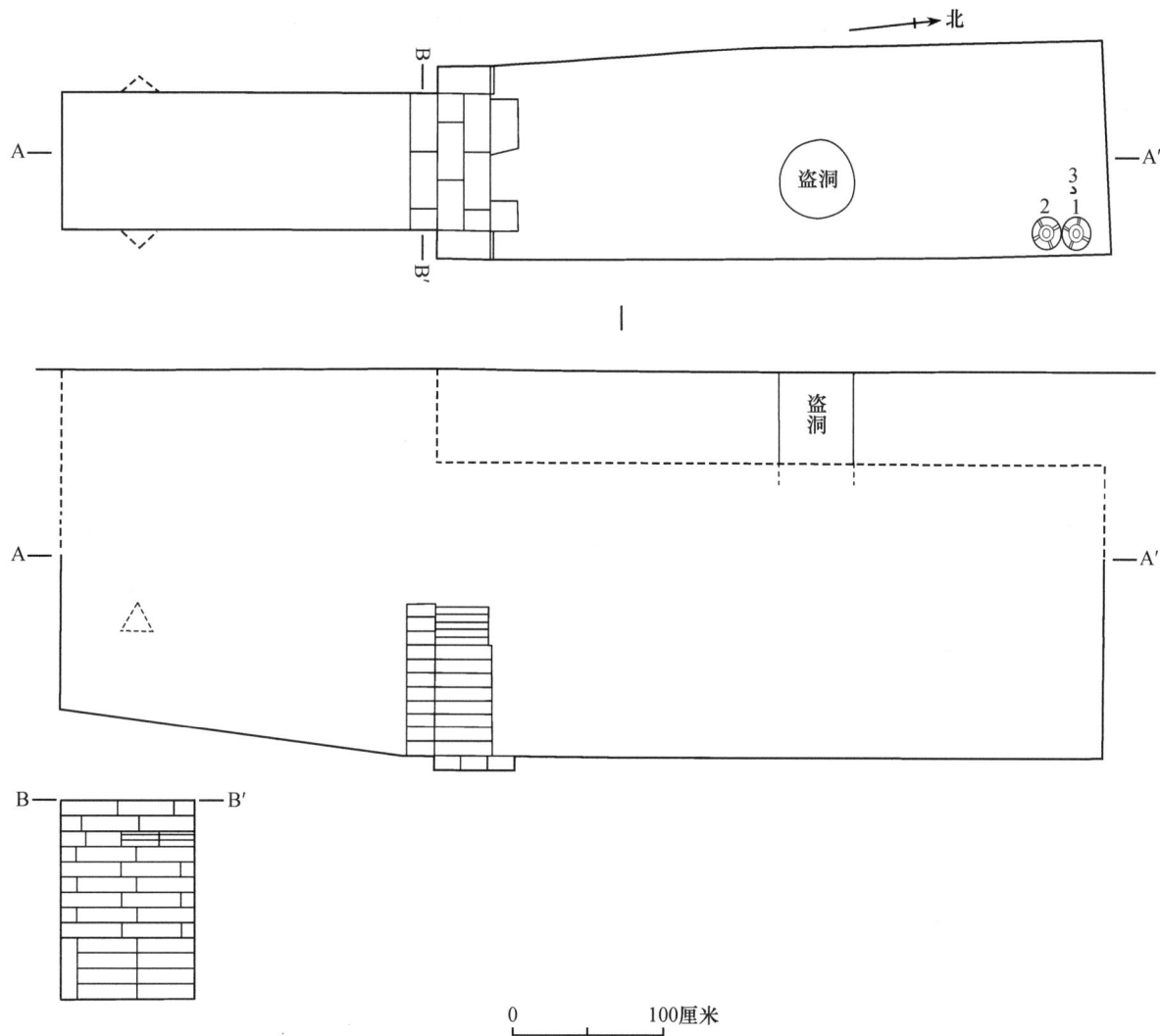

图六三五　Ⅱ区M21平、剖面图
1、2.陶仓　3.铜车辕

2. 出土器物

该墓出土器物3件，质地有陶、铜两种。分述如下。

陶仓　2件（M21：1、2），均残，泥质红胎，通体饰墨绿釉，釉层较厚，釉面有光泽。盖，伞盖形，中央一圆突，向外十四道竖棱。器身，小口，圆唇，矮领，绕口一周有环状台面，之外均匀布置二十四条竖棱和四条短粗竖棱，直筒腹，上大下小，平底，底附三蹲踞形熊足。腹饰三组（每组三至五道）凹弦纹。腹轮制，肩、足模制而后粘结。标本M21：1，底径11.6、足高3.7、通高21.1厘米（图六三六，2）。标本M21：2，盖径10.1、残口径5.8、底径12.6、足高5.6、通高21.7厘米（图六三六，1）。

铜车辕　1件，标本M21：3，"U"形，断面圆形。宽1.75、高1.45厘米（图六三六，3）。

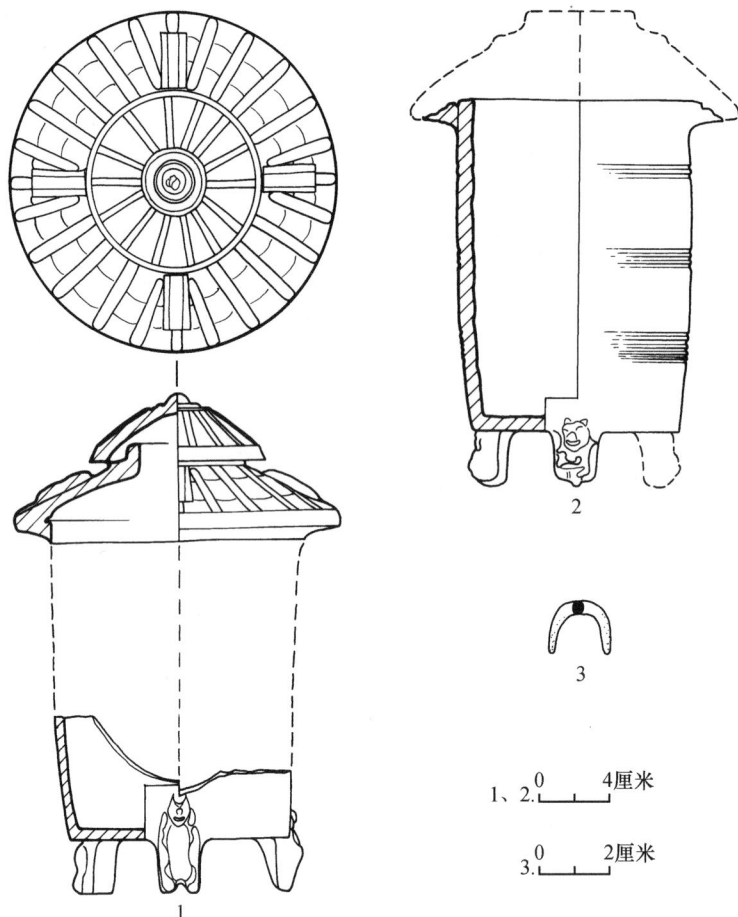

图六三六　Ⅱ区M21出土器物
1、2.陶仓（M21：2、1）　3.铜车辖（M21：3）

第十四节　M22

1. 墓葬形制

M22，位于该区中南部，西与M21并列，东与M19并列。方向185度，形制为竖穴墓道土洞墓，由墓道、墓室两部分组成（图六三七；图版七四，1、2）。

墓道　位于墓室南端，平面近长方形，底部有一级台阶，且略呈坡状，壁面较直。长2.48、宽0.82～0.90、残深1.30～1.60米。墓道内填五花土，土质疏松，未经夯打。

墓室　平面呈长方形，拱顶土洞。墓室前端，两壁各一条砖砌壁，之上一排楔形砖券顶，方砖对缝铺地。长3.3、宽1.90、壁高0.90、残高1.60米。条砖38厘米×18厘米×9厘米，楔形砖36厘米×17厘米×（4～5）厘米，方砖为38厘米×38厘米×6厘米。墓室盗扰严重，出土铜环1对、砖灯1、铜钱2。

封门　条砖封门，对缝侧立。宽0.90、残高1.6米。条砖38厘米×18厘米×9厘米。

葬具　木棺，出土铁棺钉，形制不详。

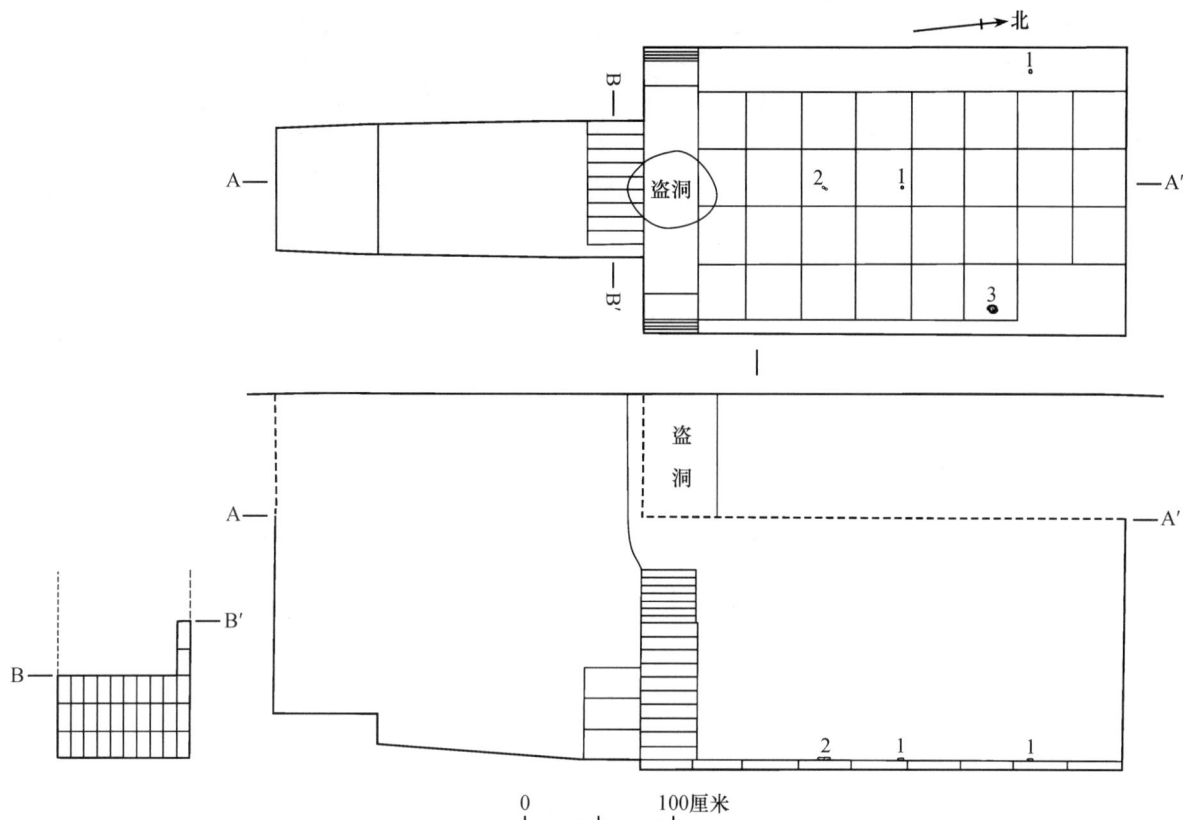

图六三七 Ⅱ区M22平、剖面图
1. 铜钱 2. 铜环 3. 砖灯

葬式 不详。

盗洞 1处，位于墓室的前端，自上而下进入墓室。平面呈圆形，直径约0.60米。

2. 出土器物

该墓出土器物2件，质地有砖、铜两种，另有铜钱2枚，分述如下。

砖灯 1件，标本M22：3，由条砖加工而成，平面呈不规则圆形，四周有加工痕迹，中部有一凹面，近似圆形。直径13.2、高5.95厘米（图六三八，1）。

铜环 1对，标本M22：1，两环以"M"形银片相连，圆环形，直径2.4厘米（图六三八，2；彩版五三，1；图版一七一，1）。

铜钱 2枚，均为五铢钱，圆形方穿，穿背面有郭，穿之两侧有篆文"五铢"二字，"五"字宽大，交笔甚曲，"铢"字朱头方折（图六三八，3、4）。

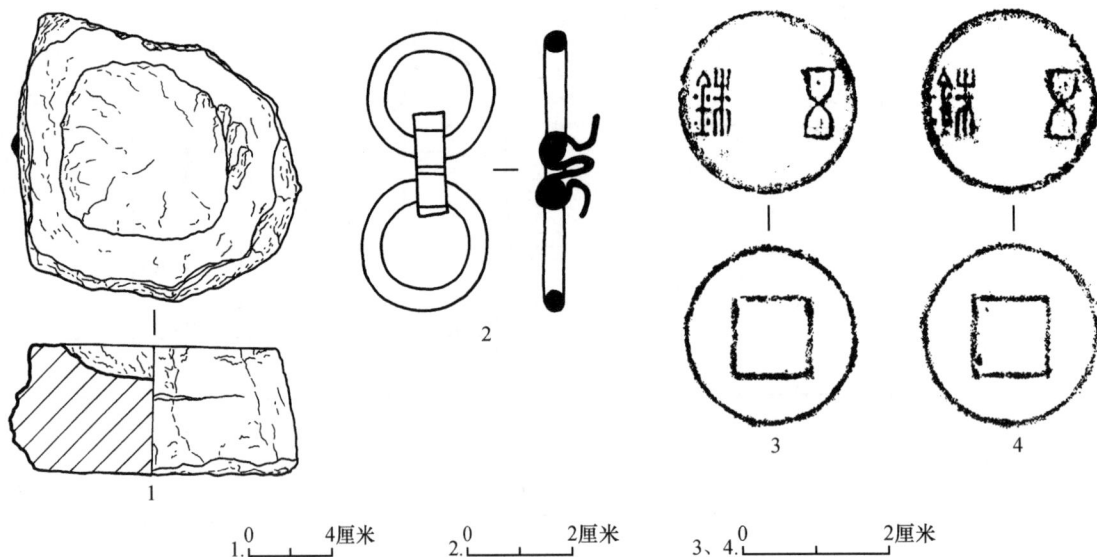

图六三八　Ⅱ区M22出土器物
1. 砖灯（M22：3）　2. 铜环（M22：1）　3、4. 铜钱（M22：1-1、2）

第十五节　M23

1. 墓葬形制

M23，位于该区南部边缘，东与M24相邻。方向174度。形制为斜坡墓道土圹砖室墓，由墓道、墓室及东、西耳室组成（图六三九）。

墓道　位于墓室南端，平面呈长方形，底呈斜坡状。开口残长3.10、宽1.00、残深0～1.20米，坡度22度。墓道内填五花土，土质疏松，未经夯打。

墓室　上部破坏殆尽，仅存底部，平面略呈长方形，东西两壁各有三个凹槽，平面呈椭圆形，个别凹槽底部铺有碎砖，直径0.25～0.40米，应为壁柱凹槽。墓室应为砖室，顶壁不存，仅存极少部分的错缝铺地条砖。墓圹长9.10、宽3.30～3.60、残高1.20米。墓圹内盗扰严重，出土陶盆1、铁锸1。

东耳室　位于墓室南端东侧，平面呈"T"字形，券顶砖室，破坏严重，结构不详。仅北壁残存一层壁砖，部分条砖"人"字形铺地。东西向长6.90、宽2.0、残高1.1米，南北向残长7.70、宽1.80、残高1.10米。条砖38厘米×19厘米×8厘米。该耳室盗扰严重，未出土器物。

西耳室　位于墓室南部西侧，与东耳室基本对称，平面呈"T"字形，券顶砖室，破坏严重，结构不详。东西进深长5.20、宽2.00、残高1.4米，南北向长11.50、宽1.80、残高1.40米。条砖38厘米×19厘米×8厘米。该耳室盗扰严重，出土有铁锸1、砖灯1。

封门　不详。

葬具　不详。

葬式　不详。

北

A—

3D

2D

1

—A′

A—

A′

0　　　　　　100厘米

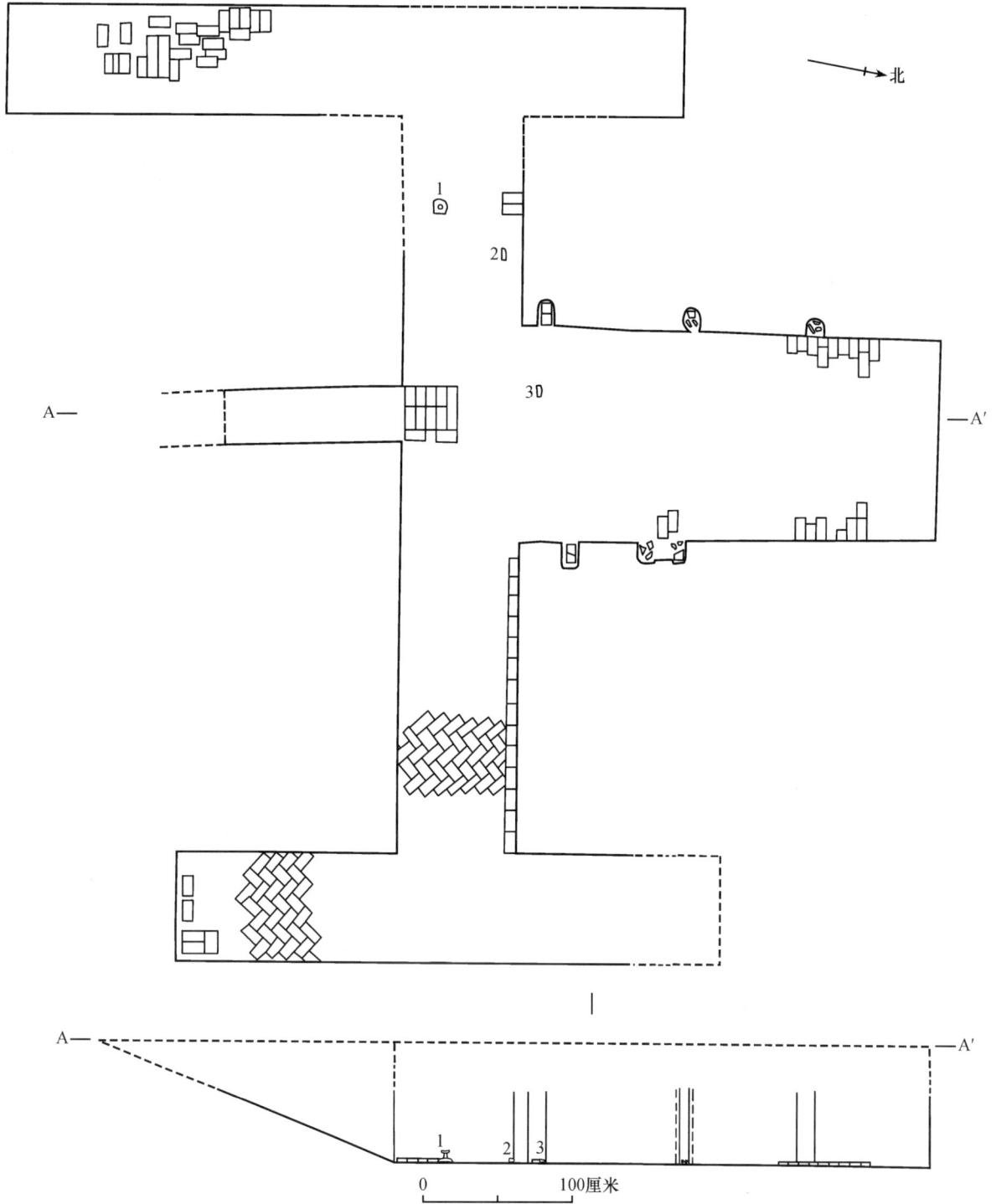

图六三九　Ⅱ区M23平、剖面图
1.砖灯　2、3.铁锸　4.陶盆

2. 出土器物

该墓出土器物4件，质地有陶、铁、砖三种，分述如下。

陶盆　1件，标本M23：3，泥质灰陶，侈口，平沿，方唇，折腹，平底。底部戳印"日利"二字。轮制，腹部一周凹弦纹，沿上有线切纹。沿径46.7、口径39.2、底径24.1、高21.6厘米（图六四〇，3）。

铁锸　2件，形制相同。平面长方形，顶端有断面呈"V"形銎。标本M23：2，长17.4、宽6.2厘米（图六四〇，2）。

砖灯　1件，标本M23：1，由条砖加工而成，平面呈不规则圆形，四周有加工痕迹，中部有一圆形凹面。直径11.5、高5.5厘米（图六四〇，1）。

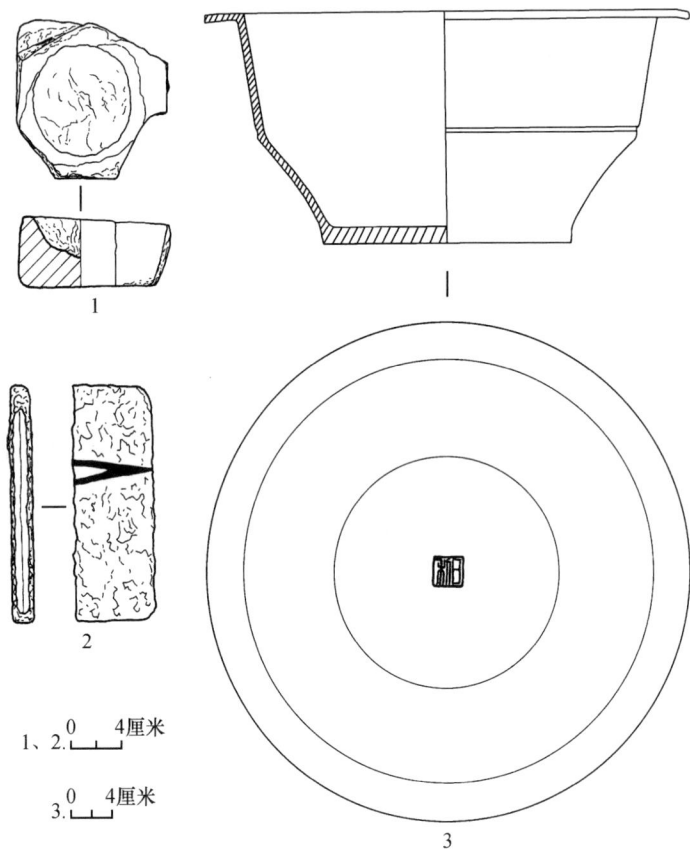

1、2. ⎣0⎯4厘米

3. ⎣0⎯4厘米

图六四〇　Ⅱ区M23出土器物

1. 砖灯（M23：1）　2. 铁锸（M23：2）　3. 陶盆（M23：3）

第十六节　M24

1. 墓葬形制

M24，位于该区东南部，M23东偏南。方向94度，形制为竖穴墓道砖室墓，平面略呈刀把形，由墓道、墓室两部分组成（图六四一）。

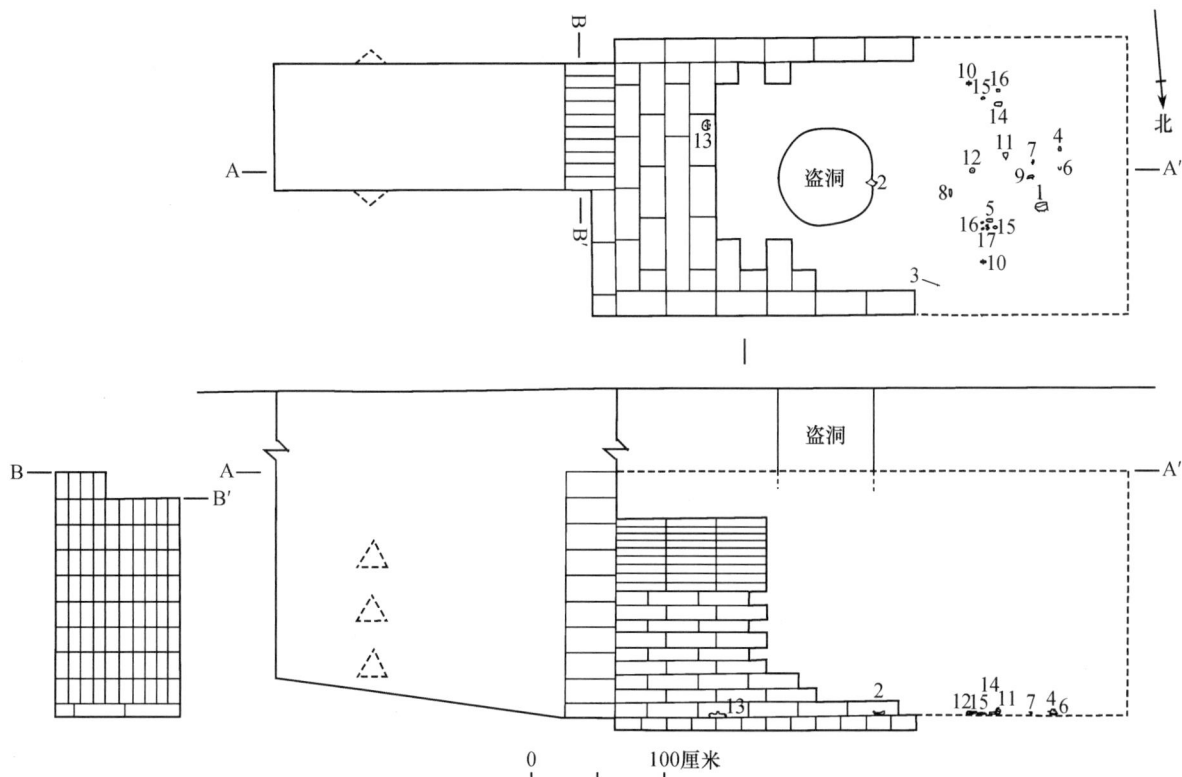

图六四一　Ⅱ区M24平、剖面图

1.陶仓　2.陶罐　3.铁剑　4.铜辖軎　5.铜衡末饰　6.铜车軓　7.铜盖弓帽　8.铜当卢　9.铜马衔镳　10.铜弩机　11.铜铃
12.骨璧　13.铜镜　14.玉口琀　15.玉眼罩　16.玉鼻塞　17.玉耳塞

　　墓道　位于墓室西端，平面呈长方形，底略呈坡状，壁面较直，南北两侧有对称的平面呈三角形的脚窝。脚窝宽0.24、高0.20、进深0.10米。墓道长2.56、宽0.94、残深1.50～1.80米。墓道内填五花土，土质疏松，未经夯打。

　　墓室　平面呈长方形，顶部坍塌，结构不详。南北两壁，条砖顺置平砌，底部条砖错缝平铺，局部毁坏。墓室长3.90、宽2.02、残高1.80米。该墓被盗扰；出土有陶仓（残）1、陶罐（残）1、铜铃1、铜衡末饰1、铜车軓1、铜盖弓帽5、铜当卢1、铜马衔镳1、铜弩机2、铜镜1、铜辖軎1、铁剑（残）1、玉口琀1、玉眼罩1、玉鼻塞3、玉耳塞2、骨璧（残）1。

　　封门　条砖封门，对缝侧立。宽0.96、高1.80米。条砖38厘米×19厘米×8厘米。

　　葬具　木棺，出土铁棺钉，其形制、尺寸不详。

　　葬式　不详。

　　盗洞　1处，位于墓室的中部，自上而下进入墓室。平面呈圆形，直径约0.70米。

2. 出土器物

　　该墓出土器物25件，质地有陶、铜、铁、玉、骨，分述如下。

　　陶器　2件，器物有仓、罐，均残缺。

　　仓　1件，标本24：1，残损严重，无法复原。

罐　1件，标本24：2，残损严重，无法复原。

铜器　14件，为衡末饰、车軎、盖弓帽、当卢、马衔镳、弩机、铃、辖軎和镜。

衡末饰　1件，标本M24：5，筒形，一端封闭。直径1.0、长1.1厘米（图六四二，1）。

车軎　1件，标本M24：6，"U"形，断面圆形。宽1.75、高1.5厘米（图六四二，2）。

盖弓帽　5件，形制相同。圆筒形，一端封闭，中部有一倒刺。标本M24：7，长1.8、直径0.6厘米（图六四二，3）。

当卢　1件，标本M24：8，圭形片状，一面两端各有一方形穿钮。长8.7、宽0.6～1.75厘米（图六四二，4）。

马衔镳　1件，标本M24：9，残。衔，两节，两端有环，环环相扣，长7.05厘米。镳，棒形，有两孔，长7.9（图六四二，5）。

弩机　2件，标本M24：10-1、2，形制相同，由郭、望山、牙、钩心、悬刀、键构成。标本M24：10-1，郭长5.9、宽0.75～1.65、望山1.7、牙0.45、钩心3.1、悬刀3.3、键2.3厘米（图六四二，6；彩版五三，2；图版一七一，2）。

铃　1件，标本M24：11，圆角方形钮，平顶，扁腹，上小下大，两铣下垂，钲部饰以圆点纹等。高4.7、宽3.5厘米（图六四二，7）。

辖軎　1件，标本M24：4，喇叭筒形，近大端处有对应辖孔，辖穿于辖孔之内。长2.0、径1.0～1.7、辖长1.35厘米（图六四二，8）。

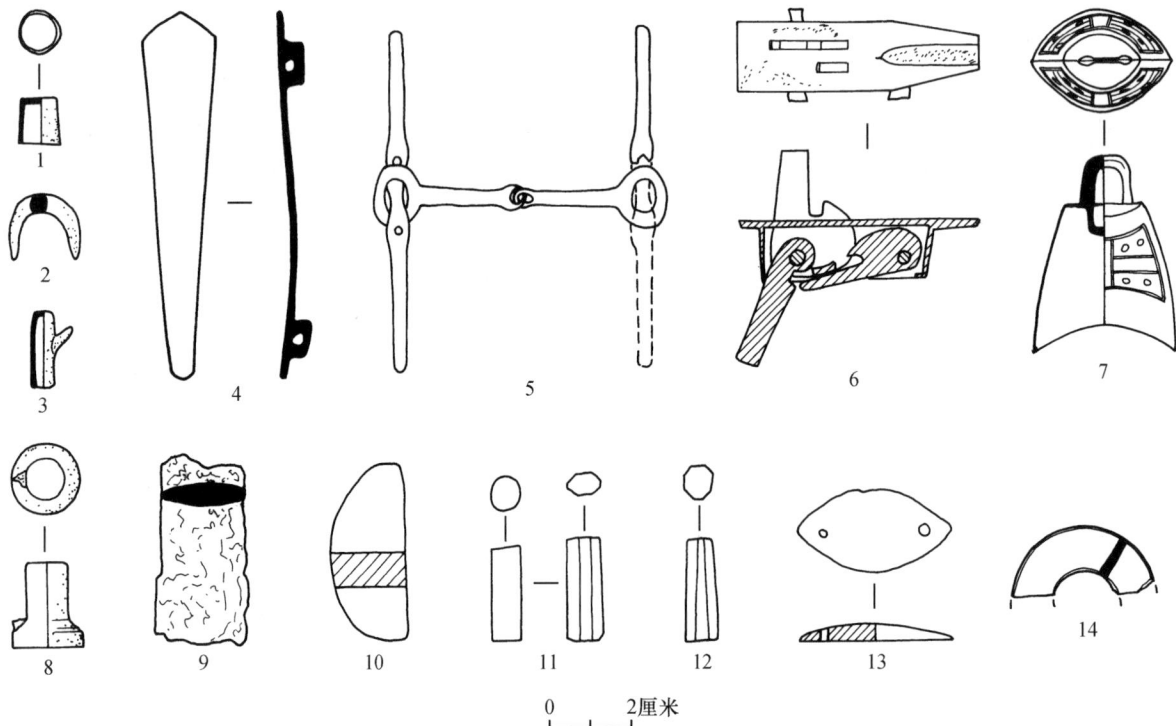

0　　　　2厘米

图六四二　Ⅱ区M24出土器物

1.铜衡末饰（M24：5）　2.铜车軎（M24：6）　3.铜盖弓帽（M24：7）　4.铜当卢（M24：8）　5.铜马衔镳（M24：9）

6.铜弩机（M24：10-1）　7.铜铃（M24：11）　8.铜辖軎（M24：4）　9.铁剑（M24：3）　10.玉口琀（M24：14）

11.玉鼻塞（M24：16-3）　12.玉耳塞（M24：17-1）　13.玉眼罩（M24：15）　14.骨璧（M24：12）

镜 1面，标本M24：13，日光铭文镜，残，圆形，半圆钮，圆钮座，素窄缘，镜面微凸。钮座之外有一周凹面环带，其外有"见日天下大□"铭文带，铭文两字之间有"の""◈"符号，之外一周短斜线纹。面径5.20、背径5.10、钮径1.0、缘宽0.10、缘厚0.30厘米，重27克（图六四三；彩版五一，2）。

图六四三 Ⅱ区M24出土铜镜（M24：13）

铁剑 1件，标本M24：3，残，断面呈菱形，残长4.6厘米（图六四二，9）。

玉器 7件，器类有口琀、鼻塞、耳塞和眼罩。

口琀 1件，标本M24：14，残，半圆形片状。长4.05厘米（图六四二，10）。

鼻塞 3件，（M24：16-1、2、3），形制相同，八棱柱形，长2.45。标本M24：16-3，圆柱形，长2.3厘米（图六四二，11）。

耳塞 2件，（M24：17-1、2），形制相同，短八棱柱形，一端稍细。标本M24：17-1，高2.4厘米（图六四二，12）。

眼罩 1件，标本M24：15，菱形，两端各有一圆形穿孔。上弧下平。长3.7厘米（图六四二，13）。

骨璧 1件，标本M24：12，残，圆环形片状（图六四二，14）。

第十七节 M25

1. 墓葬形制

M25，位于该区北部边缘稍偏西。方向5度。形制为竖穴墓道砖室墓，由墓道、墓室和东西耳室组成（图六四四；图版七四，3、4）。

墓道 位于墓室北端，平面略呈长方形，壁面较直。长2.60、宽0.92~1.00、底距开口残深1.9米。墓道内填五花土，土质疏松，未经夯打。

墓室 平面呈长方形，顶部子母砖对缝券顶，西、南、东三壁条砖顺置平砌，条砖错缝铺底。子母砖36厘米×18厘米×（4~5）厘米，条砖38厘米×19厘米×8厘米。长4.02、宽2.26、壁高1.0、高1.90米。该墓被盗扰，出土有陶仓2、陶仓盖7、陶熏炉盖1、陶灶1、陶樽盖1、陶灯1、铜泡钉1、铜环2、铜马衔镳1、铜铺首1、铜当卢1、铜盖弓帽1、铜钱8。

东耳室 位于墓室北部东侧，靠近封门处，平面呈长方形，楔形砖对缝券顶，条砖顺置错缝砌壁，条砖错缝铺底。长3.58、宽1.54、壁高0.70、高1.2米。盗扰严重，出土有陶仓1。

西耳室 位于墓室北部西侧，与东耳室对称。平面呈长方形，楔形砖对缝券顶。条砖顺置错缝砌壁，条砖错缝铺底。长3.78、宽1.54、壁高0.70、高1.04米。盗扰严重，出土有铜盖

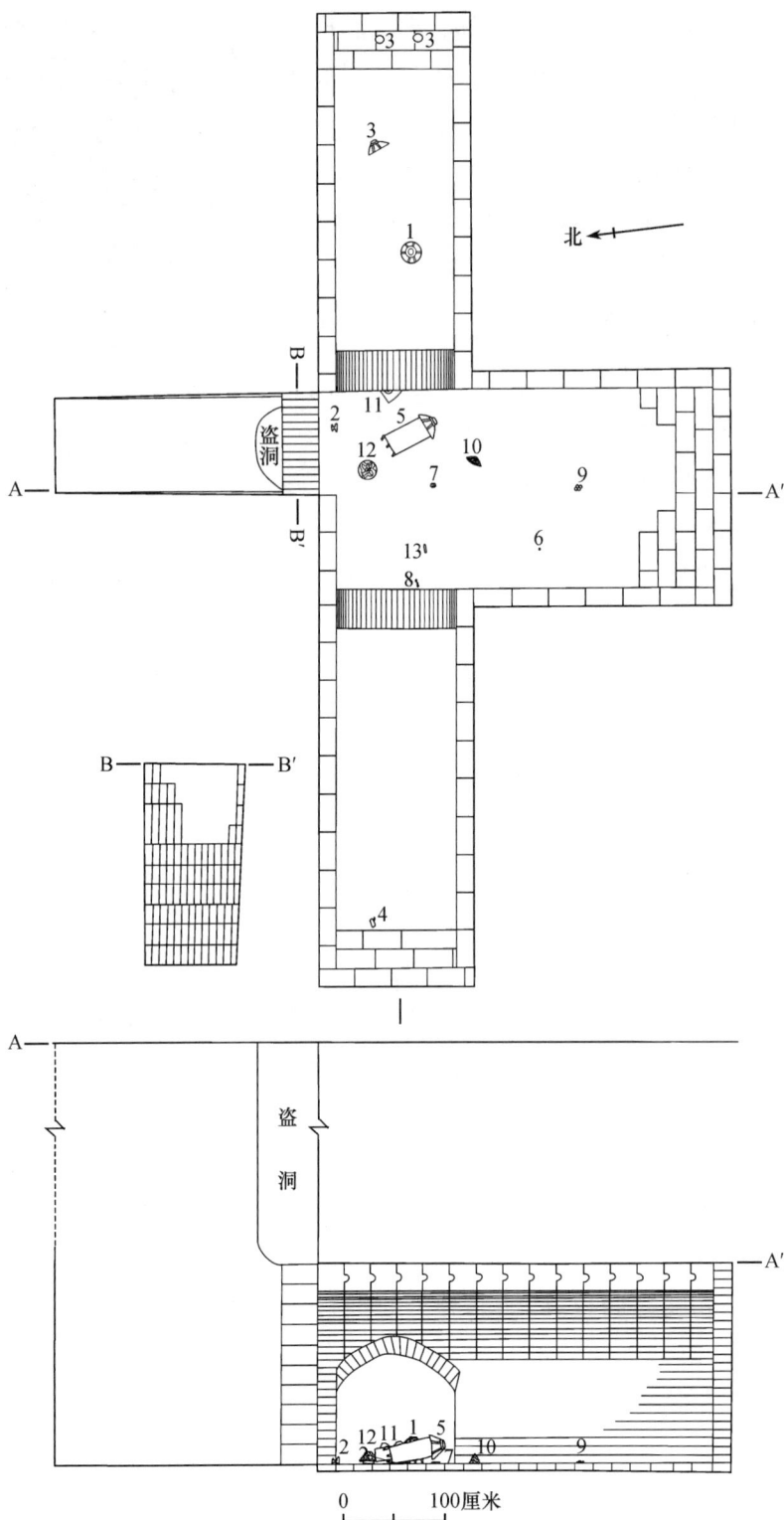

图六四四　Ⅱ区M25平、剖面图

1、5.陶仓　2.陶灯　3.陶仓盖　4.铜盖弓帽　5.铜泡钉　7.铜环　8.铜马衔镳　9.铜钱　10.陶熏炉盖　11.陶灶
12.陶樽盖　13.铜当卢

弓帽1。

　　封门　条砖封门，对缝侧立。宽0.92~1.00、高1.9米，条砖38厘米×19厘米×8厘米。

　　葬具　木棺，出土铁棺钉，其形制、尺寸不详。

　　葬式　不详。

　　盗洞　1处，位于墓道的末端，自上而下从封门处进入墓室。平面呈圆形，直径约0.60米。

2. 出土器物

　　该墓出土随葬器物20件，质地有陶、铜两种。另有铜钱8枚，分述如下。

　　陶器　13件，分为红胎釉陶和泥质灰陶，器类有熏炉盖、樽盖、仓、灯、灶（图版九八，2）。

　　熏炉盖　1件，标本M25：10，残，红胎釉陶，器表饰酱黄釉，博山形。口径11.2、高7.6厘米（图六四五，1）。

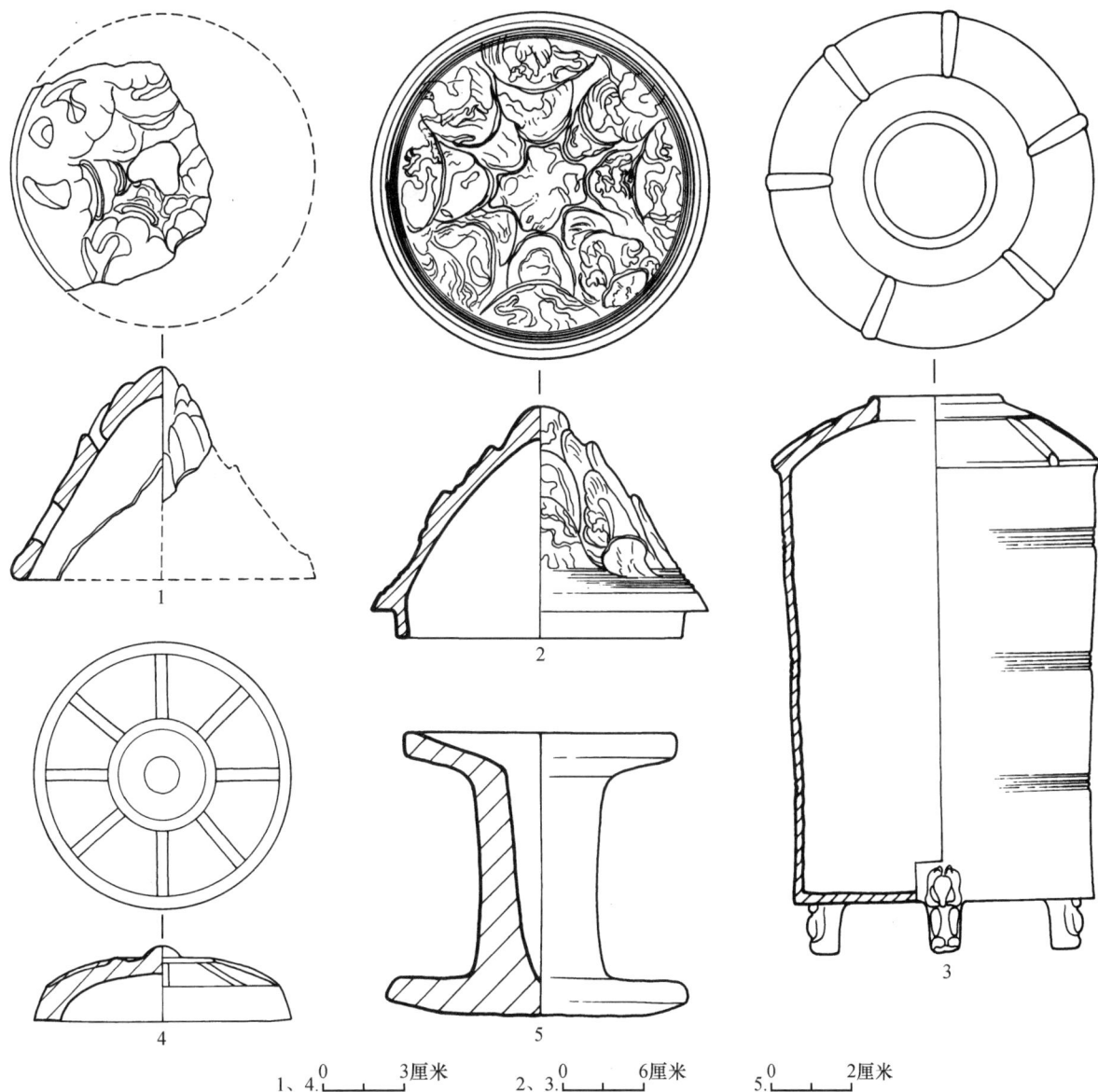

图六四五　Ⅱ区M25出土器物（一）

1.熏炉盖（M25：10）　2.陶樽盖（M25：12）　3.陶仓（M25：5）　4.陶仓盖（M25：3-6）　5.陶灯（M25：2）

樽盖　1件，标本M25：12，红胎釉陶，器表饰酱黄釉，博山形，子母口。口径24.6、高16.6厘米（图六四五，2；图版一五〇，1）。

仓　9件（M25：1、5，M25：3-1、2、3、4、5、6、7）。2件完整，7件仅存仓盖。M25：1、5，红胎釉陶，器表饰酱黄釉，釉层较厚，釉面有光泽，形制相同。直口，圆唇，绕口一周环状台面，之外有六条短竖棱，肩部稍出檐，直筒腹，平底，底附三蹲踞形熊足，腹部饰三组（每组三道）凹弦纹，腹轮制，肩、足模制而后粘结。标本M25：5，口径9.8、底径22.9、足高6.3、通高40.8厘米（图六四五，3；图版一五〇，2）。M25：3-1、2、3、4、5、6、7，仅存仓盖，泥质灰陶，浅覆钵形，顶部有一乳突，之外有一周凸棱，其外有八条短竖棱。标本M25：3-6，口径9.6、高2.7厘米（图六四五，4）。

灯　1件，标本M25：2，红胎釉陶，通体饰酱黄釉，釉层较厚，釉面有光泽，灯盘壁残缺（按：其茬口很整齐，可见壁与底为分体制作，而后拼接）。盘，平底，空心柱形柄，喇叭形足。器身与柄座分体轮制，而后粘结。高6.8厘米（图六四五，5）。

灶　1件，标本M25：11，灶体平面呈马蹄形，前方后圆，前壁圆角，灶面前后出檐，后部两角削掉，整体呈六边形，灶面两釜前后分布，尾部有长方形小孔烟囱，前端有方形拱顶不落地灶门。灶面、灶壁、釜分体模制而后粘结（釜为单体制作，而后粘接于灶面上，与常见的分体制作拼接不同，似有中原文化因素）。长29.2、宽20、高14厘米（图六四六，1；图版一五〇，3）。

铜器　7件，器类有盖弓帽、泡钉、环、铺首、马衔镳、当卢。

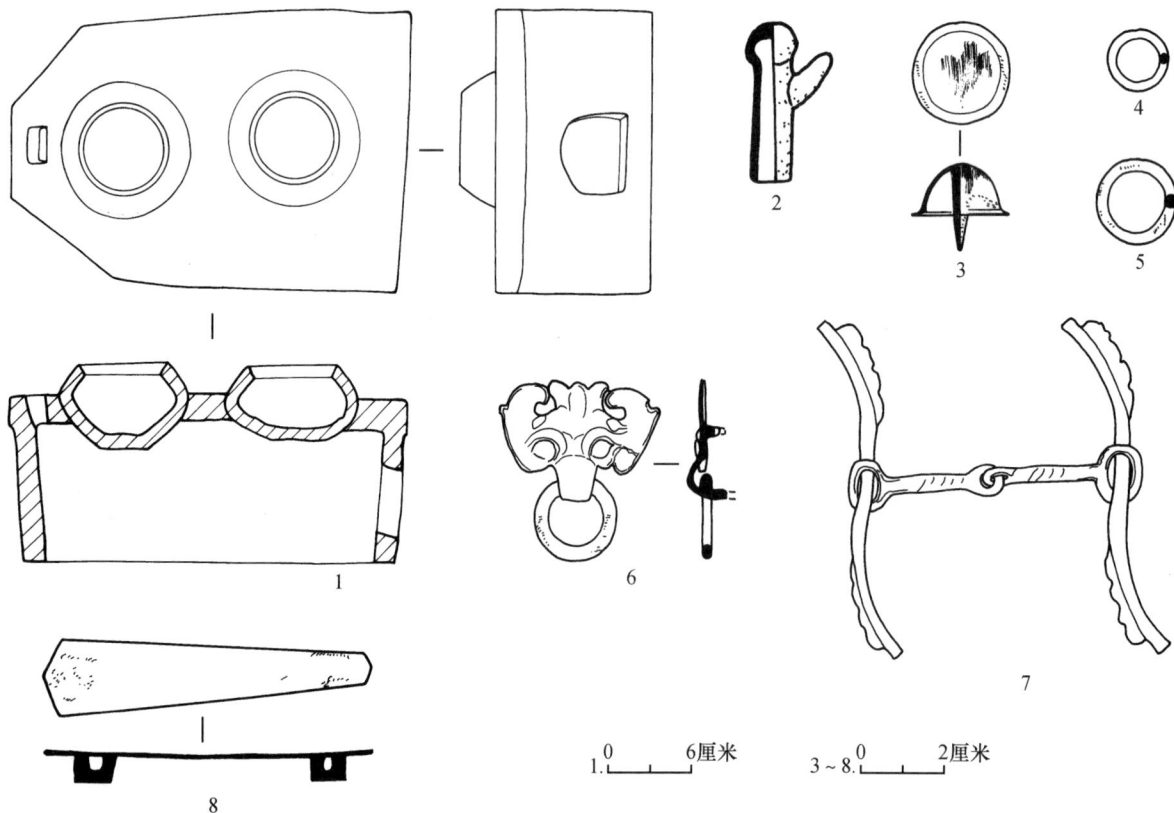

图六四六　Ⅱ区M25出土器物（二）

1.陶灶（M25：11）　2.铜盖弓帽（M25：4）　3.铜泡钉（M25：6）　4、5.铜环（M25：7-1、2）　6.铜铺首（M25：7-3）　7.铜马衔镳（M25：8）　8.铜当卢（M25：13）

盖弓帽　1件，标本M25：4，圆筒形，一端封闭，中部有一倒刺。长1.6、直径0.6厘米（图六四六，2）。

泡钉　1件，标本M25：6，帽形，泡径2.4、钉长2.1厘米（图六四六，3）。

环　2件，圆环形。标本M25：7-1，直径1.5（图六四六，4）。标本M25：7-2，直径2.0厘米（图六四六，5）。

铺首　1件，标本M25：7-3，兽面形，两耳内卷，圜眼，鼻回勾，下衔一环，铺首背面有一榫。兽面宽3.9、高2.8、环径1.95厘米（图六四六，6）。

马衔镳　1件，标本M25：8，衔，两节，两端有环，环环相扣，长7.1厘米。镳，略呈"S"形，两端一侧透雕云纹图案，残长7.9厘米（图六四六，7）。

当卢　1件，标本M25：13，圭形片状，一面两端各有一方形穿钮。长8.0、宽0.8～1.7厘米（图六四六，8）。

铜钱　8枚，均为五铢钱，部分有磨郭现象。圆形方穿，穿背面有郭，穿之两侧有篆文"五铢"二字，"五"字或瘦长，交笔较直或缓曲，或宽大，交笔甚曲，"铢"头多方折，"五"字瘦长，交笔较直或缓曲（图六四七）。

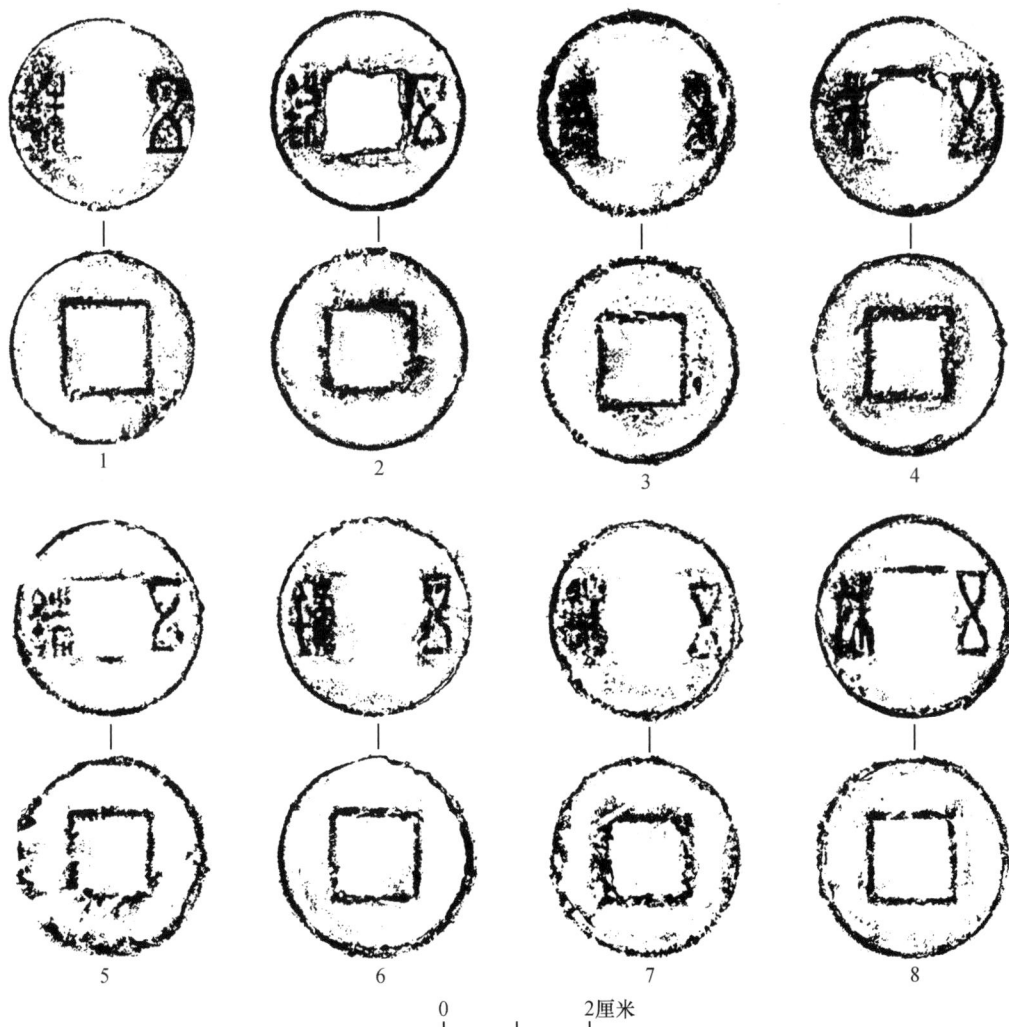

图六四七　Ⅱ区M25出土铜钱

1. M25：9-1　2. M25：9-2　3. M25：9-3　4. M25：9-4　5. M25：9-5　6. M25：9-6　7. M25：9-7　8. M25：9-8

第十八节　M26

1. 墓葬形制

M26，位于该区中部偏北，M25的东南。方向10度。形制为土洞砖室墓，由墓道、墓室、东西耳室组成（图六四八）。

墓道　位于墓室北侧，因破坏严重，形制、尺寸均不详。

墓室　平面略呈长方形，顶部被破坏，结构不详，壁条砖顺置平砌，条砖横排错缝铺底。长6.16、宽2.16～2.24、残高0.10米，条砖38厘米×19厘米×8厘米。盗扰严重，出土有铜泡钉5、马衔镳1、铁剑柄（残）1。

东耳室　位于墓室北部东侧靠近封门处，平面呈"L"形，顶部结构不详，壁条砖顺置错缝平砌，条砖横置错缝铺地。耳室东西进深3.4、宽1.38、南北进深2.52、宽1.44米、残高0.7米。盗扰严重，出土铜马衔镳1。

西耳室　位于墓室北部西侧，与东耳室基本对称。平面呈"L"形，顶部结构不详，壁条砖顺置错缝平砌，条砖横置错缝铺地。耳室东西进深3.62、宽，南北进深2.40、宽1.5，残高0.5米。盗扰严重，未出土器物。

封门　不详。

葬具　木棺，出土铁棺钉，其形制、尺寸不详。

葬式　不详。

2. 出土器物

该墓出土器物7件，质地有铜、铁，分述如下。

铜器　7件，器类为泡钉和马衔镳。

泡钉　5件，标本M26：1，帽形，泡径2.4、残高0.7厘米（图六四九，1）。

马衔镳　1件，标本M26：2，镳，呈"S"形片状，中间有两孔，一节，一端有环。残长9.0厘米（图六四九，2）。

铁剑柄　1件，标本M26：3，仅残存柄部，可见绳子缠绕痕迹。残长7.2厘米（图六四九，3；彩版五六，6；图版一七三，1）。

北 ←——

A ——

A ——

A'

A'

3

2

1

A —— ——A'

0　　　　100厘米

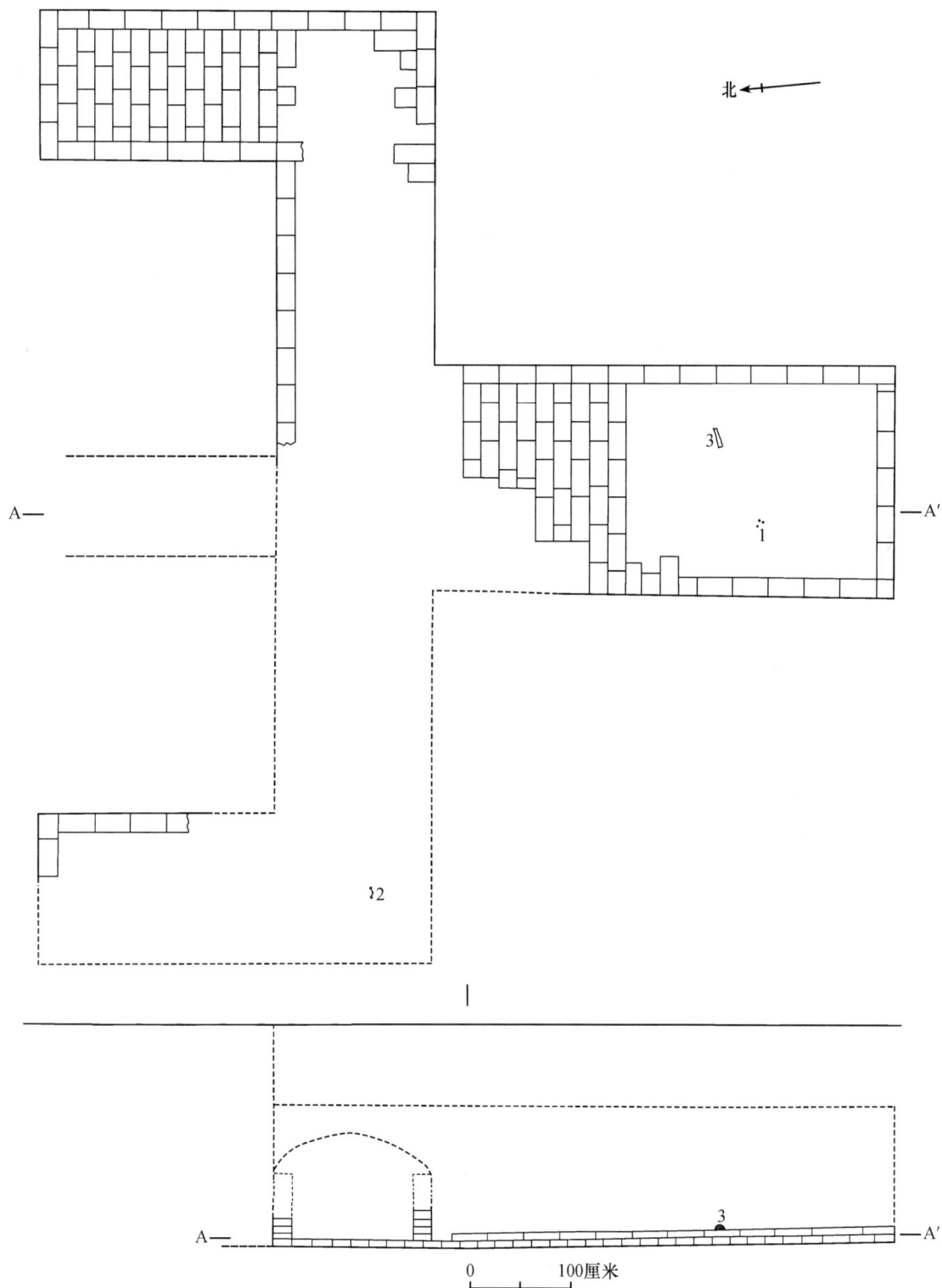

图六四八　Ⅱ区M26平、剖面图
1.铜泡钉　2.铜马衔镳　3.铁剑柄

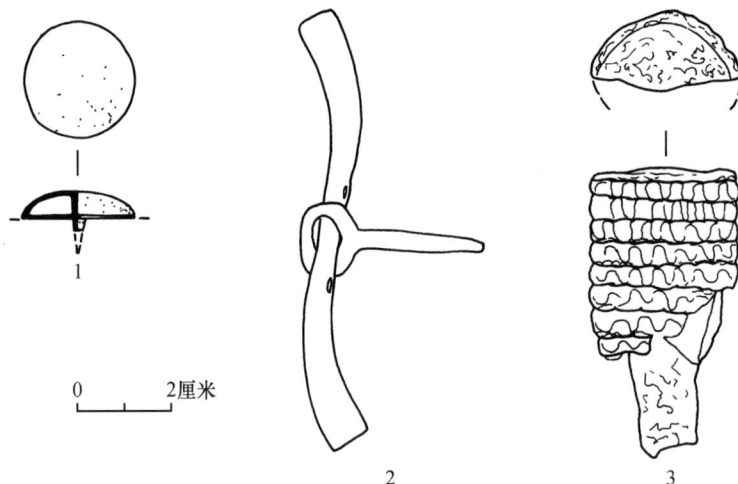

图六四九　Ⅱ区M26出土器物

1. 铜泡钉（M26∶1）　2. 铜马衔镳（M26∶2）　3. 铁剑柄（M26∶3）

第十九节　M27

1. 墓葬形制

M27，位于该区的东南角。方向160度。形制为土洞砖室墓，由墓道、墓室和东、西耳室组成（图六五〇）。

墓道　位于墓室南端，因破坏严重，形制、尺寸均不详。

墓室　平面呈长方形，顶部破坏，结构不详，壁条砖错缝平砌，三层条砖错缝铺底。长5.4、宽2.60、残高0.10米，条砖38厘米×19厘米×8厘米。盗扰严重，出土有铜铺首2、铜盖弓帽3、铜辖軎1、铜镞3、铜带钩1、铁器5、石砚1、铜钱5。

西耳室　位于墓室南部西侧，平面呈长方形，条砖错缝平铺砌壁，底为一层条砖错缝平铺。长1.60、宽0.96、残高0.3米。盗扰严重，出土有铜盖弓帽3、铜辖軎1、铜镞3。

东耳室　位于墓室南部东侧，与西耳室基本对称，平面呈长方形，条砖错缝砌壁，一层条砖错缝平铺底。长1.60、宽0.96、残高0.4米。盗扰严重，出土铜带钩1。

封门　条砖封门。仅存四块条砖纵向立砌于铺地砖之上。

葬具　木棺，出土铁棺钉，其尺寸不详。

葬式　不详。

2. 出土器物

该墓出土器物16件，质地有铜、铁、石，另有铜钱5枚，分述如下。

铜器　10件，器类有铺首、盖弓帽、带钩、镞、辖軎。

铺首　2件，标本M27∶2-1，兽面形，两耳内卷，额头三角形，圜眼，鼻回勾，铺首背面

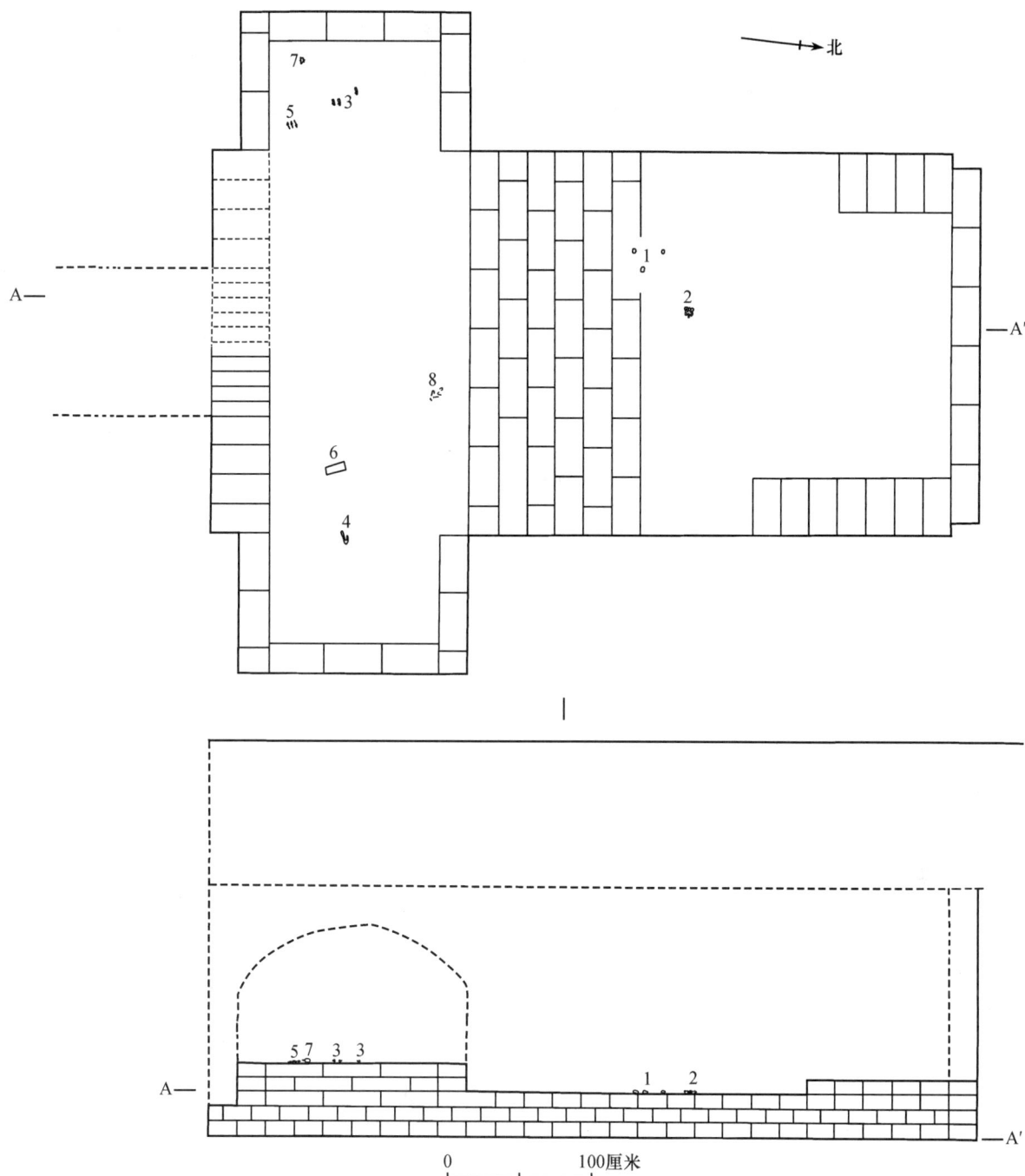

图六五〇　Ⅱ区M27平、剖面图

1.铜钱　2.铜铺首　3.铜盖弓帽　4.铜带钩　5.铜镞　6.石砚　7.铜辖軎　8.铁器

有一榫。兽面宽4.2、高2.8厘米（图六五一，2）。标本M27：2-2，兽面形，两耳外撇，额头山形，圜眼，眼眉上扬内卷，背面有一榫。兽面宽3.3、高3.1厘米（图六五一，1）。

盖弓帽　3件，形制相同，圆筒形，上有半球形帽，一端封闭，中部有一倒刺。标本M27：3，长2.5、直径0.6厘米（图六五一，3）。

带钩　1件，标本M27：4，鸭形，鸭嘴首，素面。圆柱形帽钮，通长6.3厘米（图六五一，4）。

镞　3件，形制相同，三棱箭头，后有一圆柱形杆。标本M27：5，通长3.4厘米（图六五一，5）。

辖軎　1件，标本M27：7，喇叭筒形，近大端处有对应辖孔，辖穿于辖孔之内。长2.1、径1.4～2.0厘米（图六五一，6；图版一五三，1）。

铁器　5件，均残。标本M27：8-1，钩形（图六五一，8）。标本M27：8-2，环形片状（图六五一，9）。标本M27：8-3，钩形（图六五一，10）。标本M27：8-4，条形，残长3.0厘米（图六五一，11）。标本M27：8-5，长条形，残长6.1厘米（图六五一，12）。

石砚　1件，标本M27：6，黑色石质，长方形薄片状，长15.0、宽5.2、厚0.3厘米（图六五一，7）。

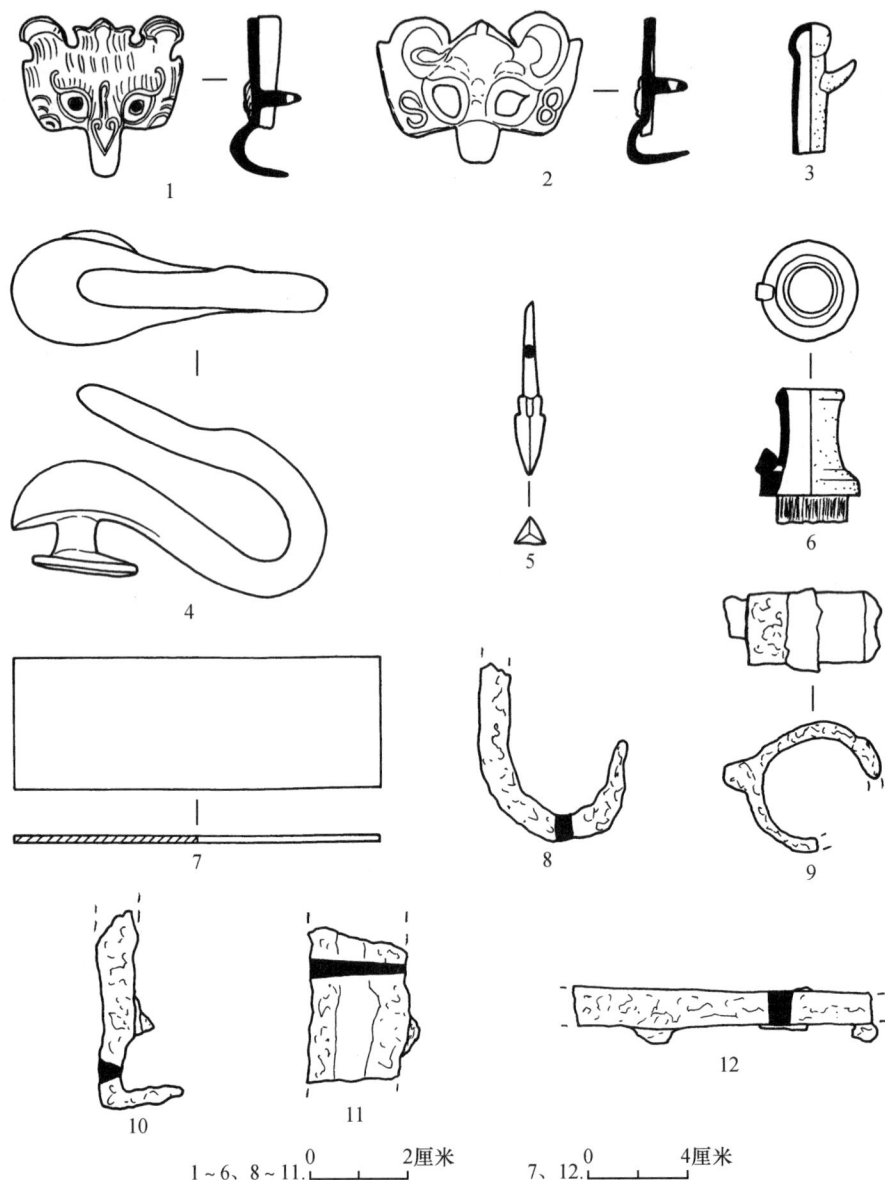

图六五一　Ⅱ区M27出土器物

1、2.铜铺首（M27：2-2、1）　3.铜盖弓帽（M27：3）　4.铜带钩（M27：4）　5.铜镞（M27：5）　6.铜辖軎（M27：7）
7.石砚（M27：6）　8～12.铁器（M27：8-1～5）

铜钱　5枚，均为五铢钱，圆形方穿，穿背面有郭，穿之两侧有篆文"五铢"二字，"五"字或瘦长，交笔缓曲，或宽大交笔甚曲，"铢"头方折，或略有圆意，"五"字瘦长，交笔较直或缓曲（按：年代主要为昭、宣时期）（图六五二）。

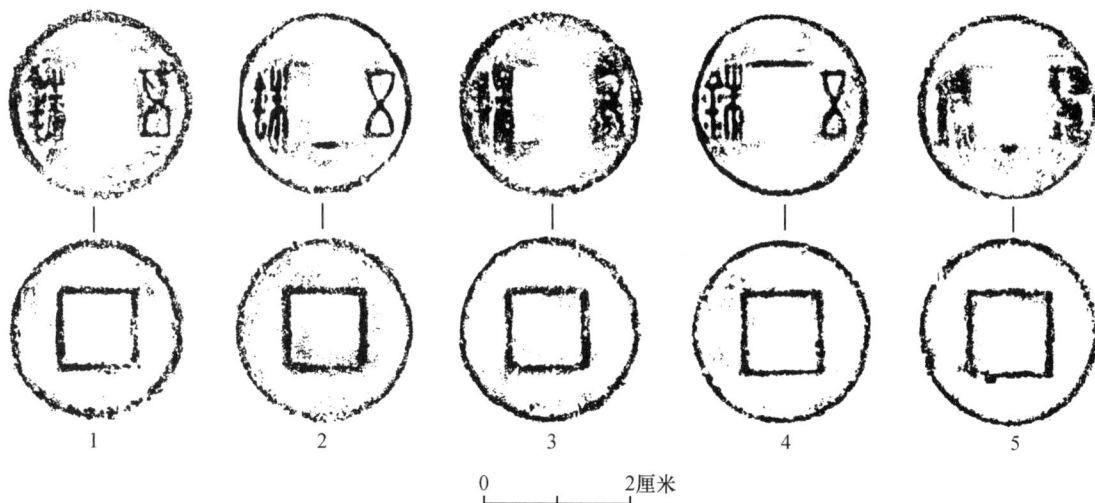

0　　　　　　2厘米

图六五二　Ⅱ区M27出土铜钱

1. M27：1-1　2. M27：1-2　3. M27：1-3　4. M27：1-4　5. M27：1-5

第四章 初步研究

第一节 墓葬形制

一、墓葬形制

225座墓葬，除Ⅱ区M26、M27墓道被破坏形制不详外，其余223座墓葬按其形制可分竖穴土坑墓和洞室墓两大类（详见附表3）。

第一类，竖穴土坑墓，共3座。即自地表下挖出土圹，形成墓室。分两型。

A型 2座。无墓道。均在墓圹下部用条砖砌筑墓室。如Ⅰ区M46。

B型 1座。斜坡墓道土圹砖室墓。Ⅱ区M23，为大中型墓，墓圹底部砖砌墓室，墓室两侧各一"T"形耳室。

第二类，洞室墓，共220座。墓道一侧或一端修建墓室。依其结构不同分为七型。

A型 3座。偏洞室墓。即墓室位于墓道长边一侧。如Ⅰ区M128。

B型 94座。竖穴墓道土洞墓。部分墓室前部一侧或两侧有小龛。分两个亚型。

Ba型 93座。单室。依墓道与墓室的宽窄变化分三式。

Ⅰ式 5座。墓道略宽于墓室。如Ⅰ区M77。

Ⅱ式 49座。墓道与墓室等宽。如Ⅰ区M25。

Ⅲ式 39座。墓室宽于墓道。如Ⅰ区M151。

Bb型 1座。Ⅰ区M144，为双室墓，墓道两端各有一墓室。

C型 17座。竖穴墓道砖室墓，个别墓葬仅条砖砌壁，顶部不砖券。依墓室结构不同分两个亚型。

Ca型 16座。竖穴墓道单室墓。部分墓室一侧或两侧有耳室。如Ⅰ区M2等。

Cb型 1座。Ⅰ区M48，竖穴墓道前后室。

D型 6座。竖穴墓道半砖室墓，墓室前部有一排条砖砌券顶，后部为土洞，墓底铺砖。如Ⅰ区M191。

E型 82座。斜坡墓道单室土洞墓。部分墓道两侧有一级台阶。分为两个亚型。

Ea型 66座。无天井。部分墓道与墓室之间有甬道。如Ⅰ区M74。

Eb型 16座。有天井。部分天井与墓室之间有甬道。如Ⅰ区M95。

F型 17座。斜坡墓道单室砖室墓。部分墓道两侧有一级台阶。分两个亚型。

Fa型 16座。无天井。部分墓道与墓室之间有甬道。如Ⅰ区M73。

Fb型 1座。有天井。天井与墓室之间有甬道。如Ⅰ区M184。

G型 1座。Ⅰ区M198，斜坡墓道并列双室墓。墓道正对左墓室，右墓室条砖砌壁券顶，左墓室仅前部有两排条砖砌壁券顶，后部为土洞。

二、封 门

225座墓中，封门可确定者171座，按材质与使用方式可分为四类。

第一类 52座，木板封门。大多两侧有封门槽，槽内残存朽木。

第二类 42座，土坯封门。大多单层，个别用双层土坯封门。

第三类 68座，条砖封门。条砖错缝或者对缝单排或双排砖平砌。

第四类 9座，混合封门。以内侧板外侧土的土坯结构为主，计7座，另有条砖与土坯混用的1座，条砖、子母砖、筒瓦混用的1座。

西安地区战国晚期至西汉中期的中小型土洞墓，多采用木板封门，这与竖穴坑墓二层台的棚板可能有着相同的功用，即使棺之周围形成一定的密闭空间，具有椁室的性质，或者可看作是木椁的简体或变体形式。土坯封门，出现于西汉早期，西汉中期、中晚期较为流行。条砖封门，出现于西汉中晚期，随着砖室墓的流行而普遍使用。西汉时期小型墓的砖封门，多采用横向错缝平砌，且一般高出墓室或甬道券顶，比较坚固。而东汉时期的墓室砖封门，一般在甬道之内，且一般采用顺向斜侧立"人"字形结构，这可能与之后的多次下葬便于开启有关。

三、葬 具

225座墓葬中，可确定葬具木棺者210座，其中23座棺外有一木椁，2座棺外有砖椁。

木棺，从残存棺痕判断，多为长方形，长度多在2.0～2.5米之间，宽度多在0.5～0.7米之间。板灰棺痕的尺寸与棺的实际尺寸可能存在一定的误差，如果忽略这些误差，那么汉代木棺的尺寸，其长一般在1丈（2.3米）左右，其宽一般在3尺（0.7米）左右。当然，这只是大体推断，实际情况可能要复杂得多。比如棺材作坊，其产品尺寸可能会有几个标准。如果是私人制作，那么其尺寸可能就更为多样。而这个1丈长、3尺宽的标准可能就是中间标准。棺之尺寸与墓葬的尺寸有着密切关系，尤其是竖穴墓道洞室墓。竖穴墓道洞室墓，墓道长度一般也在2.0～2.5米之间，其宽度一般在0.8米左右，长宽尺寸略大于木棺。部分木棺使用铁棺钉，这种情况在西汉中期以后较为流行，西汉早、中期较为少见。

椁，均为单椁。木椁之尺寸，没有表现出明确的标准，可能是根据墓室的大小制作的。砖椁，均沿墓壁用条砖砌筑，木板盖顶。近年发掘的西汉宜春侯墓，其形制为斜坡墓道土圹砖室墓，壁砖、顶砖多达七层，墓室前部出土的一块砖上墨书"此五十三宜春侯椁余"字样，其大意或为这五十三块砖是建椁余下的砖。如果推断不误的话，那么这种当今所谓的砖室，当时是被称为椁的，是传统木椁的新发展。当然，西汉以后的砖砌墓室可能与椁的关系就渐行渐远了。洞墓室里的砖砌墓室与木构椁室，在西汉时期可能具有同样的含义，也许洞室本身在当时就象征椁室。

四、葬　　式

225座墓中，可辨认葬式者105座，绝大部分为仰身直肢，个别仰身屈肢或侧身屈肢。头向多数与墓葬方向相反，即头向后，仅有少数墓葬头向前。这与西安北郊，即长安城东南郊发现的中小型汉墓头向不同，西安北郊的中小型汉墓头向大多朝向墓道，即头向前。洛阳烧沟汉墓发现的西汉小型墓，其头向也多朝向墓道，与西安北郊的汉墓头向较为一致。这种头向的差异，意味着什么，还有待研究。

五、天井、过洞

有天井、过洞的墓葬均为斜坡墓道洞室墓。发掘的100座斜坡墓道洞室墓中，有天井和过洞的墓有17座。按平面形状不同分为两类。

第一类　14座。平面呈纵长方形。均位于墓道与甬道之间，与墓道等宽或略窄。如Ⅰ区M59、M101。

第二类　3座。平面呈横长方形。与墓室等宽或略宽于墓室。一般墓道与天井之间由过洞连接。如Ⅰ区M126、M154。也有的天井与墓道之间无过洞，如Ⅰ区M81。

第二节　出土器物类型分析

黄渠头225座汉墓共出土各类器物2777件（另有铜钱965枚），按照质地可分为陶、铜、铅、铁、玉石、骨、泥器等（详见附表4）。

一、陶　器

陶器，共1346件。按质地可分为泥质灰陶、泥质红陶和红胎釉陶三类，器类主要有鼎、盒、钫、壶、缶、罐、仓、灶、盆、甑、釜、樽、熏炉、灯、井、案、盘、碗、耳杯、斗、勺、人物俑、鸡、猪、狗、球、器盖、瓦当、筒瓦、烟囱等，其类型分析如下。

鼎，共79件。依质地可分为泥质灰陶和红胎釉陶两类，由盖与器身组成，盖钵形，器身子母口，肩附外撇弯曲板耳，顶端外折，底部粘附三模印蹄形足或兽形足。除13件残损严重形制不明外，其余66件陶鼎，依其器形及装饰分四式。

Ⅰ式　21件。浅腹，矮蹄形足，盖多呈球面形，部分有三乳突。器表多饰彩绘。如标本Ⅰ区M18：16（图六五三，1）。

Ⅱ式　36件。深腹，蹄形足较高，盖面浅而顶平，中心多有穿环。器表饰彩绘。如标本Ⅰ区M74：15（图六五三，2）。

Ⅲ式　8件。器形与Ⅱ式略同，部分足面模印出蹄形边棱。唯器表施酱黄或青绿釉。如标本Ⅰ区M48：20（图六五三，3）。

Ⅳ式　1件。标本Ⅱ区M5：6（图六五三，4），器形与Ⅲ式略同，兽形足，盖面模印浅浮雕图案。器表多施墨绿釉。

盒，共115件。依质地可分为泥质灰陶和红胎釉陶两类，除16件残损严重形制不明外，其余99件依其器形及装饰分四式。

Ⅰ式　35件。器身钵形，弧腹，平底。器表多饰彩绘。如标本Ⅰ区M116：6（图六五三，5）。

Ⅱ式　31件。器身盆形，腹壁较直，平底较大。器表多饰彩绘。如标本Ⅰ区M24：7（图六五三，6）。

Ⅲ式　21件。器形碗形，弧腹，圈足。器表多饰彩绘。如标本Ⅰ区M155：7（图六五三，7）。

Ⅳ式　12件。器形略同于Ⅲ式，器表施酱黄或青绿釉。如标本Ⅰ区M48：13（图六五三，8）。

钫，共86件。均为泥质灰陶，器表多用彩绘装饰。器形无明显变化。盖，覆斗形，子母口；器身，侈口，平沿，束颈，鼓腹，高圈足稍外撇。

壶，共28件。依质地可分为泥质灰陶和红胎釉陶两类，侈口，平沿，圆唇，束颈，弧肩，肩多附有两个对称铺首衔环，鼓腹，圈足或假圈足。除5件残损形制不明外，其余23件依据足之不同分两型。

A型　3件。圈足壶。依据器表装饰不同分两式。

Ⅰ式　2件。器表多饰彩绘。如标本Ⅰ区M126：3（图六五四，1）。

Ⅱ式　1件。标本Ⅰ区M198B：4（图六五四，2），器表施釉。

B型　20件。假圈足。依其有无铺首分为两亚型。

Ba型　16件。肩部饰对称铺首衔环。依据肩部变化分两式。

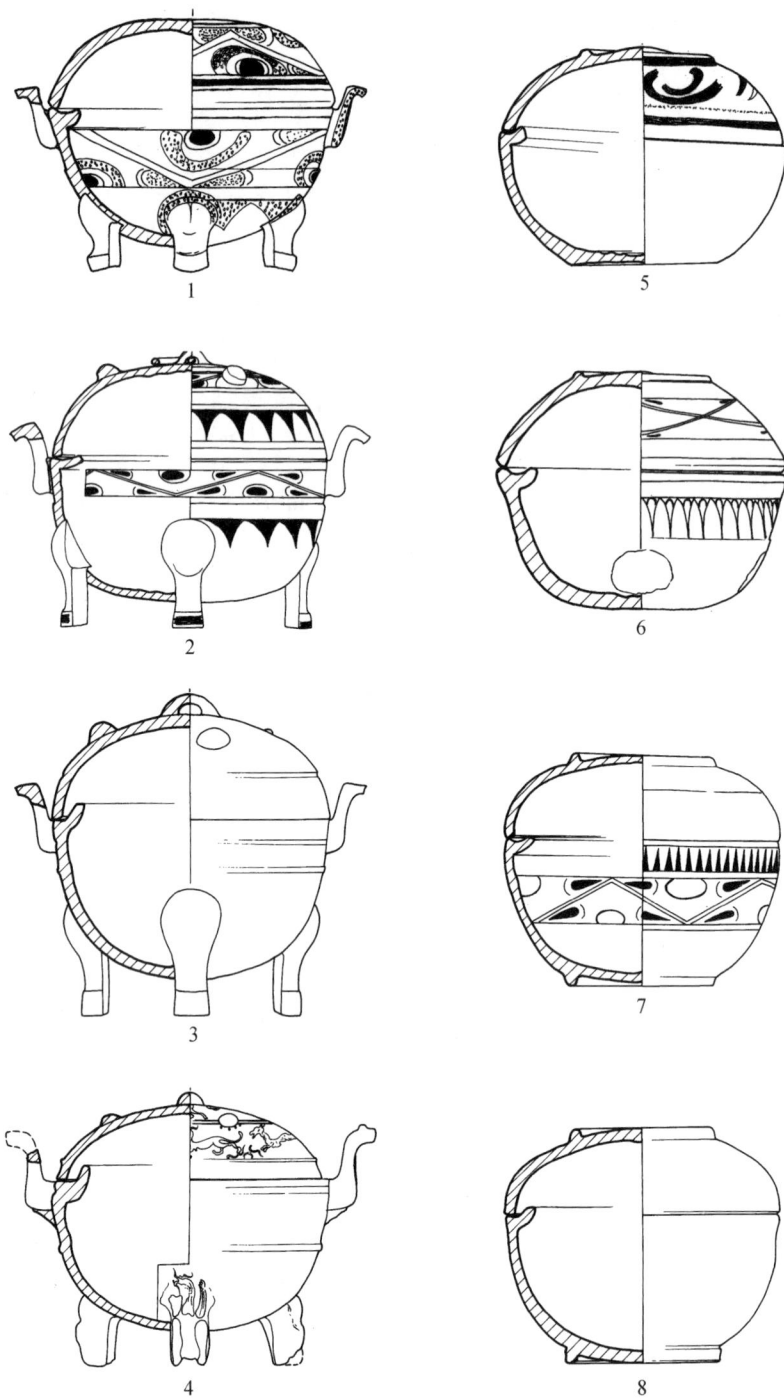

图六五三　陶鼎、陶盒类型图

1. Ⅰ式鼎（ⅠM18：6）　2. Ⅱ式鼎（ⅠM74：15）　3. Ⅲ式鼎（ⅠM48：20）　4. Ⅳ式鼎（ⅡM5：6）　5. Ⅰ式盒（ⅠM116：6）

6. Ⅱ式盒（ⅠM24：7）　7. Ⅲ式盒（ⅠM155：7）　8. Ⅳ式盒（ⅠM48：13）

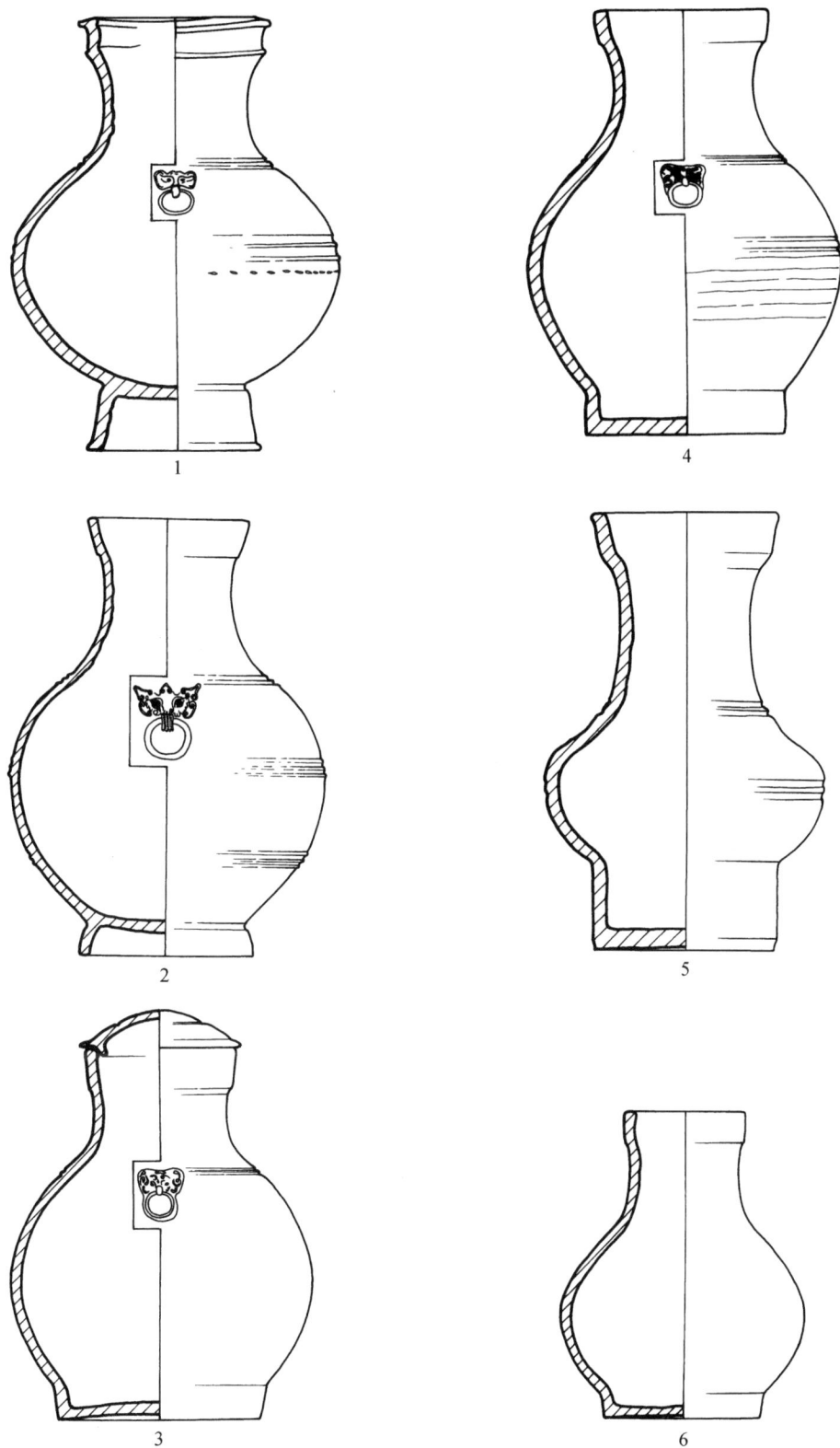

图六五四 陶壶类型图

1.AⅠ式（ⅠM126：3） 2.AⅡ式（ⅠM198B：4） 3.BaⅠ式（ⅠM68：5） 4.BaⅡ式（ⅠM20：7）
5.BaⅢ式（ⅠM199：1） 6.Bb型（ⅠM48：26）

Ⅰ式　11件。短束颈，圆鼓腹，低矮假圈足，器表多彩绘或红胎釉陶。如标本Ⅰ区M68：5（图六五四，3）。

Ⅱ式　3件。高鼓肩，器身带模印纹饰，均为红胎绿釉陶。如标本Ⅰ区M20：7（图六五四，4）。

Ⅲ式　2件。均为泥质灰陶，鼓腹，腹径变小，颈变长。如标本Ⅰ区M199：1（图六五四，5）。

Bb型　4件。肩部无铺首衔环。该型壶形体较小，一般成对出现。如标本Ⅰ区M48：26（图六五四，6）。

缶，共19件。均为泥质灰陶，小口，短束颈，广肩，平底。依肩腹之变化分二式。

Ⅰ式　2件。肩较平或略弧，折腹，肩腹夹角较小（直角或锐角），器形宽扁。如标本Ⅰ区M151：5（图六五五，1）。

Ⅱ式　17件。肩多弧或略鼓，折腹或不明显，肩腹夹角较大（钝角），器形较高。如标本Ⅰ区M76：2（图六五五，2）。

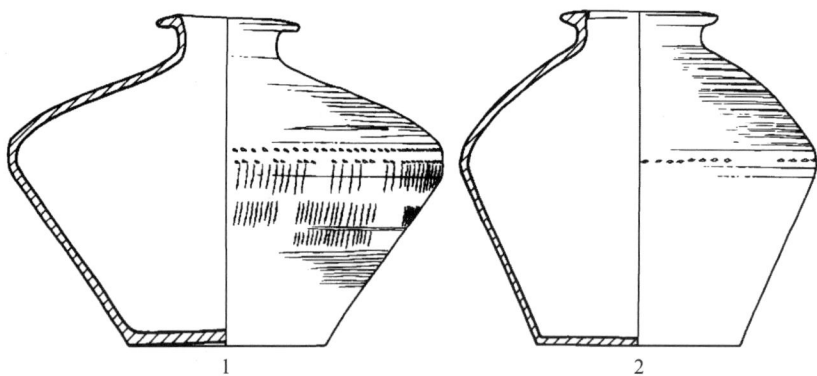

图六五五　陶缶类型图
1. Ⅰ式（ⅠM151：5）　2. Ⅱ式（ⅠM76：2）

罐，共411件。质地多为泥质灰陶，部分为红胎釉陶。除1件残损外，其余410件根据腹之不同分为四型。

A型　336件。圆腹或扁圆腹，腹径大于通高，或与之相当。该型罐一般为大口，矮领或短束颈，圆腹或扁圆腹，平底。依唇之不同分四个亚型。

Aa型　16件。凹唇，侈口，矮领，圆鼓腹，平底，最大径在中腹。如标本Ⅰ区M8：2（图六五六，1）。

Ab型　21件。方唇。如标本Ⅰ区M48：14（图六五六，2）。

Ac型　172件。双唇。依腹之不同分二式。

Ⅰ式　34件。圆鼓腹，最大径在中腹。如标本Ⅰ区M25：1（图六五六，3）。

Ⅱ式　138件。圆鼓肩，最大径在肩部。如标本Ⅰ区M36：4（图六五六，4）、M29：6（图六五六，5）。

Ad型　127件。圆唇。依腹部变化及装饰分三式。

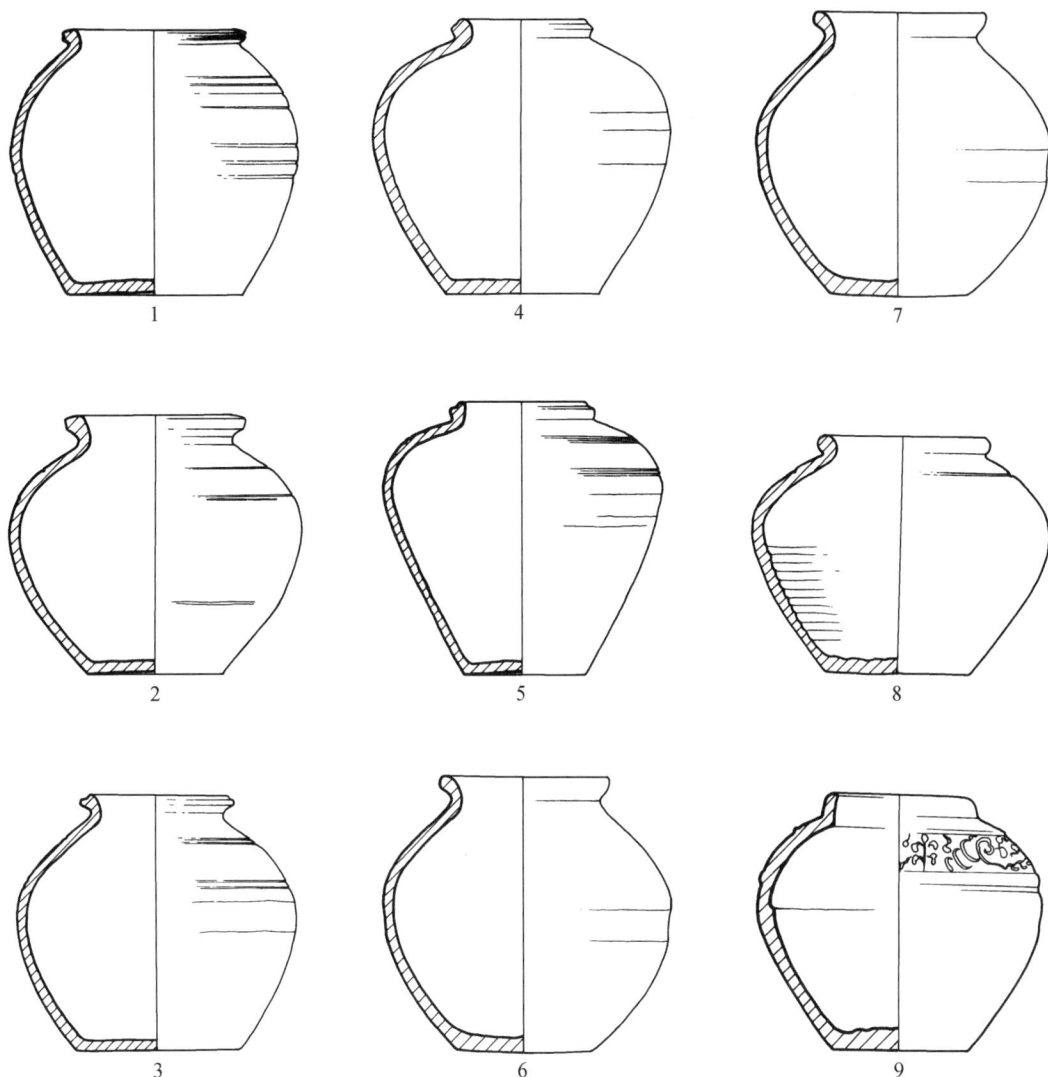

图六五六 A型罐类型图

1. Aa型（ⅠM8：2） 2. Ab型（ⅠM48：14） 3. AcⅠ式（ⅠM25：1） 4、5. AcⅡ式（ⅠM36：4、ⅠM29：6）
6、7. AdⅠ式（ⅠM12：6、ⅠM22：10） 8. AdⅡ式（ⅠM1：7） 9. AdⅢ式（ⅠM3：3）

Ⅰ式 89件。卷沿，短束颈，腹圆鼓或略扁，最大径在中腹。如标本Ⅰ区M12：6（图六五六，6）、M22：10（图六五六，7）。

Ⅱ式 29件。卷沿，矮领，圆鼓肩，下腹斜收，最大径在肩部。如标本Ⅰ区M1：7（图六五六，8）。

Ⅲ式 9件。器形与Ⅱ式基本相同，肩部模印浅浮雕式图案。如标本Ⅰ区M3：3（图六五六，9）。

B型 45件。椭圆腹，腹径小于通高，显得较为瘦高。该型罐一般为小口，束颈，圆肩，下腹斜（弧）收，平底。依唇之不同分为四个亚型。

Ba型 17件。凹唇。如标本Ⅰ区M25：4（图六五七，1）。

Bb型 11件。方唇。如标本Ⅰ区M26：7（图六五七，2）。

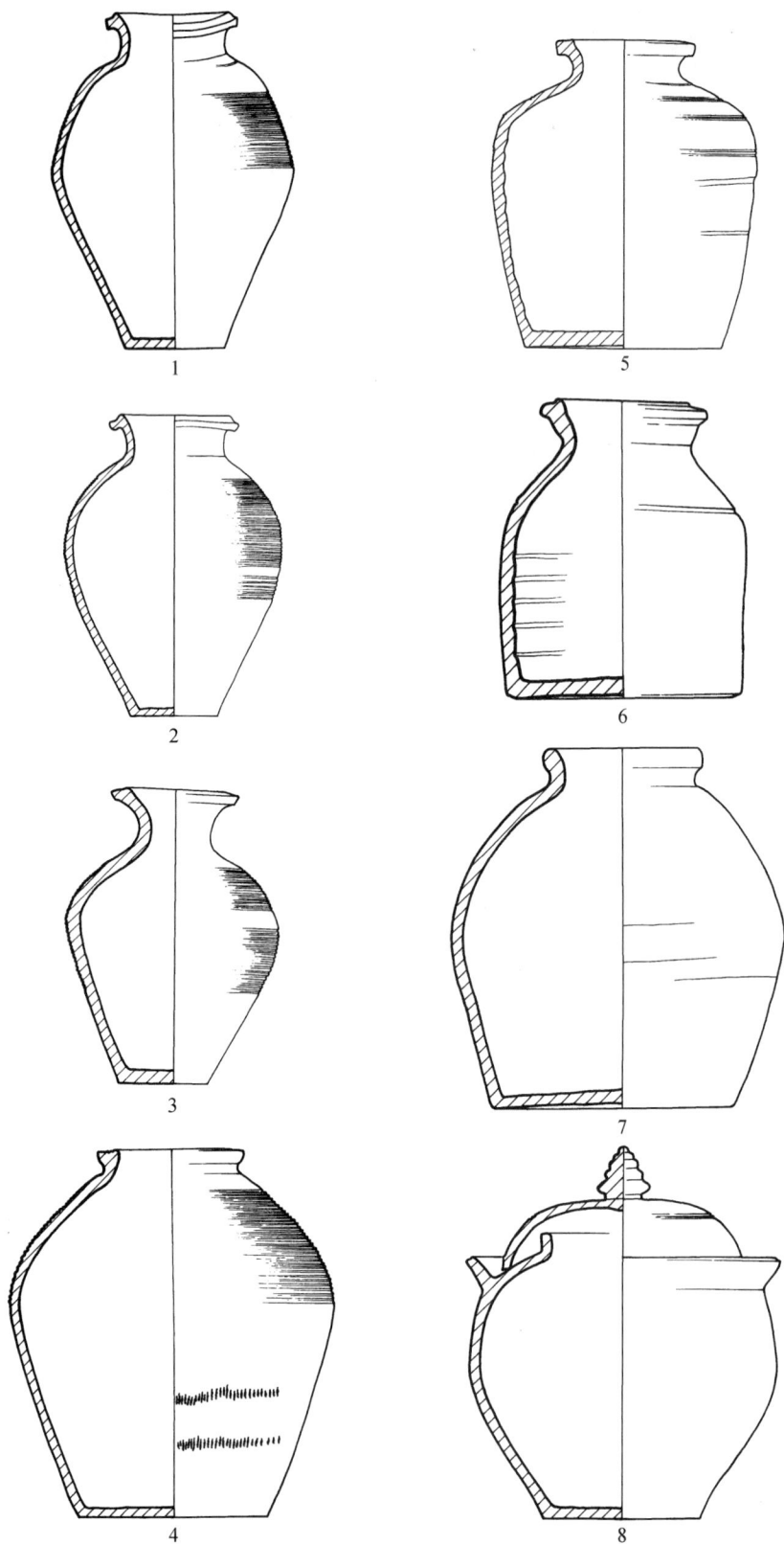

图六五七　B、C、D型罐类型图

1. Ba型（ⅠM25∶4）　2. Bb型（ⅠM26∶7）　3. Bc型（ⅠM6∶10）　4. Bd型（ⅠM60∶1）　5. Ca型（ⅠM47∶1）
6. Cb型（ⅠM20∶6）　7. Cc型（ⅠM7∶3）　8. D型（ⅠM95∶27）

Bc型　7件。双唇。如标本Ⅰ区M6：10（图六五七，3）。

Bd型　10件。圆唇。如标本Ⅰ区M60：1（图六五七，4）。

C型　26件。筒形腹，腹径与底径相当，或略大于底径。该型罐一般为小口，束颈，折肩或圆肩，筒形腹，平底。依唇之不同分为三个亚型。

Ca型　14件。方唇。如标本Ⅰ区M47：1（图六五七，5）。

Cb型　4件。双唇。如标本Ⅰ区M20：6（图六五七，6）。

Cc型　8件。圆唇。如标本Ⅰ区M7：3（图六五七，7）。

D型　3件。双领。如标本Ⅰ区M95：27（图六五七，8）。

仓，共169件。除18件残损严重形制不明，另有1件（Ⅰ区M151：7）（图六五八，1）为房形仓之外，其余150件均为筒腹仓。筒腹仓依据肩部形制不同分为三型。

A型　5件。圆肩。一般由盖与器身组成。器身，直口或微敛，圆唇，矮领，圆肩，直筒腹，平底，底附踞熊形足。如标本Ⅰ区M42：16（图六五八，2）。

B型　134件。折肩，或稍出檐。依肩部有无凸起的竖棱分两亚型。

Ba型　37件。肩部无凸起的竖棱，部分有彩绘出竖棱的。直口或微敛，矮领，折肩，直筒腹，部分上粗下细，平底，底附三兽足或蹄形足。如标本Ⅰ区M103：8（图六五八，3）。

Bb型　97件。器形与Ba型基本相同，唯肩部有四至八道凸起的竖棱。依其装饰不同分两式。

Ⅰ式　68件。器表饰彩绘或素面。如标本Ⅰ区M14：15（图六五八，4）。

Ⅱ式　29件。器表施酱黄或青绿釉。如标本Ⅰ区M81：10（图六五八，5）。

C型　11件。肩部出檐，肩上布置密集的瓦棱。器表一般施墨绿釉。如标本Ⅱ区M15：4（图六五八，6）。

灶，共133件。其中7件残缺，根据灶面釜的情况分三型。

A型　58件。三釜灶，灶体平面呈马蹄形，前方后圆，灶面三釜呈"品"字形布置，按灶面装饰不同分为两式。

Ⅰ式　44件。多素面。如标本Ⅰ区M30：3-1（图六五九，1）。

Ⅱ式　14件。灶面多模印炊具等。如标本Ⅰ区M109：8-1（图六五九，2）。

B型　66件。二釜灶。依其结构分两个亚型。

Ba型　65件。灶体无底板。依其装饰分两式。

Ⅰ式　57件。灶面素面。如Ⅰ区M40：11-1（图六五九，3）。

Ⅱ式　8件。灶面模印鱼、勺、刀等食物及炊具。如标本Ⅰ区M193：5-1（图六五九，4）。

Bb型　1件。标本Ⅰ区M6：4（图六五九，5），灶体有底板，板下有四足。

C型　2件。单孔灶。如标本Ⅰ区M205：3（图六五九，6）。

盆，共108件。其中2件残损严重形制不明。均为泥质灰陶，多与灶配套使用，个体较小，制作粗糙。敞口或直口，弧腹或折腹，平底或内凹。按腹部不同分为两型。

A型　25件。弧腹。浅腹，弧腹或略直，部分近底部有削痕。如标本Ⅰ区M22：7。

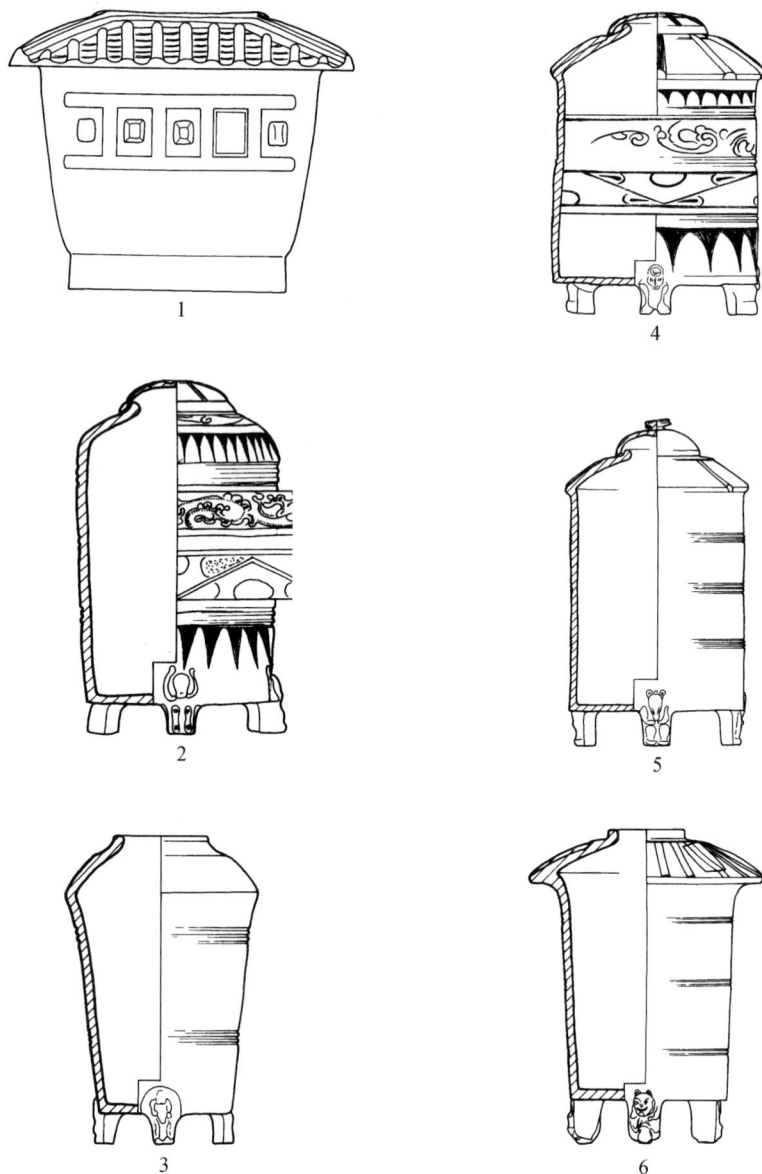

图六五八 仓类型图

1. 房形（Ⅰ M151：7） 2. A型（Ⅰ M42：16） 3. Ba型（Ⅰ M103：8） 4. BbⅠ式（Ⅰ M14：15）
5. BbⅡ式（Ⅰ M81：10） 6. C型（Ⅱ M15：4）

B型 81件。折腹。上腹或中腹有一道折棱，上腹多斜直，下腹多内屈。如标本Ⅰ区 M35：12-3。

甑，共86【106】件。均为泥质灰陶，敞口，平沿，方唇，弧腹、折腹或斜直腹，平底，底部有3个箅孔，依腹部不同分为二型。

A型 42件。弧腹。形制与弧腹盆相同，且大多同出，个别底部有切削痕迹。如标本Ⅰ区 M41：6。

B型 44【64】件。折腹。形制与折腹盆相同，且多同出。如标本Ⅰ区M42：7-2。

釜，共23件。质地为泥质灰陶或红胎釉陶，按器形不同分为四型。

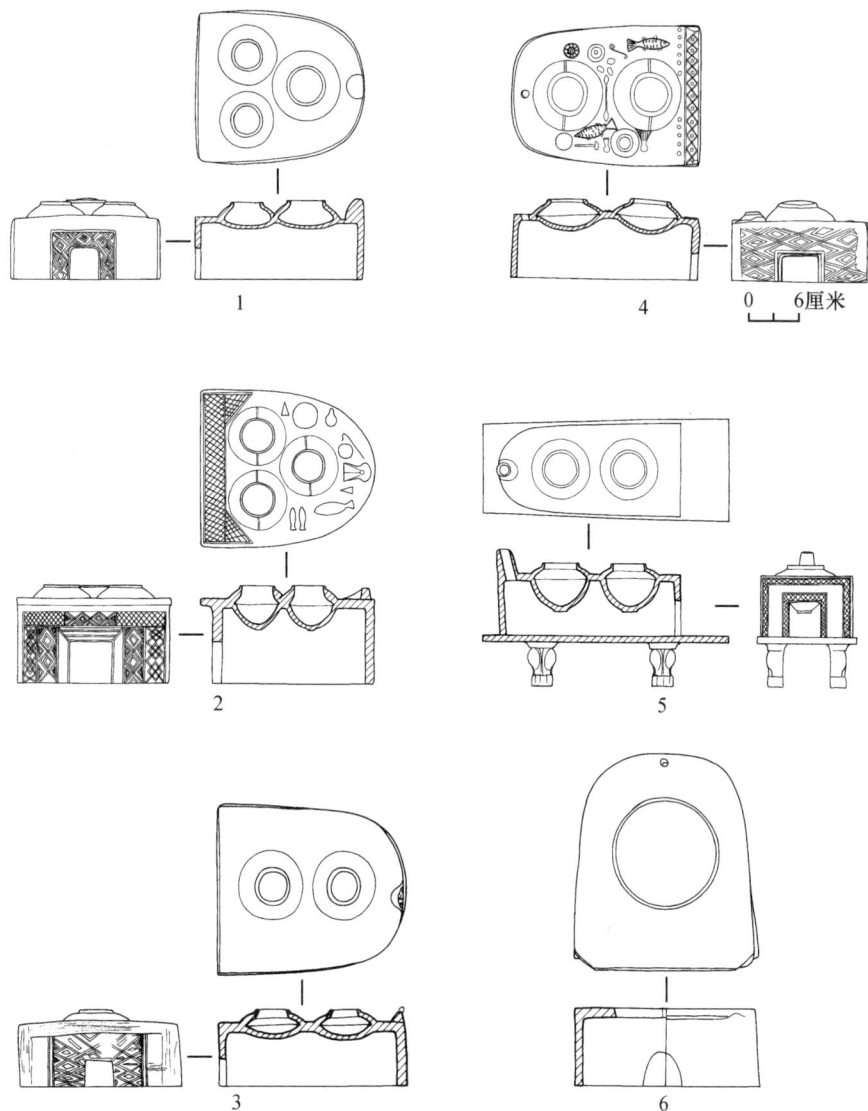

图六五九 灶类型图

1.A I 式（I M30：3-1） 2.A II 式（I M109：8-1） 3.Ba I 式（I M40：11-1） 4.Ba II 式（I M193：5-1）

5.Bb型（I M6：4） 6.C型（I M205：3）

A型 12件。侈口或直口，高领或束颈，圆鼓腹，圜底，底部拍印粗篮纹。部分一侧有空心柱形柄，个别流及三足。均为夹砂陶，个体较大，应当为实用器。 如标本 I 区M26：8（图六六〇，1）。

B型 4件。盆形，侈口，折沿，弧腹或微折，敛口，弧腹，圜底。釉陶，个体较大。如标本 I 区M95：26，器表施酱黄釉（图六六〇，2）。

C型 6件。直口，矮领，扁圆腹，尖圜底。该型釜形体较小，与甑、盆共同组成一套炊具。如标本 I 区M95：31（图六六〇，3）。

D型 1件。标本 I 区M205：4，罐形，直口，矮领，圆肩，鼓腹，平底。中腹一道折痕（图六六〇，4）。

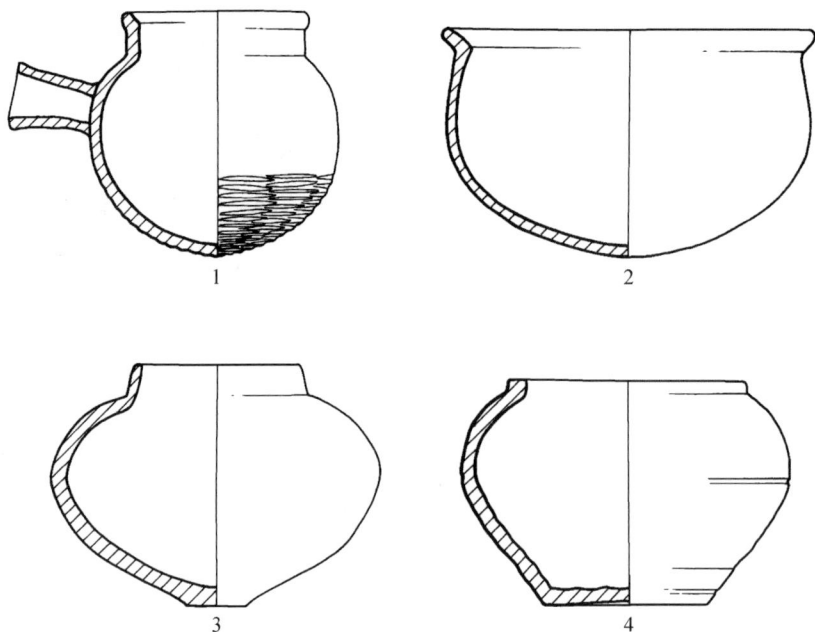

图六六〇　釜类型图
1. A型（Ⅰ区M26∶8）　2. B型（Ⅰ区M95∶26）　3. C型（Ⅰ区M95∶31）　4. D型（Ⅰ区M205∶4）

樽，共25件。质地为泥质灰陶或红胎釉陶，分为三足樽和平底樽两型。

A型　24件。三足樽。直筒腹，平底，底有三足，足分蹄形、人形、踞熊形。浅钵形盖，或博山形盖。分为三式。

Ⅰ式　12件。灰陶樽。器表素面或饰彩绘。蹄形足或踞熊足，无盖或浅钵形盖。如标本Ⅰ区M27∶5（图六六一，1）。

Ⅱ式　10件。釉陶樽，多素面。器表施红褐或青绿釉。多蹄形足，无盖，或浅钵形盖。如标本Ⅰ区M6∶3（图六六一，2）。

Ⅲ式　2件。釉陶樽，器表模印浅浮雕式图案。施墨绿釉，踞熊形足，博山形盖。如标本Ⅰ区M63∶4（图六六一，3）。

B型　1件。标本Ⅰ区M205∶24，平底樽（图六六一，4）。

熏炉，共7件。泥质灰陶或红胎釉陶，形制相近。博山形盖，炉身子母口，深腹略鼓，圜底近平，实心柱形柄，盘形底座。如标本Ⅰ区M198A∶22。

灯，共4件。均为泥质灰陶，形制相同。豆形，灯盘敞口，平沿，浅腹，平底，空心柱形柄，喇叭形底座。如标本Ⅰ区M198A∶21。

井，共2件。泥质灰陶，形制相同，筒形腹，半圆形井架，井架之上有两面坡小井亭。如标本Ⅰ区M205∶26。

案，共2件。泥质灰陶，形制相同，长方形，边缘有一周台棱。如标本Ⅰ区M205∶13。

盘，共2件。泥质灰陶，形制相同。敞口，窄平斜沿，方唇，浅腹，腹壁斜直，平底内凹。如标本Ⅰ区M205∶23。

钵，共6件。泥质灰陶或红胎釉陶，形制相近。敞口，圆唇，略鼓腹，假圈足。如标本

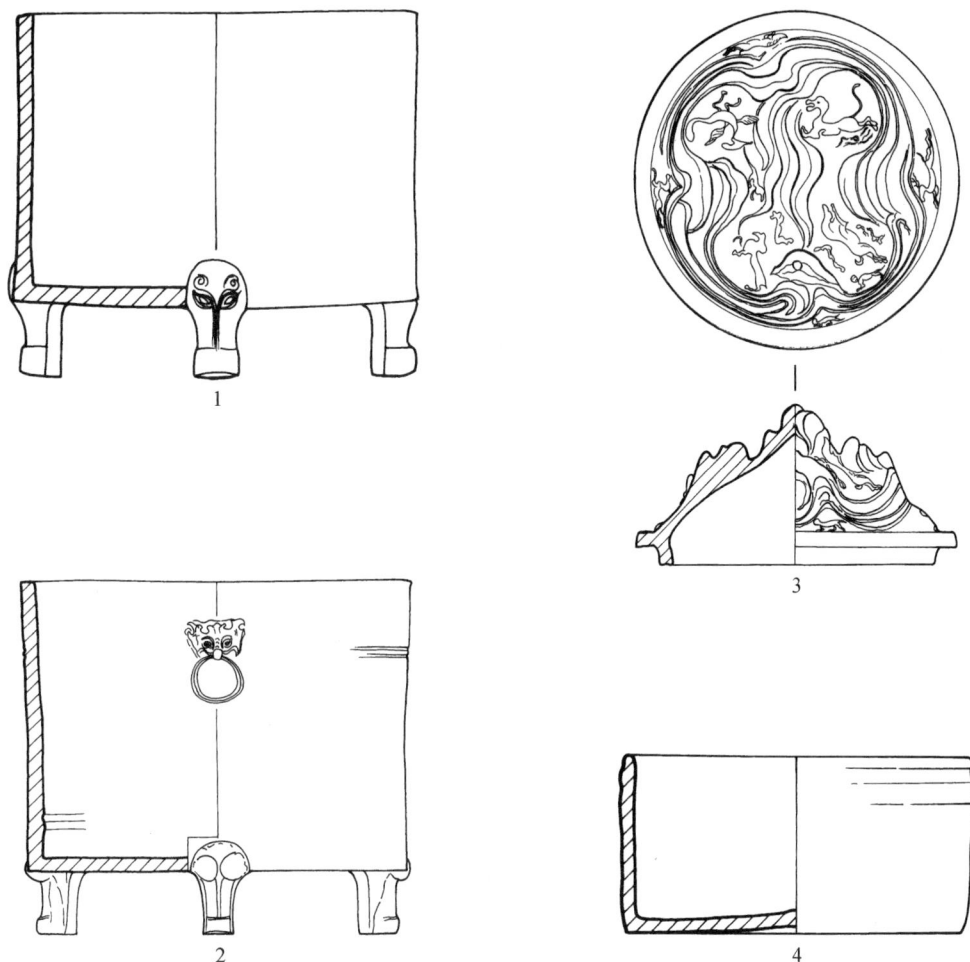

图六六一 陶樽类型图

1. A I 式（I M27：5）　2. A II 式（I M6：3）　3. A III 式（I M63：4）　4. B 型（I M205：24）

I区M205：22。

　　耳杯，共12件。泥质灰陶，形制相同。敞口，方唇，浅弧腹，低矮假圈足，平底或稍内凹，口沿两侧有对称月牙形耳。如标本I区M205：20。

　　斗，共2件。泥质灰陶，形制相同。碗形，敞口，圆唇，深腹，腹壁圆弧，低矮假圈足，平底，口沿一侧粘附龙首形柄，末端略下勾。如标本I区M205：14。

　　勺，共3件。泥质灰陶，形制相同。器身椭圆钵形，敞口，方唇，浅弧腹，圜底，一侧长曲柄上翘，末端略下勾。如标本I区M205：16。

　　人物俑，共2件。泥质灰陶，形制相同。拱手侍立，头带小帻冠，发髻挽结于颈际，面庞清秀，双目平视，双唇微启，着衣四重，外层为交领宽袖襦，长垂拽地，双手合拱于身前，隐于袖内。如标本I区M151：14。

　　动物俑，共14件。泥质灰陶，器形有猪、狗、鸡三类。

　　陶猪，共5件。站立状，分两型。

　　A型　3件。耳后逆，眼、嘴、耳饰以彩绘。如标本I区M30：8。

B型　2件。大耳下翻。如标本Ⅰ区M205：11。

狗，共3件。呈站立状，分两型。

A型　2件。身修长，颈部彩绘项圈及牵绳。如标本Ⅰ区M30：5。

B型　1件。标本Ⅰ区M205：12，颈部模出项圈。

陶鸡，共6件。公鸡、母鸡各3件，分为两型。

A型　4件。身修长，底平无足。鸡冠、眼、下颌等饰以彩绘。如标本Ⅰ区M30：6。

B型　2件。连足模制。如标本Ⅰ区M205：9。

砖灯，共2件。泥质灰陶，火候较差，形制相同，由条砖加工而成，平面呈不规则圆形，四周有加工痕迹，中部有一凹面，近似圆形。如标本Ⅱ区M22：3。

陶球，共1件。标本Ⅰ区M97：2，泥质灰陶，圆球形，表面有圆形纹。

器盖，共2件。泥质灰陶，浅碟形，近平底，中间有一螺旋钮。轮制，器表有轮旋纹。如标本Ⅰ区M74：21。

瓦当，共1件。标本Ⅰ区M163：4，泥质灰陶，残，可辨为云纹瓦当。

筒瓦，共1件。标本Ⅰ区M191：8，泥质灰陶，外侧局部饰粗绳纹，内侧有布纹。

烟囱，共1件。标本Ⅰ区M182：13，泥质灰陶，与灶配套，蒜头状，内空，上部呈圆形，下部柱状。

二、铜（铅）器

铜（铅）器，共有1223件（套），另有铜钱965枚。器类主要有镜、钱币、钫、壶、灶、盆、镜刷、带钩、弩机、削、箭镞、剑格、车马器（马衔镳、当卢、辖軎、盖弓帽、车辖等）、柿蒂饰、泡钉、铺首、蹄足等。铅器共计97件，除了2件铺首和1件铅饰外，其余均为车马器构件，推测铅器应是铜车马构件的一种廉价替代。

（一）铜镜

铜镜，共54面。出土位置呈现一定规律，即大部分置于棺内头骨一侧（33面），少数置于身体一侧或足部（9面），另外12面位置被扰乱，确切位置不详。部分墓葬出土的铜镜周围有漆器痕迹，应该是置于漆器之内的。部分镜面上发现有丝绸朽痕，可能是下葬时镜下垫有丝绸或用丝绸包裹。个别镜钮穿内发现有纤维痕迹，可见当时钮内还穿有带状的"系组"。该墓地以单人葬为主，随葬铜镜多为1面。另外，随葬2面铜镜的有3座，只有一座墓随葬3面铜镜。出土的54面铜镜中大多完好，没有发现随葬残镜或毁镜现象。

按照镜背纹饰，可分为日光镜、昭明镜、草叶纹镜、星云纹镜、螭龙纹镜、四乳几何纹镜、花卉镜、几何铭文镜、禽兽镜、双龙纹镜、四乳四螭镜、云雷纹镜、变形四叶纹镜、重圈铭文镜等（详见附表5）。

日光镜，共15面。圆形，半球形钮，圆形钮座，宽平沿或窄沿。镜背装饰以"见日之光，天下大明"铭文带为主。铭文带与钮座之间装饰有内向连弧纹、凸弦纹等装饰。依钮座与铭文带之间的装饰不同分三型。

A型 11面。钮座与铭文带之间有一周内向连弧纹圈带，可分两亚型。

Aa型 2面。钮座与内向连弧纹之间无装饰。如标本M83：2。

Ab型 9面。钮座与内向连弧纹之间装饰短竖线或短弧线，可分两式。

Ⅰ式 6面。钮座与内向连弦纹之间饰四（组）短竖线。如标本Ⅰ区M8：6。

Ⅱ式 3面。钮座与内向连弦纹之间饰四（组）短弧线。如标本Ⅰ区M81：2。

B型 3面。钮座与铭文带之间有一周或数周凸弦纹或凸弦纹圈带。分两亚型。

Ba型 1面。标本Ⅰ区M103：1，钮座与内向连弧纹之间无装饰。

Bb型 2面。钮座与凸弦纹（圈带）之间饰短竖线或短弧线。分两式。

Ⅰ式 1面。标本Ⅰ区M53：1，钮座与凸弦纹（圈带）之间饰短竖线。

Ⅱ式 1面。标本Ⅰ区M72：1，钮座与凸弦纹（圈带）之间饰短竖线及短弧线。

C型 1面。标本Ⅰ区M93：1，钮座与铭文带之间无圈带或弦纹装饰。

昭明镜，共11面。圆形，半球形钮，圆钮座或连珠纹钮座，宽素缘或窄缘。钮座之外，一周内向连弧纹，再外两周短斜线间为铭文带，文字篆隶体，铭文内容多有减字，部分字间有"而"或其他符号。依钮座外与内向连弧纹间的装饰不同分两型。

A型 6面。钮座外与内向连弧纹之间饰短竖线、短弧线或卷叶纹等。依钮座之不同分为两式。

Ⅰ式 4面。圆形钮座。如标本Ⅰ区M169：2。

Ⅱ式 2面。连珠纹钮座。如标本Ⅰ区M86：1。

B型 5面。钮座外与内向连弧纹之间饰一周凸弦纹或凸棱，间饰短竖线或短弧纹等。依钮座之不同分两式。

Ⅰ式 4面。圆形钮座。如标本Ⅰ区M36：1。

Ⅱ式 1面。标本Ⅰ区M208：1，连珠纹钮座。

草叶纹镜，7面。圆形，半球形钮，柿蒂叶形钮座或圆形钮座，钮座外多有方框，部分方框内有铭文，方框外饰草叶纹，最外侧一周内向连弦纹。以是否有铭文分为两型。

A型 3面。依据铭文带四角的装饰分为两式。

Ⅰ式 2面。铭文带四角方格内装饰简单，仅连接对角线。如标本Ⅰ区M165：1。

Ⅱ式 1面。标本Ⅰ区M136：1，铭文带四角方格内密布斜线。

B型 4面。无铭文。依配置图案不同分两亚型。

Ba型 1面。标本Ⅰ区M130：1，草叶配螭龙。

Bb型 3面。草叶配花叶、花苞。如标本Ⅰ区M142：2。

星云纹镜，共4面。圆形，连峰钮，圆钮座，内向连弧纹缘，主纹区以四带圆座的乳钉分为四区，每区内饰以星云纹，或三星、五星、八星。依钮座与主纹区的分界情况分二型。

A型　1面。标本Ⅰ区M22：1，钮座与主纹区无分界。

B型　3面。钮座与主纹区有明确分界，或为一周内向连弧纹、短斜线纹圈带，或仅一周短斜线纹圈带。如标本Ⅰ区M26：2。

家常富贵镜，共3面。圆形，半球形钮或连峰钮，圆钮座，其外两周短斜线纹圈带之间有四乳突，均分其为四部分，其间有隶书"家常富贵"铭文，字体方正，依其镜缘之不同分两式。

Ⅰ式　1面。标本Ⅰ区M73：1，内向连弧纹缘。

Ⅱ式　2面。宽素缘。如标本Ⅰ区M63：3。

长毋相忘镜，共4面。圆形，三弦钮或桥形钮，方形钮座，之外有方框，再外四乳（叶）分其为四，其间有"常（大）乐未央"或"长毋相忘"铭文。依铭文之不同分两型。

A型　3面。铭文为"常（大）未央，长毋相忘"。分两式。

Ⅰ式　2面。钮外方框四角各一短斜线，将铭文带分为四部分。如标本Ⅰ区M30：1。

Ⅱ式　1面。标本Ⅰ区M162：1，钮外方框四角各一"L"形图案，将铭文带分为四部分。

B型　1面。标本Ⅰ区M170：1，铭文为"长毋相忘"。

螭龙纹镜，共2面。圆形，半球形钮，柿蒂叶形钮座，内向连弧纹缘，钮座外有方框与主纹区相隔，主纹区以四乳均分，配置两或四条螭龙纹。标本Ⅰ区M115：1,主纹区四螭龙；标本Ⅰ区M175：1，主纹区两螭龙。

另外8面为：双龙纹镜1（标本Ⅰ区M46：1）、重圈铭文镜1（标本Ⅰ区M48：1）、四乳花卉镜1（标本Ⅰ区M164：2）、四乳四虺镜1（标本Ⅰ区M198B：1）、四乳几何纹镜1（标本Ⅰ区M9：2）、云雷纹镜2（标本Ⅰ区M176：1、Ⅱ区M13：10）、变形四叶纹镜1（标本Ⅰ区M205：1）。

（二）铜钱

铜钱，共965枚。出土于112座墓葬中，种类有"半两""五铢""大泉五十"三大类（详见附表6）。

第一类，半两钱46枚。均为圆形方穿，部分有钱郭、穿郭，正面穿之两侧有"半两"二字，字体方正，笔划多取方折。"半"字上下两横多等长，两字横划与下框多等宽，下框内或为二"人"字，或呈连山形、"十"字形，或为空框。依"两"字特征，除去1枚残缺外，其余45枚可分为四型。

A型　11枚。"两"字下框内为二"人"字，且出头较长。如标本Ⅰ区M117：2。

B型　8枚。"两"字下框内作连山形。如标本Ⅰ区M116：1-2。

C型　21枚。"两"字下框内作"十"形。如标本Ⅰ区M116：1-1。

D型　5枚。"两"字下框为空框。如标本Ⅰ区M140：1-1。

第二类，五铢钱共918枚。均为圆形方穿，有钱郭和穿郭，正面穿之两侧有"五铢"二字，部分穿上一横或穿下一星记号，个别有四角决文记号。除去80枚残缺，14枚钱文不清外，其余824枚依其文字特征分为六型。

A型　34枚。"五"字宽大，交笔较直或缓曲。如标本Ⅰ区M34：1-1。

B型　620枚。"五"字瘦长，交笔较直或缓曲。如标本Ⅰ区M1：2-1。

C型　23枚。"五"字较瘦短，交笔缓曲。如标本Ⅰ区M40：12-7。

D型　48枚。"五"字瘦长，交笔甚曲，末端近乎平行。如标本Ⅰ区M7：5-1。

E型　87枚。"五"字宽大，交笔甚曲，末端近乎平行。如标本Ⅰ区M13：2-2。

F型　12枚。"五"字宽大，交笔甚曲，上下三角近炮弹形。如标本Ⅰ区M14：2-1。

第三类，大泉五十1枚。标本Ⅰ区M71：1，圆形方穿，穿两面有郭，穿之四侧有篆文"大泉五十"四字。

（三）带钩

带钩，共29件。出土于27座墓中。除一座墓出土3件外，其余均为一座墓葬出土1件。一般为兽首，曲颈，背部圆鼓，腹部较平，尾部圆钝，腹（尾）部有短柱帽形钮。部分背部有纹饰。依其形状及结构可分为三型（详见附表4）。

A型　9件。钩身呈曲棒形，钩钮位于钩身中腹或稍偏后。该型带钩一般钩身较为修长。如标本Ⅰ区M28：2。

B型　18件。钩身与A型略同，钩钮靠近尾部。该型带钩钩身一般较为短小。如标本Ⅰ区M35：2。

C型　1件。标本Ⅰ区M57：1-3，钩身作鸭形。

残缺　1件。标本Ⅰ区M11：3，仅存尾部。

（四）车马器

车马器，共289件。均为车马明器的构件或饰件。制作较粗糙，多无纹饰。种类有马衔镳、当卢、辖耑、盖弓帽、横末饰、车軎等（详见附表7）。除铜质外，还有部分铅制车马器构件，在此一并介绍。

马衔镳，共29件（铜14、铅15）。形制相同，由镳和衔两部分构成。镳略呈"S"形，一般中部有两穿孔，两端呈叶片状，铅质者部分叶面一侧附云纹。衔，由两节构成，双环相互咬合，两端各一环，用以穿镳。如标本Ⅰ区M42：26（铅）。

当卢，共22件（铜9、铅13）。形制相同，多呈"圭"形，上宽下窄，背面上、下两端多有一方形穿钮。铅质者，正面多饰龙纹。如标本Ⅰ区M42：18（铅）。

辖耑，共30件（铜14、铅16）。形制相同，剖面多呈喇叭筒形，近大端处有对应辖孔，辖穿于辖孔之内。如标本Ⅰ区M3：2-2（铅）。

盖弓帽，共119件（铜98、铅21）。形制相同，剖面短筒形，顶端平齐或呈球形，中部有一倒刺，个别器表鎏金。如标本Ⅰ区M3：2-1（铜）。

衡末饰，共39件（铜30、铅9）。圆筒形，外有一周凸棱。如标本Ⅰ区M2：2-1（铜）。

车辖，共9件。略呈"U"形，两端多尖锐。如标本Ⅰ区M74：23。

节约，共29件（铜11、铅18）。正面圆形帽状，下有双方形穿孔。如标本Ⅰ区M3：2-4（铅）。

伞柄饰，共1件。标本Ⅰ区M122：12，铜质，圆柱形，中空，上下有两突棱。

车饰件，共11件。似一环钉，一端半圆形，一端锥形。如标本Ⅰ区M95：16（铜）。

（五）日常用器

日常用器，共51件。器类有盆、钫、壶、削、勺等（详见附表4）。

钫，共2件。形制相同。侈口，平沿，束颈，鼓腹，高圈足稍外撇。肩或腹部对称分布铺首衔环纹。如标本Ⅰ区M131：1。

壶，共1件。标本Ⅰ区M198B：15，侈口，平沿，唇部加厚，短束径，球形腹，平底，高圈足，腹部饰一对铺首。

盆，共15件。其中3件残损严重，形制不可辨，其余12件依底之不同分三型。

A型　6件。圜底盆。侈口，折沿，弧腹，圜底。如标本Ⅰ区M76：1。

B型　5件。平底盆。敞口，平折沿，斜壁，平底。如标本Ⅰ区M101：1。

C型　1件。标本Ⅰ区M96：9，圈足盆。侈口，折沿，弧腹，假圈足。

勺，共1件。标本Ⅰ区M198B：23，器身椭圆钵形，敞口，方唇，浅弧腹，圜底，一侧曲柄上翘。

灶，共1件。标本Ⅰ区M198B：9，灶体平面呈马蹄形，前方后圆，灶面有一圆形釜穴，后端中部有一圆形烟囱，前壁有长方形不落地灶门，平底，底附四个马蹄形足。

釜，共1件。标本Ⅰ区M198B：2，与灶配套。直口，圆唇，矮领，鼓肩，腹部有一周凸棱，圜底。

甑，共1件。标本Ⅰ区M198B：8，与灶配套。敞口，平沿，尖圆唇，深弧腹，高圈足，平底，腹部饰一对称桥形耳，底部有四组（每组四道）镂空短竖线。

削，共1件。标本Ⅰ区M205：29，圆环形首，环内有一羊头形装饰。

剑格，共11件。形制基本相同，平面呈菱形。如标本Ⅰ区M31：3。

环，共15件。圆环形，断面为圆形。如标本Ⅰ区M13：3。

匙，共2件。圆形，敞口，平底，长柄，柄首呈椭圆形环状。如标本Ⅰ区M198A：4。

（六）杂器

杂器，共800件。主要器类有柿蒂形饰、铺首、弩机、刷柄、蹄形足、镞等（详见附表4）。

柿蒂形饰，共716件。形制相同，由柿蒂形饰片与泡钉构成，当为漆棺或其他漆器上的装饰构件。如标本Ⅰ区M185：5。

菱形棺饰，共4件。形制基本相同，平面呈菱形。如标本Ⅰ区M149：10-1。

泡钉，共37件。应为柿蒂饰组件或单独使用在漆木器构件上。如标本Ⅰ区M2：7。

铜泡，共1件。标本Ⅰ区M1：10，圆形，剖面呈半椭圆形。

铺首，共10件。形制基本相同。兽面形，部分鎏金，两耳内卷或外撇，额头三角形或菱形，圜眼，鼻回勾，下衔一环，铺首背面有一榫。如标本Ⅰ区M48：3。

弩机，共5件。形制结构基本相同。由郭、望山、牙、钩心、悬刀、键构成。如标本Ⅰ区M2：3。

刷柄，共6件。略呈管状，前端较粗，中空，尾部较细，作龙首形，有小穿孔。根据形状不同分两型。

A型 4件。前端方折，作烟斗形。如Ⅰ区M48：30-2。

B型 2件。直筒形。如标本Ⅰ区M48：30-1。

镞，共4件。形制相同，三棱锥形，刃部隆起锋利，后有一圆柱形杆，中间有圆孔，孔内有铁铤。如标本Ⅰ区M96：2。

蹄形足，共3件。形制相同。素面，鎏金，马蹄形，足面圆鼓，背面平，一榫，应为漆器三足。如标本Ⅰ区M48：2。

铜铃，共13件。形制相同。平顶，扁腹，两铣下垂，腔内有舌，钲部饰以几何纹、浮点纹等。如标本Ⅰ区M20：1。

条状铅饰，共1件。标本Ⅰ区M205：27。长条片状，器类不可辨。

三、铁 器

铁器，共96件。其中19件锈蚀严重，器类不可辨。器类主要有鼎、釜、熏炉、剑、剑格、削、锸、镰、灯、铺首、钩、环等。

鼎，共1件。标本Ⅰ区M9：3，器表布满铁锈，敞口，平沿，两侧附外折弯曲板耳，深弧腹，腹壁较直，平底，底附三弧长方形足。

釜，共1件。标本Ⅰ区M115：5，器身布满铁锈，直口，平沿，高领，弧肩，鼓腹，圜底。

熏炉，共1件。标本Ⅰ区M142：7，残。盖，博山形；器身，直口，平沿，圆鼓腹，肩部有一扳手，圜底，柱状实心柄，盘形底座，底座敞口，浅腹。

剑格，共1件。标本Ⅰ区M142：5，残损。

剑，共19件。形制基本相同。剑身双刃，菱形铜质或铁制剑格，表面有木质剑鞘朽痕。如标本Ⅰ区M18：17。

剑璏，共1件。标本Ⅰ区M74：26，方形。

削，共35件。形制基本相同。环首，直背，斜刃。如标本Ⅰ区M28：1。

锸，共6件。形制基本相同。平面略呈梯形，刃部扁平略宽，顶部略窄，断面呈"V"字形。如标本Ⅰ区M5：2。

镰，共1件。标本Ⅰ区M45：3，月牙形，内侧开刃，少量锈蚀。

铺首，共2件。形制相同，锈蚀，铺首残缺，背面有一榫，下衔一环。如标本Ⅰ区M150：11。

灯，共6件。浅圆盘形，敞口，方唇，斜腹，平底，底有三圆柱形矮足，盘中心有圆锥形灯芯。如标本Ⅰ区M49：7。

钩，共1件。标本Ⅰ区M205：28，素面，前部弯曲，柄细长，截面为方形。

环，共1件。标本Ⅰ区M101：6，圆环形，截面为方形。

带钩，共1件。标本Ⅰ区M30：9-2，鸭形，锈蚀严重。

四、玉、石器

玉石器，共79件。器类主要有鼻塞、耳塞、眼罩、口琀、砚、石璧、玉饰件等（详见附表4）。

口琀，共16件。形制基本相同，均为蝉形。如标本Ⅰ区M6：13。

鼻塞，共18件。形制相同，短圆柱形。如标本Ⅰ区M2：4。

耳塞，共22件。形制相同，短圆柱形，一端稍细。如标本Ⅰ区M20：4。

眼罩，2件。菱形，上弧下平，两端各有一圆形穿孔。如标本Ⅱ区M5：11。

砚，共7件。平面略呈长方形，一面光滑，部分留有黑色墨迹。如标本Ⅰ区M67：7，长6.8、宽6.6、厚4.1厘米。

石料，共6件。形状不规则，片状或卵圆形。如标本Ⅰ区M81：1-1。

石璧，共1件。标本Ⅰ区M48：6，玉璧形，仅剩4块残片，无法复原。

石剑珌，共1件。标本Ⅰ区M49：3，表面呈菱形，上面中部有一椭圆孔。

石剑彘，共1件。标本Ⅰ区M57：5，白色，正面长方形，微弧外凸，两端内卷，背有近长方形穿，正面饰以乳钉纹。

石丸，共2件。椭圆形，蛋形，实心。如标本Ⅰ区M173：1。

磨石，共1件。标本Ⅰ区M104：14，长条方形，残，断面方形，表面有使用痕迹，褐色。

玉饰件，共2件。整体圆柱形，断面呈"工"字形。中部有一小圆形穿孔。如标本Ⅱ区M8：4。

五、泥、骨器

泥器，共28件，器类有灯、泥丸。

泥灯，共7件。形制近似，不规则圆柱形，顶端有圆窝。如标本Ⅰ区M80：9。

泥丸，共19件。形制相同，圆球形，直径1.3厘米左右。如标本Ⅰ区M67：5。

骨器，共2件，器类有环、璧。

骨环，共1件。标本Ⅰ区M198B：21，圆形片状，中间有一圆形穿孔。

骨璧，共1件。标本Ⅱ区M24：12，残，圆环形片状。

第三节　分期与年代

根据墓葬形制、器物组合、器形特征、铜钱、铜镜，结合墓葬打破关系、空间分布，参照《西安龙首原汉墓》《长安汉墓》《西安东汉墓》等研究成果，该墓地的225座汉墓可分为五期（见附表8、9）。

第一期，31座。墓葬形制继续沿用秦末汉初关中地区流行的洞室墓形式。盛行BaⅠ式竖穴墓道土洞墓，墓道宽于墓室或与墓室几乎等宽，部分墓葬在墓道与墓室交界处设置小龛，存放随葬品。同时，A型偏洞室墓也有少量发现。墓室内以单木棺葬为主，葬式仰身直肢居多。封门以土坯封门和木板封门为主。典型随葬陶礼器主要为Ⅰ式鼎、Ⅰ式盒、陶钫。鼎多为泥质灰陶，制作简单粗糙，器身多浅钵状，附耳略外撇。盒腹身较浅，多大平底，器盖一般施红白彩绘。陶钫泥灰陶，器身彩绘。日用陶器组合多为小口束颈罐（Ba型罐）、Ⅰ式缶、房型仓、高领圜底A型釜等，几乎不见彩绘。铜镜主要有A型Ⅰ式、Ba型草叶纹镜，几何纹镜等，镜钮均为三弦桥钮，素窄缘，无内外短斜线纹。铜钱均为半两钱。墓葬形制及出土器物的特征与《西安龙首原汉墓》西汉早期墓葬较为接近，故此推断，该期墓葬的年代相当于西汉文景至武帝前期的西汉早期。该期墓葬分布较为集中，主要分布在Ⅰ区的南部偏东区域。

第二期，93座。这一时期墓葬形制除Ba型竖穴墓道土洞墓继续流行外，Ca型、D型竖穴墓道砖室墓、E型斜坡墓道土洞墓开始出现，少数斜坡墓道末端带天井。由于墓室尺寸普遍增大且宽于墓道，甬道开始出现。葬具依然是单棺葬为主，仰身直肢葬式。封门用条砖错缝或者对缝平铺封门。

陶礼器典型组合为Ⅱ式鼎、Ⅱ式盒、钫、AⅠ式圈足壶。鼎比第一期的腹部略深，剖面椭圆形。盒的腹部也加深，钫逐渐减少。AⅠ式陶壶、AⅠ式尊开始出现。铜钱流行五铢钱随葬。陶礼器表面依然流行施彩绘，有的是先施一层白陶衣再上彩。日用陶器组合：Ba型束颈弦纹罐、Ⅱ式缶、C型桶腹仓，红胎釉陶器开始出现。日用陶器中出现B型折檐仓，泥质灰陶彩绘居多。铜镜流行AⅡ式草叶纹镜、AⅠ式昭明镜、A型日光镜、星云纹镜。镜钮多为半圆钮，镜缘变宽，变厚。昭明镜、日光镜镜背纹饰内外两周短斜线纹。流行A、B型五铢钱，"五"字交股略直，钱文或宽短或瘦长。墓葬形制与出土器物特征与《长安汉墓》中的第一期墓葬较为相近，其年代也大体与之相当，即西汉武帝后期、昭帝及宣帝前段。该期墓葬主要分布在Ⅰ区中部偏东南。

第三期，77座。上一时期的Ba型竖穴墓道土洞墓在这一时期继续存在，但数量减少，E型洞斜坡墓道土洞墓开始流行，C型、D型竖穴墓道砖室墓与F型斜坡墓道砖室墓开始大量出现。其中C型竖穴墓道砖室墓出现了Ca型前后室结构（Ⅰ区M48）。同时，也出现了关中区域不常见的A型竖穴砖椁墓(Ⅰ区M46、Ⅱ区M12)。这一时期墓室尺寸逐渐变大，双人合葬墓开始出现（Ⅰ区M112）。墓室随葬品也逐渐丰富。

陶礼器以红胎黄、绿釉陶居多，极个别为酱色釉陶。器物组合为Ⅲ式鼎、Ⅲ式盒、BaⅠ式壶。鼎腹部加深，圈足盒开始出现，彩绘陶钫数量急剧减少，圈足壶、假圈足壶开始流行。A型Ⅱ式樽数量逐渐增多，Ⅰ式泥彩绘陶樽数量比上一期大大减少。日用陶器组合为Ab、AcⅡ式、AdⅡ式矮领罐，Bb型折檐筒腹仓，B、C型陶釜，Ba型灶为主。罐肩部上提，下部多斜收。上一期B型束颈弦纹罐、缶基本不见，B型折檐筒腹仓器表多施釉，彩绘陶仓数量有所减少。铜镜以AbⅡ式、Ba型日光镜，AⅡ式、B型昭明镜为主，钮为半圆钮。铜钱主要为C、D、E型五铢钱为主，"五"字交股弯曲，"五"上下两横多出头。墓葬形制与出土器物特征与《长安汉墓》中的第二期墓葬较为相近，其年代也大体与之相当，即西汉宣帝后段至元帝时期。该期墓葬主要分布于Ⅰ区中部略偏东北。

第四期，22座。BaⅢ式竖穴墓道土洞墓、E型斜坡墓道土洞墓、F型斜坡墓道砖室墓继续流行，墓室内流行砖券顶和砖铺地。

陶礼器多为红胎釉陶，组合为Ⅳ式陶鼎、Ⅳ式盒、BaⅡ式壶。其中绿釉居多，器表多模印装饰图案，兽足鼎、筒腹仓，兽足樽带博山盖。日用陶器日益明器化，灶器型变化不大，AⅡ式、BaⅡ式灶表面模印纹饰开始出现，AdⅢ式釉陶罐大量出现，体积变小，肩部高耸，模印纹饰，制作工艺粗糙。铜镜以Ba型日光、Ⅱ式家常富贵镜为主。钱币为F型五铢钱和新莽钱为主，五铢钱"五"字交股弯曲较甚，上下三角近炮弹形。

这一时期墓葬形制与出土器物特征与《长安汉墓》中的第三期墓葬较为相近，其年代也大体与之相当，即西汉晚期至新莽。该期墓葬位于Ⅰ区西北部。

第五期，2座。墓葬形制为E型斜坡墓道土洞墓和Gb型斜坡墓道多室墓，典型陶器主要有BaⅢ式壶、樽、灶、案、斗、耳杯、动物模型等。铜镜为变形四叶纹镜，镜钮为大馒头钮。墓葬形制与出土器物特征与《西安东汉墓》中的第三期墓葬较为相近，其年代也大体与之相当，即东汉中期。该期墓葬主要分布于墓地西北部。

第四节　墓地的形成与布局

　　黄渠头墓地内墓葬的分布，无论是年代，还是组合方面，似乎都表现出了一定的规律性。如墓葬的年代，同一年代多为集中分布，一定程度上显示了墓地形成过程。再如墓葬组合，两两并列较为普遍，成排、成列布局也很明显（图六六二）。下面对墓地所表现出的这些现象作一简要分析。

　　总观黄渠头Ⅰ区墓葬的平面分布情况，中间墓葬较为稀疏的空当一共有两条，依次编号为L1、L2。

　　L1位于墓地中偏西部，基本呈西南—东北走向，自南而北，从T0501西南部向东北，穿过T0502东部、T0503东南部、T0603西部、T0604、T0605东南部、T0705，之后分支，一支向北，穿过T0705、T0706、T0707，另一支向东，穿过T0705及T0805、T0905、T1005南部。L1南段，东侧以早中期墓为主，西侧以中晚期墓为主，向北、向东则穿过中期墓葬区。

　　L2，位于墓地西部，东西向，从T0103向东穿过T0203、T0303、T0403、T0404、T0504，与L1相接。

　　墓地大致划分为A、B、C、D、E五个区域；A区主要以西汉早期和中期墓葬为主；B区以西汉中期、中晚期为主；C区以西汉中晚期、晚期为主；D区以西汉中晚期为主；E区以西汉晚期为主。

　　下面按照分区和时代顺序，以墓向和异穴合葬墓为基本组成部分对墓地的排布进行分组。

（一）西汉早期墓葬

　　31座，集中分布于A区的南部中间的位置，由西南向东北呈条带状分布，墓葬大体前后相接。从平面布局上看，可分为两组。

　　A1组，由20座墓葬组成，其中西汉早期15座，西汉中期墓葬5座。西汉早期墓葬以西南—东北方向为主，有12座，其中有4组两两并列，自南向北为M175、M164、M165、M166、M170与M171、M169、M167与M168、M172与M173、M151与M150、M152、M92、M146。

　　A2组，位于A1组的东侧，由11座墓组成，除了南部M143为西汉中期墓葬以外，其余10座均为西汉早期墓葬。除M143外，墓葬方向均为西南—东北方向，5组两两并列，自南向北为M124与M125、M141与M145、M138与M139、M140与M134、M116与M117。

　　M119、M130与M142，基本上也可以归入第二组中，但它们又与中期墓葬各自形成独立组合，表现了墓地早期与中期的密切承接关系。

（二）西汉中期墓葬

93座，主要分布于A区西北侧和B区南侧，其平面分布可分为十二组。

A3组，位于早期墓葬A2组的北侧，由6座墓组成，其中4座为西汉中期，东西成排，两两并列，中间及东侧4座坐北向南，西侧2座坐南向北。中间是西汉早期的M142及与之并列的M113，东侧稍偏南为并列的M109与M108（西汉中晚期），西侧偏南为并列的M114与M115。该组墓葬的埋葬顺序可能为先中间，后两侧。

A4组，位于早期墓葬A2组的西南侧，由11座墓葬组成，其中M130、M122、M154为西汉早期，其余均为西汉中期墓葬。西北—东南向共9座，南北向者2座。自东向西为M118与M119、M126与M130、M112与M123、M131与M154，M120与M121向南紧邻且朝向M112与M123，M153与M154相交于墓室口部，M132位于M126与M130的正前方。

A5组，位于A1组西侧，由7座墓组成，呈西南—东北向条带状，自南向北为M90与M149、M94、M133与M137、M135与M136。其中M137的墓道折向西侧，似乎是为避让北侧的M135。南部5座均坐南朝北，北部两座墓则坐北朝南，应当是有意布局。

A6组，由8座墓组成，M12与M67、M65与M66、M8与M9，两两并列，北侧基本是坐北向南，南侧的4座均坐东向西，前后布置。

A7组，位于墓地的东南部，由3座墓组成，即坐南向北并列的M95、M96及北侧坐东向西的M93。其中M95为西汉中晚期。

A8组，位于第十一组的西侧，由5座墓组成，M98、M99、M101基本南北并列，M100位于M98与M99西侧中间，朝向西南，墓道略折向西南，当是避让M99所致。

B1组，位于A3组北侧，由8座墓组成，基本东西成排。中间6座，两两并列，即中间的M56与M57，西侧的M33与M34，东侧的M58与M49。再外，西侧为M30，坐西向东，朝向M33与M34，似为西边界，东侧为M47，年代为西汉中后期。其埋葬顺序或许也是先中间后两侧。值得注意的是该组墓葬中中间一组墓葬坐南向北，而两侧的两组却是坐北向南，有何寓意有待探讨。

B2组，位于B1组北侧西部，由14座墓葬组成，又可分为南北两小组。甲组4座，位于南侧，坐东向西，两组并列墓葬，前后相接。自西向东为M29与M36、M40与M41，其中位于东部的M40为西汉中晚期。这组墓葬应当是由西向东的埋葬。乙组，位于A组的北侧，由10座墓组成，中间6座，坐北向南，两两并列，自西向东为M37与M38、M39与M64、M59与M60，西侧1座M28坐西向东，东侧1座M55坐东向西，应当为东西边界。M25、M26位于第一组西头偏南，应该为避让M28所致。

B3组，位于B2组东侧，由5座墓组成，坐北向南，基本东西成排。M11、M50、M51三座紧紧并列，M52、M48相对分散，且年代为西汉中晚期。M52是夫妻合葬墓，其他几座为单人葬。该组墓葬应当是按自西向东的顺序埋葬的。

B4组，位于B2组、B3组的北侧，由7座墓组成，西侧的M61坐北向南，应当是西界，自西向东依次为M53与M54、M44与M45及M43，坐东向西，前后相接，M46北紧邻M43，唯南北向，应与M43关系密切。位于东部的M44与M46年代西汉中晚期。推测该组墓葬应当按由西向东的顺序埋葬的。

C1组，由18座墓组成。按墓葬朝向，分甲、乙两个小组。甲组，主要由南北三排南北向墓葬组成。北侧一排由并列的M22与M23组成，中间一排由6座墓组成，自东向西为M75与M76、M97与M19与M18，坐北向南，两两并列，最西侧的M15，朝向东侧墓葬，应为这一排的西侧边界。南侧一排自东向西为M77与M11、M82与M83，两两并列，但方向相反，M85、M86位于M82与M83的北侧，即正前方，也许说明它们之间有着密切关系。从平面分布上可推测，M76是有意布置在北侧M22与M23中间的，南侧一排的M11是有意避让北侧M8才稍向南布置的，如果这种推测成立，则这三排墓是按照由北向南的顺序埋葬的。乙组，由3座墓组成，即并列的M16、M17及其前面中间的M20，这组墓的年代均为西汉中晚期，考虑到它与A组墓葬可能有关系，故放在此处介绍。

C2组，由6座墓组成，即南侧坐南向北并列布置的M35与M42、北侧的坐北向南并列的M31与M32及M27、M62，南侧的M35、M42为西汉中期，北侧的M31、M32及M27、M62为西汉中晚期。

（三）西汉中晚期墓葬

77座，除部分与中期墓葬相间分布之外，主要集中在A区的东端，C区的西部，D区大部。平面分布上看，可分为七组。

A9组，分布于东部区域的M104、M105、M106、M110、M112、M129，分布虽然较为集中，没有打破关系，但平面上似乎也看不出其内在联系，墓葬之间的关系值得探讨。

C3组，位于Ⅰ区的西北部，由8座墓组成，东西向并列分布，除西侧的M87坐南向北外，余均坐北向南，自东向西依次为M5、M73与M74、M68与M69、M80与M81、M87，中间的6座两两并列，两侧则各1座。年代方面，最东侧的M5为西汉中期，余为西汉中晚期，其埋葬顺序可能性是自东向西。

C4组，位于C3组的西侧，由6座墓组成。M7与M70并列，坐北向南，M79与M89并列，坐南向北，朝向M7与M70。M72西紧邻M79，基本并列，坐北向南。M71墓道打破M7、M70的墓道，或许是有意为之。

C5组，位于D2组的北侧，由3座墓组成，即M207与M208，东西并列，坐北向南，M209位于M207与M208的南侧，坐东向西，与M208墓道相交。

D1组，位于Ⅰ区西部南侧，由18座墓组成。南侧5座，基本东西成排。M188位于该组的南侧中间位置，时代最早，M189位于M188的西北侧，坐西向东，墓道与M188垂直相交，也许是夫妇合葬的一种形式。东侧的M186与M187，稍向北，东西并列，坐北向南，再向北有M181、

M182、M183，基本上是东西东列，坐北向南，中间的M182墓室向北凸出，两侧的M181、M183基本上是位于M182的墓道两侧，M181与M182距离较近，应为夫妇合葬，东侧的M183相对较远。M188的西侧，有东西并列的M195与M197，再西侧为M198，坐西向东，且与M197墓道相交，是一座夫妇同穴异室合葬墓。再北为M196、M200、M201，基本上东西并列，且与东侧的M181、M182、M183基本上东西成排，其中M196与M120应为夫妇合葬。M195墓道东侧有南北并列的M191与M192及前后相接的M193、M190，均坐东向西，即朝向M195，M194坐西向东，向南正对M195墓道。

D2组，位于D1组西侧，由4座墓组成。M185与M204，南北并列，坐东向西。M202与M203，位于M185与M204西部北侧，东西并列，坐北向南。

D3组，位于D1组北侧，由9座墓组成。最东侧的M160与M161，东西并列，坐南向北，向西为南北并列坐东向西的M174与M177，再西为M184、M178及北侧的M179与M180。M184为避让M178而有意折向西南。M178，坐北向南，M179与M180南北并列，应该是该组墓的西边界。

D4组，位于D3组北部，由7座墓组成，基本上为东西成列，前后相接。自东向西为M144与M159、M155与M156、M157、M158、M163。除M157坐北朝南外，余均坐东向西。可以看出M158为了避让M157而有意偏向西南。另外从墓室宽度可知M158、M163应为夫妇合葬墓。该组墓葬的埋葬顺序自东向西进行的，最早为西汉中期，延续到西汉中晚期，同时也经历了从并穴合葬到同穴合葬的过程。

（四）西汉晚期到新莽

黄渠头墓地Ⅰ区分布较少，有6座，主要分布在C区、E区。晚期墓中，两两并列现象较少，可能与这一时期同室合葬习俗有关。

东汉时期，墓地内仅有2座，分布于C区的西部，西汉中晚期墓葬的中间，坐东向西，并列布置。与周边墓葬时代相距虽有点远，但却表现出和谐共处的局面，也许当时周边墓葬的坟丘还在，也许他们正是这些墓主的后人，故能和谐共处。

根据墓葬的分期、分布情况，我们可以对整个墓地的形成作出如下推测。西汉早期，人们首先选择了地势较高的东南部（Ⅰ区的南部居中）作为葬地，沿着西南—东北方向，按照前后相接的顺序依次埋葬。到了西汉中期，接着早期墓地向北、向西扩展，尤其是A3、A4组，与早期紧密相接，其排列方式有前后相接纵向布局的，有横向并列成排布置的，且这两种布局常常相间分布，如第C1组与C3组，C1组的甲组与乙组，它们之间或许有着某种内在联系，需要进一步探讨。也有纵向与横向布局相结合的，如第七组的A组墓葬，自北向南纵向有3排，每排又由2至6座横向并列墓葬组成。西汉中晚期，主要向西扩展，除了Ⅰ区的西部，还到Ⅰ区西侧的Ⅱ区，布局方面，更为复杂，除了横向并列成排、前后相接成列外，还出现了向心布局。到了西汉晚期，墓葬再次向西、向北扩展，Ⅰ区的晚期墓已到了西北地势最低处，西侧的Ⅱ区则主要是西汉晚期墓葬，两两并列现象少见，成组分布者能确定的仅一处，当然这可能与发掘数量与保存情况有关，不一定具有普遍性。

墓地分组的目的是想讨论墓地中是否有家族墓地存在，但划分的依据仅是根据墓葬的平面分布情况，而无其他根据，如人骨的检测，所以可能主观性较强，有些组分的未必恰当，有些推测未必合适，甚至是错误的。但墓地中分组埋葬的情况是明显存在的，这些分组的墓葬中，以夫妇合葬为基本单位，组内墓葬应当具有家族性质。至于墓葬之间的辈分关系，墓穴的排布规则，还需要更多、更精确的考古信息来证实。希望在今后的考古工作中能更多地关注这方面的信息采集。

第五节　几点认识

1. 墓葬方向

结合墓葬年代，统观墓葬方向，显示出墓葬方向的变化动态。西汉早期，墓葬的方向与当今的正方向相比，大多右偏10—30度。比如M116与M117方向分别是200和205度，M124与M125方向分别是25与35度，M119、M130方向分别是285和290，M165、M169方向均为110度等。有趣的是，在墓地东边白鹿原上的霸陵的陵墓、陵园、陪葬坑的方向，也都是东偏南20度左右，是偶合，还是具有相似的背景，值得探讨。西汉中期，大部分墓葬仍然保留着"右偏"的传统，但也出现了一些变化，即与今天的所谓正方向近接，如M53、M54、M44、M45、M43方向均很接近270度，再如M82、M83方向均为0度，又如M25与M26方向为180和185度。西汉中晚期，"右偏"的情况大大减少，且右偏度数也变小，大多与今天的所谓正方向接近。如M68、M69、M73、M74、M80、M81，方向均接近180度，再如M190、M91、M192、M193，方向均在270—280度之间。西汉晚期，墓葬右偏现象基本不见，方向非常接近今天的所谓的正方向，偏差大多在10度以内，如Ⅰ区的M1、M2、M3、M4方向分别是90、0、270、180度，与正方向完全吻合，再如Ⅱ区的17座西汉晚期墓中，0度2座，5度1座，180度3座，185度4座，174度1座，95度1座，270度1座，275度1座，方向均接近正方向。2座东汉墓的方向均是270度，与正方向完全一致。墓葬方向的变化，其背后当有一定的原因，有待进一步研究。

2. 墓葬的形制

墓葬我们通常讨论的主要是形制结构，对于其规模或者说是尺寸大小的综合研究关注不多。那么，墓葬的大小，是否有一定标准呢，下面通过对墓葬关键尺寸的统计（详见附表9），作一探讨。

对于竖穴墓道洞室墓，我们选择墓道的长、宽与墓室的长作墓葬关键尺寸。斜坡墓道洞室墓，我们选择墓道的宽与墓室的长作为关键尺寸。之所以这样选择，因为墓葬发掘时，其开口大多已不是原始开口，其深度已不是原始深度，斜坡墓道的长也不是原始开口长度。而竖穴墓道的长与宽、斜坡墓道的宽，因为壁基本是竖直的，所以基本保持着原始的尺寸，墓室的长度也保持着原始的尺寸，这几个方面的尺寸也在一定程度上反映了墓葬的规模。

结合汉代测量单位（一丈2.30米、一尺0.23米、一寸2.3厘米），我们对墓道的长、宽及墓室的长选择了以下几个标准。墓道长度五个标准（误差为五寸），即一丈以下（低于2.19米）、一丈（2.19—2.42米）、一丈一尺（2.42—2.65米）、一丈二尺（2.65—2.88米）、一丈二尺以上（大于2.88米）。墓道宽度六个标准（误差四尺以下为二寸半，四尺以上五寸），即三尺以下（低于0.63米）、三尺（0.63—0.75米）、三尺五寸（0.75—0.86米）、四尺（0.86—0.98米）、五尺（0.98—1.21米）、五尺以上（1.2米以上）。墓室长度九个标准（误差两丈以下为五寸、两丈以上为一尺），即一丈以下（低于2.19米）、一丈（2.19—2.42米）、一丈一尺（2.42—2.65米）、一丈二尺（2.65—2.88米）、一丈三尺（2.88—3.11米）、一丈四尺（3.11—3.34米）、一丈五尺（3.34—3.57米）、一丈五尺至两丈（3.57—4.8米）、两丈以上（4.8米以上）。

竖穴墓道洞室墓，墓道长度主要集中在一丈、一丈一尺、一丈二尺三个标准区间，尤以一丈和一丈一尺者为主。其中一丈者占31.6%，一丈一尺者占37.6%，一丈二尺者占15.4%。一丈以下及一丈二尺以上者仅占15.4%。墓道宽度，主要集中在三尺、三尺五寸和四尺三个标准之内，尤以三尺五寸、四尺者为主。其中三尺五寸者占36.8%，四尺者占35.9%，三尺者占19.7%。三尺以下及四尺以上仅占6.6%。

各个时段，墓道的长与宽也有明显变化。西汉早期，墓道长度一丈二尺者占比较高，33.3%，西汉中期一丈二尺者仅占7.1%，西汉中晚期占16.7%，西汉晚期占5.5%。西汉中期墓道长度高度集中于一丈、一丈一尺这两个标准内，占81%。西汉中晚期一丈、一丈一尺者占63.4%。西汉晚期一丈、一丈一尺者占78.8%，而一丈一尺者竟占61.1%。墓道宽度，西汉早期，五尺及以上者占比较高，22.2%，西汉中期至西汉晚期仅2座，占比极低。另外，西汉早期墓道宽度范围较大，三尺以下至五尺以上均为发现，西汉中期则主要集中在三尺、三尺五寸，三尺者占38.1%，三尺五寸者40.5%，西汉中晚期则主要集中在三尺五寸、四尺，三尺五寸者占40%，四尺者占50%，西汉晚期四尺者占比进一步增加，占66.7%。总之，墓道的长度以一丈、一丈一尺、一丈二尺这三个标准为主，宽度以三尺、三尺五寸、四尺这三个标准为主。墓道长度和宽度演进均趋向单一，即长度一丈一尺，宽度四尺。

墓室的长度，主要集中在一丈一至一丈五尺这个区间，约占72%，其中一丈一尺占15.8%，一丈二尺占16.7%，一丈三尺占16.7%，一丈四尺占10.2%，一丈五尺占12.3%。一丈一尺以下者占8.5%，一丈五尺以者占19.5%。各个时段，墓室的长度也有明显的变化，尤其是西汉中期以后。西汉早期，主要集中在一丈一尺至一丈三尺，占66.6%。西汉中期，一丈一至一丈四尺者占70%。这两个时期，一丈五尺及其以上者，所占比例均较低，约占20%—25%。西汉中晚期，最大的变化就是一丈五尺、一丈五尺至两丈者占比明显升高，西汉中晚期占40%，西汉晚期仅一丈五尺至两丈者就占66.7%。总之，墓室长度以低于一丈五尺者为主，且有不断变长的趋势，到西汉晚期一丈五尺至两丈的墓葬已占有很大比例。

斜坡墓道洞室墓，墓道的宽度主要集中在三尺、三尺五寸、四尺三个标准区间，以三尺五寸和四尺这两个标准区间最为集中。其中三尺五寸者39%，四尺者33%，三尺者17%。另外，五尺者9%。西汉中期到中晚期也有一定变化，西汉中期三尺五寸者占比较高，54.5%，其次是三尺者，27.5%，四尺者占比相对较低，13.7%，五尺者仅1座，占比2%。西汉中晚期，四尺者明显增多，占57.8%，三尺五寸者下降至20%，五尺者骤增，占17.8%。就其变化而言，斜坡墓道宽度有变宽之趋势，即向四尺、五尺者集中。

墓室的长度，主要集中在一丈五尺、一丈五尺至两丈这两个标准。一丈五尺至两丈占61%，一丈五尺者占23%。一丈五尺以下者，仅占15%，另有长度超过二丈者。不同阶段墓室长度也有明显变化，西汉中期，一丈五尺者尚有一定比例，占29.4%，西汉晚期降至15.6%。而一丈五尺至两丈者明显增加，西汉中期占45.1%，西汉晚期骤至80%。总体趋势是墓室向一丈五尺至两丈这一标准集中。

竖穴墓道洞室墓与斜坡墓道洞室墓，在其尺寸上有着明显的区别，同时也表现出一定的共性。区别主要表现在墓室的长度上，竖穴墓道洞室墓，墓室长度多集中在一丈五尺以下，占72%，斜坡墓道洞室墓，墓室长则多集中在一丈五尺以上，占84%。墓道的宽度方面，两者表现出较多的一致性，如均以三尺五寸、四尺为主，占比均在70%以上，再如其变化趋势一致，即四尺的占比上升，竖穴墓道的由西汉中期的19%上升至西汉中晚期的50%，西汉晚期上升至66.7%。斜坡墓道的由西汉中期的13.7%上升至西汉中晚期的57.8%。墓室长度都有变大的趋势，竖穴墓道洞室墓的长度到西汉晚期一丈五尺至两丈者已达到66.7%，与斜坡墓道洞室墓的墓室长度已基本相当了。

斜坡墓道洞室墓中，有"天井"者17座。这里的"天井"，只是借用隋唐时期墓葬的说法，未必具有同样的功能。从目前公布的材料看，西安地区有"天井"的汉墓多为零星发现。《长安汉墓》（含附录）公布的有天井的墓葬共计28座，其中两天井者2座，余均为单天井；方形天井者1座，横长方形天井者12座，纵长方形天井者15座；西汉中期2座，中晚期14座，晚期12座。《西安白鹿原汉墓》中公布有8座，其中5座报告者称之为"竖井墓道"，3座称之为天井；2座西汉中期，6座西汉中后期。黄渠头墓地有17座带天井的墓葬，其中1座（M81）与白鹿原报告中的第一类即"竖穴墓道"相同，16座与第二类即"天井"相同。天井呈横长方形者3座，纵长方形者14座。西汉中期14座，西汉中晚期3座。

对于这种墓葬形制，学界一般认为是由秦时的斜坡墓道土圹洞室墓演化而来。最初形态以临潼上焦村的M11、M18最典型，由斜坡墓道、竖穴土圹及在土圹底部与墓道相对一侧掏挖的洞室组成，这时土圹较为宽大，相当于墓室的前厅。进入西汉，这个土圹逐渐变小，就演变为较为狭小的横向、纵向的长方形天井了。从目前公布的材料看，这种墓形在西汉早期一般规模较大，等级也相对较高，如陈请士墓，出土了成组的玉佩及水晶印等高等级随葬品。西汉中期至晚期，与同期的墓葬相比，其规模一般也相对较大，出土随葬品丰富，尤其是横长方形天井的墓葬，等级显然高于一般的洞室墓。可见这类墓葬，等级虽比不上斜坡墓道土圹木椁或砖椁墓，但比一般的洞室墓等级还是要高的，比如在白鹿原净水厂发掘的该类墓葬中，出土了一件"襄城家"铜销，虽然这座墓不是襄成侯的，但能用襄成家的铜销作随葬品，说明该墓主也绝非一般的平民百姓。西汉晚期以后这类墓葬消失。总之，墓葬中的这种"天井"设施，是墓主人等级地位较高的一种标志，也是社会等级秩序的一种表现形式。

竖穴墓道偏洞室墓，墓地内有3座，时代均为西汉早期。这种墓形在西安地区战国中晚期的秦墓中较为常见。最近，在西安南郊杜城附近的清凉山发掘了549座秦墓，其中偏洞室墓有403座，占比之高前所未有。发现的其他秦人墓地，偏洞室墓多数为零星发现，且随葬品较少。也许这些墓的主人只是当时秦国人中的一个小群体，并且社会地位不高。西安地区发现的汉墓中，偏洞室墓数量极少，目前公布的材料似乎只有《西安白鹿原汉墓》中的1座，本次发现的3座可以说补充了这方面的材料。这几座西汉早期的偏洞室墓，规模均较小，随葬器物不多，与战国时期的偏洞室墓有相似之处，或许他们之间也有一定的关系。

竖穴土圹砖椁墓，2座，时代为西汉中晚期、晚期。竖穴圹墓在西安地区的汉墓占比不高，且大多情况下墓圹狭小，墓主人地位不高，尤其是到了西汉中期以后，更是如此。然而，近些年的考古发现让我们对此有了新认识。如2013年在西北郊发掘了5座竖穴土圹砖椁墓，分布集中，规模较大，其中4座有耳室，1座墓圹积沙墓，随葬器物丰富、等级高，有成组的石磬，还有铁甲、铜投壶、玉剑具等，显示了墓主人较高的社会地位。如此高级别的墓葬，竟没有采用流行的斜坡墓道砖室墓形制，也许正如简报结语中所推测，墓主人可能是来自关东某处的移民。最近，在黄渠头墓地北侧不远的一基建项目工地，发掘了2座并列的新莽时期竖穴砖椁墓，规模大小与黄渠头墓地的2座基本相当，且为条砖对缝券顶，其中1座出土的彩绘小陶壶上有"官五升"字样，可见墓主人也可能不是一般的庶民百姓。黄渠头墓地发现的2座竖穴圹砖椁墓，规模不算大太，与一般规模的砖室墓墓室相当，一端均有一龛，内置随葬品，时代为西汉中晚期、西汉晚期，墓主人可能也与移民有关。

3. 随葬器物与墓葬形制

黄渠头汉墓中出土的器物可分为三大类。第一类，生活明器，包括罐、仓、灶、樽、釜、盆、甗、缶及铜镜、铜钱、铁刀、铁剑等。第二类，仿铜陶礼器，包括鼎、盒、钫、壶。第三类，车马明器，主要为各种车马饰件，当卢、衔镳、横末、辖害、盖弓帽等。除此之外还有丧葬用玉，如口琀、鼻塞、耳塞、眼罩等。据此，我们把墓葬出土器物组合分为四类：第一类，生活明器。第二类，生活明器+仿铜陶礼器。第三类，生活明器+车马明器。第四类，生活明器+仿铜陶礼器+车马明器。下面重点对这四类组合与墓葬的形制、年代作一简要对比分析。

除2座东汉墓之外，墓地中223座西汉墓中出土器物的计有210座，其中出土第一类（生活明器）组合的墓葬有94座，出土第二类（生活明器+仿铜陶礼器）组合的墓葬有67座，出土第三类（生活明器+车马明器）组合的墓葬有21座，出土第四类（生活明器+仿铜陶礼器+车马明器）组合的墓葬有28座。从这个统计数据看，墓葬随葬礼器者占半数以上，如果考虑到盗扰情况，那么随葬礼器的墓葬占比还会更高一些。随葬礼器应该是墓主身份的一种象征，说明这个墓地的主人大部分是有一定身份的。这个墓地的墓葬随葬陶礼器组合一般是1鼎、2盒、1钫，个别有2鼎者，这种组合代表着什么样的身份，还有待进一步探讨。

出土第一类组合（生活明器）的94座墓中，竖穴墓道洞室墓56座，斜坡墓道洞室墓37座，竖穴砖椁墓1座，如果忽略盗扰情况，那么可以看出在不随葬礼器的墓葬中，竖穴墓道洞室墓占有较大比例，在67%以上，考虑到37座斜坡墓道洞室墓，大多数经盗扰，竖穴墓道洞室墓占比还可能会更高一些，这也许与竖穴墓道洞室墓的级别可能低于斜坡墓道洞室墓有关。

出土第二类组合（生活明器+仿铜陶礼器）的67座墓中，竖穴墓道洞室墓40座，斜坡墓道洞室墓27座。40座竖穴墓道洞室墓中早期墓葬18座，中期13座，中晚期6座，晚期3座。27座斜坡墓道洞室墓中，中期13座，中晚期14座。在这类组合的墓中，竖穴墓道占比较高，超过67%，而西汉早期又占了其中的45%，西汉中期、中晚期的竖穴墓道洞室墓与同期的斜坡墓道洞室墓相比，占比并不高。墓地中共有31座西汉早期墓，出土这类组合的墓葬18座，占了58%，可见早期墓葬随葬陶礼器是较为普遍的，尽管墓葬是较为简陋的竖穴土洞墓。随葬第二类组合的斜坡墓道洞室墓，西汉中期与竖穴墓道洞室墓相当，而在西汉中晚期远远高于同期的竖穴墓道洞室墓。

出土第三类组合（生活明器+车马明器）的墓葬有21座，除了Ⅱ区两座墓葬墓道被破坏，形制不明确外，其余19座墓葬中竖穴墓道洞室墓有7座，其中5座为西汉晚期，斜坡墓道洞室墓12座，中期8座，中晚期4座。可见该类组合中竖穴墓道洞室墓占比明显较低，且集中在西汉晚期。

出土第四类组合（生活明器+仿铜陶礼器+车马明器）的墓葬有28座，其中竖穴墓道洞室墓6座，斜坡墓道洞室墓21座，另有1座竖穴圹砖椁墓，可以看出，出土该类组合的斜坡墓道洞室墓明显高于竖穴墓道洞室墓。

随葬器物组合与墓葬形制的对应关系是复杂的。竖穴墓道洞室墓中出土陶礼器组合是相当普遍的，不出土陶礼器组合的斜坡墓道洞室墓也并不少见，同时随葬陶礼器的这种葬俗也是动态的，如西汉晚期，完整的陶礼器组合就不太常见了，这也并不表明墓主人地位不高。就该墓地总体上看，随葬陶礼器或车马明器的墓葬中，斜坡墓道洞室墓占比要高于竖穴墓道洞室墓，在一定程度上反映了斜坡墓道洞室墓的等级高于竖穴墓道洞室这一现实。

4. 墓地的性质

黄渠头墓地位于杜陵邑北侧约1.5公里，应与汉宣帝的杜陵邑有密切关系。《汉书·宣帝纪》载："元康元年春，以杜东原上为初陵，更名杜县为杜陵。徙丞相、将军、列侯、吏两千石、訾百万者杜陵。"杜陵邑的位置与范围，经过多年的考古调查工作，已基本得到确认，即"大致西至公田四路、曲江文化运动公园东侧南北一线，南至春临五路、东至三兆村之西、北至缪家寨、宁安路东西一线之南侧，东西3、南北3.2公里。"近几年来，西安市文物保护考古研究院在五典坡村附近发现了大面积的高等级汉代遗址，大家一致认为可能与杜陵邑有关，恰恰证实了这一认识。

　　黄渠头墓地发掘的225座汉墓中，西汉早期墓31座，西汉中期墓93座，西汉中晚期墓77座，西汉晚期到新莽墓22座，东汉墓2座。形制方面，竖穴墓道洞室墓117座，占比近52%，斜坡墓道洞室墓100座，占比44%，斜坡墓道土圹砖椁墓仅1座。西汉早期，墓葬形制均为竖穴墓道土洞墓，规模较小，随葬器相对简单，可见这一时期墓主人的身份均较低，应该是杜陵邑建立之前附近里聚的一般居民。西汉中期，竖穴墓道洞室墓42座，占45%，斜坡墓道洞室墓51座，占55%，可见进入西汉中期，墓主人似乎有了较大变化，即可能有一批地位较高的人出现，这批地位较高者的出现或许与杜陵邑的兴建有关。西汉中晚期，竖穴墓道洞室墓30座，占39%，斜坡墓道洞室墓45座，占比58%，另有1座竖穴土圹砖椁墓，与中期相比，采用斜坡墓道洞室墓的人又有所增长，或许意味着地位较高或富有者进一步增多，应该与杜陵邑内的人员结构密切相关。西汉晚期到新莽22座，竖穴墓道土洞墓18座，占82%，斜墓道洞室墓4座，斜坡墓道砖椁墓1座，可以看出竖穴墓道洞室墓占比很高，斜坡墓道洞室墓占比明显较低，但出现了高等级的斜坡墓道圹砖椁墓，这一现象还有待深入研究。东汉墓只有2座，且规模不大，墓主人地位不高，这应当与都城东迁、杜陵邑人口的大量减少有一定关系。

　　近些年来，在杜陵邑周边发现了大量的汉墓，如黄渠头村南侧配合华商传媒项目建设中发掘中小型汉墓100余座，在缪家寨配合金光园小区建设中发掘中小型汉墓近100座，在缪家地东侧配合园林基地项目发掘中小型汉墓300余座，园林基地项目东侧陕西植物项目建设中发掘中小型汉墓100余座等，另也发现了一批规模较大的墓葬，如位于黄渠头墓地北侧的西安理工大学曲江校区2座，黄渠头墓地西南不远的天地源项目发现3座，曲江翠竹园小区发现2座，千林郡小区发现2座（宜春侯夫妇墓）等，这些与黄渠头墓地一样，都应该是杜陵邑内不同阶层在城外的墓地。

　　我们认为黄渠头墓地应该是杜陵邑的一处公共墓地，墓葬的变化与杜陵邑的兴衰有着密切关系。该处墓地墓主以社会中、下阶层为主，其中一部分人可能具有一定的社会地位，从布局上看墓地内可能有若干个家族墓地。这批墓葬对于认识杜陵邑内的社会结构具有重要的学术价值。

结　语

　　黄渠头汉代墓地是杜陵邑内居民公共墓地的一部分，墓地的严谨布局、墓葬的成组布置显示了对墓地的统一管理及家庭或家族性质，墓葬的等级一定程度上反映了杜陵邑内居民的基本构成，墓葬的时代及其变化与杜陵邑的兴衰密切相关。

　　黄渠头墓地有着严谨的布局。墓地内墓葬成组分布普遍，或左右并列，或前后成排，少则三五座，多则十座、八座，具有明显的家庭或家族性质。墓地中间有南北向和东西向的通道，保证了墓地内各种活动的通畅，成组分布的墓葬之间虽紧密相接，却少有打破关系，反映了当时对公共墓地的统一管理。

　　墓地内墓葬形制可分为三个等级，即斜坡墓道土圹砖椁墓，斜坡墓道洞室墓和竖穴墓道洞室墓，这三个等级代表了三个阶层。斜坡墓道土圹砖椁墓，是社会上层人的专用，斜坡墓道洞室墓和竖穴墓道洞室墓，是社会中、下阶层人使用的墓葬，其中斜坡墓道洞室墓等级要高于竖穴墓道洞室墓。这些墓葬反映的社会等级，从一个侧面反映了杜陵邑内居民的社会结构。

　　墓地内墓葬也反映出部分的外来文化因素，这些因素可能与外来居民有一定关系。两座竖穴砖椁墓，可能与关东移民有关。部分墓葬出土的硬釉陶器，可能与来自楚地的移民有关。肩部无竖棱的折肩陶仓，不见于西安的其他区域，而与洛阳地区的同类器物相近，二者应有一定关系，也可能与移民有关。

　　墓地年代从西汉早期延续至东汉中期。早期数量较少，且均为小型的竖穴墓道洞室墓，墓主身份地位较低，当是杜陵邑兴建之前附近里聚内的居民。中期、中晚期，墓葬数量大增，且出现大量的斜坡墓道洞室墓，这些变化可能与杜陵邑的兴建有关。西汉晚期，墓葬以小型墓为主，有少量大中型墓葬，正是陵邑内居民构成的体现。东汉墓数量变少，且规模不大，当与杜陵邑的衰败有关。

　　黄渠头墓地作为杜陵邑附近汉代居民社会生活的一个缩影，虽然不能反映整个汉代社会生活的全貌，但通过对一处墓地的分析与梳理，为研究汉代京畿地区特别是西汉陵邑附近居民结构、社会变迁提供了一个新切入点。

附　表

附表1.1　黄渠头汉墓Ⅰ区墓葬统计表

墓号	方向	墓葬形制 尺寸［长×宽×深（高）（米）］	封门	葬具	葬式	出土器物 墓道	出土器物 墓室	出土器物 小龛	出土器物 耳室	时代	备注
M1	90°	竖穴墓道砖室墓 墓道：2.50×0.90—6.60 墓室：4.50×1.48—1.65	条砖封门	木棺	不详	筒瓦1	AdⅡ圆唇陶罐1、C陶仓2、C釜1、A瓿1、铜铺首1、泡1、金箔片1、B铜五铢钱1、D铜五铢钱1			西汉晚期	盗扰
M2	0°	竖穴墓道砖室墓 墓道：2.46×0.85—7.0 墓室：4.40×1.56—1.60	条砖封门	木棺	不详		AdⅡ圆唇陶罐1、铜马镳1、弩机1、衡末饰1、盖弓帽1、扣饰1、泡钉9、鼻塞1、B铜五铢7、C铜五铢1、残缺铜五铢1			西汉晚期	盗扰
M3	270°	竖穴墓道砖室墓 墓道：2.70×1.0—7.40 南耳室：3.06×1.52—1.22 北耳室：2.03×1.44—1.10 墓室：4.80×2.08—1.80	条砖封门	木棺	不详		B铜五铢1、D铜五铢1、残缺铜五铢1		南耳室：铜盖弓帽2、衡末饰4、铅辖軎1、扣饰1；北耳室：AdⅢ圆唇罐1、B陶盆1、C陶仓1	西汉晚期	盗扰
M4	180°	竖穴墓道土洞墓 墓道：2.60×0.94—2.10 墓室：3.80×1.28—0.80	条砖封门	木棺	不详		BaⅡ陶灶1（甑1残、A盆1）			西汉晚期	盗扰

墓号	方向	墓葬形制				出土器物				时代	备注
		尺寸[长×宽—深（高）（米）]	封门	葬具	葬式	墓道	墓室	小龛	耳室		
M5	175°	斜坡墓道土洞墓 墓道：5.80×0.70—3.70 墓室：4.0×1.40—1.60	木板封门	木棺	仰身直肢（单人）		AⅠ陶灶1（BⅢ1），铜柿蒂形棺饰1，铁锸2，铅锗售2			西汉中期	盗扰
M6	80°	斜坡墓道土洞墓 墓道：5.60×0.90—3.30 甬道：1.80×0.90—3.30 墓室：3.60×1.20—1.40	条砖封门	木棺	仰身直肢（单人）		Ⅳ陶盒2，AⅡ樽1，BbⅡ仓5，Bb灶1（AⅢ1），口珞1，B铜五铢8，D铜五铢4	AcⅡ双唇陶罐4，AdⅡ圆唇罐3		西汉中晚期	未盗扰
M7	180°	斜坡墓道土洞墓 墓道：9.80×0.88—5.80 墓室：4.0×1.40—1.90	条砖封门	木棺	仰身直肢（单人）	BbⅠ陶仓1	Ⅲ陶盒2，Cc圆唇罐1，BaⅠ灶1（BⅢ2），D铜五铢1，B铜五铢1			西汉中晚期	盗扰
M8	270°	竖穴墓道土洞墓 墓道：2.60×0.96—3.80 墓室：3.10×0.90—0.80	土坯封门	木棺	仰身直肢（单人）			Aa凹唇陶罐4，AⅠ灶1，AbⅠ铜日光镜1		西汉中期	未盗扰
M9	280°	竖穴墓道土洞墓 墓道：2.50×0.76—2.50 墓室：3.20×0.84—0.90	不详	木棺	仰身直肢（单人）		Ⅱ陶缶1，铜四乳几向纹镜1，B铜五铢18，D铜五铢2	铁鼎1		西汉中期	未盗扰
M10	160°	斜坡墓道土洞墓 墓道：5.90×0.80—4.20 墓室：3.70×1.30—1.40	木板封门	棺椁	仰身直肢（单人）		Ⅱ陶缶1，AⅠ灶1（A甑1），铜柿蒂形棺饰27			西汉中期	盗扰
M11	200°	斜坡墓道土洞墓 墓道：3.80×0.80—1.76 甬道：0.50×1.10—1.06 墓室：3.80×1.46—1.06	木板封门	棺椁	仰身直肢（单人）		陶灶1（残），铜柿蒂形棺饰13，带钩1，B铜五铢7，C铜五铢2			西汉中期	盗扰

续表

墓号	方向	墓葬形制				出土器物				时代	备注
		尺寸［长×宽一深（高）］（米）	封门	葬具	葬式	墓道	墓室	小龛	耳室		
M12	150°	斜坡墓道土洞墓 墓道：2.72×0.84-3.44 过洞：0.98×0.84-2.0 天井：1.90×0.84-4.94 甬道：0.52×1.46-1.54 墓室：3.40×1.30-1.18	木板封门	棺椁	不详		Ab方唇陶罐2、AdⅠ圆唇罐3、AdⅡ圆唇罐1、AⅡ灶1、器盖1、铜柿蒂形棺饰19、BⅠ铜五铢1、残缺铜五铢1			西汉中期	未盗扰
M13	100°	斜坡墓道砖室墓 墓道：7.0×1.02—4.70 墓室：3.80×1.40—1.40	条砖封门	木棺	不详		陶罐1（残）、铜环1、泡钉1、铁钉1、B铜五铢3、C铜五铢2、E铜五铢2			西汉中晚期	盗扰
M14	90°	斜坡墓道土洞墓 墓道：7.32×1.16—5.40 墓室：4.04×1.28—1.40	条砖封门	棺椁	仰身直肢（单人）		Ⅱ陶鼎2、Ⅱ盒2、钫1、AcⅡ双唇罐4、Bc双唇罐2、BbⅠ仓1、BaⅠ灶1（B盆1、B甑1）、AⅠ铜昭明镜1、铜马衔镳扣饰1、当户1、B铜五铢1、F铜五铢1、残缺铜五铢3			西汉中晚期	未盗扰
M15	95°	斜坡墓道砖室墓 墓道：3.86×0.92-4.40 墓室：3.72×1.52-1.28	条砖封门	木棺	不详		Ⅱ陶鼻盖1、盒1（残）、BbⅠ仓3			西汉中晚期	盗扰
M16	275°	斜坡墓道土洞墓 墓道：4.70×0.72-3.50 甬道：1.30×1.48-? 墓室：3.60×1.50-1.34	木板封门	棺椁	不详		AdⅠ圆唇陶罐2、Bd圆唇罐1、灶1（残）、铜柿蒂形棺饰10、铁镞1、铅车饰1			西汉中晚期	未盗扰
M17	270°	斜坡墓道砖室墓 墓道：6.96×0.90-4.50 墓室：3.60×1.48-1.40	条砖封门	木棺	不详		无随葬品			西汉中晚期	盗扰

续表

墓号	方向	墓葬形制 尺寸[长×宽—深(高)](米)	封门	葬具	葬式	出土器物 墓道	墓室	小龛	耳室	时代	备注
M18	178°	斜坡墓道土洞墓 墓道:3.84×0.96—1.80 墓室:3.16×0.84—1.44	土坯封门	木棺	仰身直肢(单人)		II陶鼎1、钫1、II缶1、铁剑1	II陶盒1、Ab方唇罐2、AcI双唇罐3、BbI仓5、BaI灶1(B盆1、B甑1)		西汉中期	未盗扰
M19	180°	竖穴墓道土洞墓 墓道:2.30×0.84—2.20 墓室:3.10×1.0—0.90	不详	木棺	不详		陶鼎1(残)、III盒2、AcII双唇罐2、Ca方唇罐3			西汉中晚期	盗扰
M20	270°	竖穴墓道土洞墓 墓道:2.22×0.84—3.50 墓室:3.08×0.92—1.26	条砖封门	木棺	仰身直肢(单人)		BaI陶壶1、CbII双唇罐1、BaI灶1(B盆1、B甑1)、铜铃1、口琀1、鼻塞2、耳塞2、泥灯1			西汉中晚期	未盗扰
M21	180°	竖穴墓道土洞墓 墓道:2.40×0.76—2.20 墓室:2.40×0.76—1.20	不详	木棺	仰身曲肢(单人)		铁削1			西汉中期	盗扰
M22	185°	斜坡墓道土洞墓 墓道:3.70×0.80—2.60 甬道:0.46×1.20—1.60 墓室:2.80×0.84—1.60	木板封门	木棺	不详(单人)		AII灶1(A盆1)、A铜星云纹镜1、A铜五铢1、B铜五铢11	AdI圆唇罐5、A釜1、II缶1		西汉中期	未盗扰
M23	180°	竖穴墓道土洞墓 墓道:2.50×0.80—2.60 墓室:3.0×0.80—1.10	不详	木棺	仰身直肢(单人)		无随葬品			西汉中期	盗扰

续表

墓号	方向	墓葬形制 尺寸[长×宽—深（高）]（米）	封门	葬具	葬式	墓道	出土器物 墓室	小龛	耳室	时代	备注
M24	175°	斜坡墓道土洞墓 墓道：4.30×0.80—2.0 甬道：0.30×1.0—1.20 墓室：3.40×0.96—1.20	土坯封门	木棺	仰身直肢（单人）		Ⅱ陶鼎1、Ⅱ陶盒2、钫1、AdⅡ圆唇罐4、Bc双唇罐1、CcⅢ圆唇罐1、BaⅠ灶1（BⅠ盆1、BⅢ甑1）、AbⅠ铜日光镜1、柿蒂形棺饰9			西汉中期	未盗扰
M25	180°	竖穴墓道土洞墓 墓道：2.60×0.76—1.40 墓室：2.40×0.76—0.96	不详	木棺	仰身直肢（单人）		AcⅠ双唇罐1	Ⅱ陶盅1、AcⅠ双唇罐1、Ba凹唇罐1		西汉中期	未盗扰
M26	185°	竖穴墓道土洞墓 墓道：2.50×0.70—2.60 墓室：2.80×0.70—1.20	不详	木棺	仰身直肢（单人）		AcⅠ双唇陶罐5、Bb方唇罐1、A釜1、AⅠ灶1（BⅠ盆1、BⅢ甑1）、B铜星云纹镜1、B铜五铢7、残缺铜五铢3			西汉中期	未盗扰
M27	5°	斜坡墓道砖室墓 墓道：1.70×0.86—3.60 墓室：3.60×1.26—1.10	条砖封门	木棺	仰身直肢（单人）		Ⅱ陶鼎1、Ab方唇罐1、AcⅡ双唇罐2、AⅠ樽1、BbⅠ仓1、BaⅠ灶1（BⅠ盆1、BⅢ甑1）、B铜五铢4、D铜五铢1、E铜五铢1			西汉中晚期	盗扰
M28	90°	竖穴墓道土洞墓 墓道：2.30×0.72—2.40 墓室：2.60×0.72—0.92	不详	木棺	仰身直肢（单人）		AⅠ陶灶1（AⅠ盆1、A盆1）、铜带钩1、铁削1			西汉中期	未盗扰
M29	270°	斜坡墓道土洞墓 墓道：3.0×0.92—3.60 甬道：0.40×1.20—1.30 墓室：3.40×1.10—1.34	土坯封门	木棺	仰身直肢（单人）		Ⅱ陶鼎1、Ⅱ陶盒2、AcⅡ双唇罐4、BaⅠ仓4、BaⅠ灶1（BⅠ盆1、BⅢ甑1）、铜柿蒂形棺饰4、铅当户1、衡末饰1、车軎1、盖弓帽1			西汉中晚期	未盗扰
M30	90°	竖穴墓道土洞墓 墓道：2.30×0.70—3.10 墓室：2.50×0.72—1.30	不详	木棺	仰身直肢（单人）		AⅠ灶1（AⅢ甑1、A盆1）、猪1（小瓮）、AⅠ铜长母相忘镜1、带钩1、铁削1、残缺铜五铢1	Ba凹唇罐1、陶狗1、陶鸡2、陶猪1		西汉中期	未盗扰

续表

墓号	方向	墓葬形制 尺寸［长×宽一深（高）］（米）	封门	葬具	葬式	墓道	墓室	小龛	耳室	时代	备注
M31	220°	斜坡墓道砖室墓 墓道：4.14×0.90—3.0 墓室：3.42×1.24—1.42	条砖封门	木棺	不详		BaⅠ陶灶1、铜剑格1、铁器2、耳塞2、口铬1、B铜五铢2、D铜五铢2			西汉中晚期	盗扰
M32	170°	竖穴墓道土洞墓 墓道：3.10×0.80—4.36 墓室：2.80×0.90—1.26	不详	木棺	仰身直肢（单人）		AⅡ陶灶1（A甑1）、A铜五铢1、B铜五铢6、残缺铜五铢2			西汉中晚期	盗扰
M33	225°	竖穴墓道土洞墓 墓道：2.64×0.92—2.20 墓室：2.66×0.96—0.60	不详	木棺	不详		A铜五铢2、B铜五铢1、残缺铜五铢1	Ba凹唇陶罐1		西汉中期	未盗扰
M34	220°	竖穴墓道土洞墓 墓道：2.36×0.80—2.40 墓室：2.84×0.85—1.20	不详	木棺	仰身直肢（单人）		A铜五铢5、B铜五铢3、残缺铜五铢3			西汉中期	盗扰
M35	0°	斜坡墓道土洞墓 墓道：7.20×0.78—4.80 过洞：0.60×0.76—2.0 天井：1.60×0.76—4.80 甬道：0.44×1.0—2.0 墓室：4.10×1.30—1.08	木板封门	木棺	仰身直肢（单人）		AdⅠ圆唇陶罐3、Bd圆唇陶罐1、AⅠ灶1（BⅠ盆1、A甑1）、铜柿蒂形棺饰24、盆1、印章1、带钩1、铁削1、铝饰3、马衔1、B铜五铢5、残缺铜五铢2			西汉中期	未盗扰
M36	270°	斜坡墓道土洞墓 墓道：2.78×0.84—2.80 甬道：0.52×1.02—1.06 墓室：3.80×1.0—1.36	土坯木板封门	木棺	仰身直肢（单人）		Ⅱ陶鼎1、Ⅱ盒2、钫1、AcⅡ双唇陶罐5、AⅠ樽1、BbⅠ仓4、BaⅠ灶1（BⅠ盆1、B甑1）、BⅠ铜昭明镜1、铁剑1、B铜五铢2			西汉中期	未盗扰
M37	200°	斜坡墓道土洞墓 墓道：4.20×0.80—2.50 墓室：3.44×0.70—1.40	木板封门	木棺	不详		AcⅡ双唇陶罐3、BaⅠ仓2			西汉中期	盗扰

续表

墓号	方向	墓葬形制 尺寸［长×宽—深（高）］（米）	封门	葬具	葬式	出土器物 墓道	出土器物 墓室	出土器物 小龛	出土器物 耳室	时代	备注
M38	185°	斜坡墓道土洞墓 墓道：4.40×0.80—3.22 墓室：3.40×0.96—0.50	木板封门	木棺	不详		Ad I 圆唇陶罐4、II 缶1、A 釜1、铜柿蒂形棺饰14、B铜五铢2			西汉中期	未盗扰
M39	180°	斜坡墓道土洞墓 墓道：2.50×0.70—2.16 甬道：0.50×1.12—0.96 墓室：3.30×1.24—1.24	木板封门	木棺	不详		Ac I 双唇陶罐2、Ad I 圆唇陶罐2、Bb 方唇罐1			西汉中期	盗扰
M40	300°	斜坡墓道土洞墓 墓道：4.88×0.88—3.68 墓室：4.72×1.60—1.18	土坯木板封门	棺椁	仰身直肢（单人）		II陶鼎2、III盒2、Ba I 壶1、Ac II 双唇罐5、Ba I 灶1（B盆1、B甑1）、铜柿蒂形棺饰21、铁器2、铅扣饰1、当卢1、漆器（残、无法提取）、B铜五铢6、C铜五铢1			西汉中晚期	未盗扰
M41	270°	斜坡墓道土洞墓 墓道：2.90×0.82—3.20 甬道：0.30×1.08—? 墓室：3.50×1.20—1.20	木板封门	棺椁	不详		Ac I 双唇陶罐2、Ad I 圆唇罐1、A II 灶1（A盆1、A甑1）			西汉中期	盗扰
M42	20°	斜坡墓道土洞墓 墓道：7.60×0.94—6.50 过洞：0.30×0.94—1.74 天井：1.40×0.68—6.50 甬道：0.70×1.60—? 墓室：4.16×1.60—1.60	土坯封门	椁	不详		II陶鼎1、II盒2、钫1、A I 樽1、A仓5、Ac II 双唇罐7、A II 灶1（B盆1、B甑1）、铜带钩1、柿蒂形棺饰37、铁削1、铝盖弓帽4、车軎1、马衔镳1、扣饰4、当卢1、B铜五铢12、C铜五铢2、D铜五铢2、钱文不清1			西汉中期	未盗扰
M43	270°	斜坡墓道土洞墓 墓道：7.0×0.90—4.90 墓室：3.66×1.30—1.50	土坯木板封门	木棺	不详		II陶鼎1、盒盖1（残）、钫1、Ba仓5、Ad II 圆唇罐3、Ba I 灶1			西汉中晚期	盗扰

续表

墓号	方向	墓葬形制 尺寸［长×宽—深（高）（米）］	封门	葬具	葬式	出土器物 墓道	出土器物 墓室	出土器物 小龛	出土器物 耳室	时代	备注
M44	270°	斜坡墓道土洞墓 墓室：7.0×0.90—6.0 墓室：3.10×0.90—1.0	条砖封门	木棺	不详		AcⅡ双唇陶罐3、BaⅠ灶1（B盆1、B甑1）、B铜五铢1、D铜五铢3			西汉中晚期	未盗扰
M45	270°	斜坡墓道土洞墓 墓室：7.0×0.92—3.50 墓室：3.30×1.30—1.40	土坯封门	木棺	不详		BaⅠ陶灶1（B盆1、B甑1）、铁镰1、铜柿蒂形棺饰4、A铜五铢1、B铜五铢2、残缺铜五铢2			西汉中期	盗扰
M46	190°	竖穴土圹砖椁墓 砖室：2.94×1.54—0.78 小龛：1.0×1.20—1.0	不详	木棺	不详		铜双龙纹镜1、盖弓帽1、D铜五铢1、残缺铜五铢1	AcⅡ双唇陶罐1、AdⅡ圆唇罐3、Ⅳ盆4、BaⅠ灶1（B盆1、B甑1）		西汉中晚期	盗扰
M47	35°	竖穴墓道土洞墓 墓道：2.38×0.80—2.80 墓室：2.80×0.85—1.30	条砖封门	木棺	仰身直肢（单人）		Ca方唇陶罐1、Cb双唇罐2、漆器（残，无法提取）			西汉晚期	未盗扰
M48	190°	竖穴墓道砖室墓 墓道：2.18×0.90—5.40 前室：1.75×2.0—1.40 后室：2.25×1.30—1.20	条砖封门	木棺	不详		前室：Ⅲ陶鼎2、Ⅳ盒2、BaⅠ壶2、AⅡ灶1（A盆1、B盆1）、Ab方唇罐2、AⅡ罐1（A罐1、B盆1）、铜铺首衔2、踮足3、盖弓帽1、漆器（残，无法提取）；后室：Bb陶罐2、Ab方唇罐2、BbⅡ仓5、铜重圈铭文镜1、镜钮2、铁剑1、削1、口珰1、耳塞2、石璧1			西汉中晚期	未盗扰
M49	200°	竖穴墓道土洞墓 墓道：2.80×0.90—3.30 墓室：2.80×1.20—1.10	木板封门	木棺	不详		陶纺盖1、Ⅱ缶1、AⅠ灶1（A瓶1、B盆1）、铜盆2、环1、铁灯1、石剑1、珌1、B铜五铢2			西汉中期	未盗扰

续表

墓号	方向	墓葬形制 尺寸［长×宽—深（高）］（米）	封门	葬具	葬式	出土器物				时代	备注
						墓道	墓室	小龛	耳室		
M50	190°	斜坡墓道土洞墓 墓道：5.0×0.72—1.90 过洞：0.78×0.80—1.50 天井：1.76×0.68—2.40 甬道：0.26×1.16—1.16 墓室：3.54×1.26—1.40	木板封门	木棺	仰身直肢（单人）		AII陶灶1、铜柿蒂形棺饰25			西汉中期	盗扰
M51	210°	斜坡墓道土洞墓 墓道：4.90×0.76—1.30 过洞：0.40×0.66—1.08 天井：1.62×0.66—2.20 甬道：0.60×1.16—1.20 墓室：3.72×1.30—1.20	木板封门	木棺	不详（单人）		AcI双唇陶罐1、AdI圆唇罐1、AI灶1（BI盆1、A甑1）、铜泡钉4、AI灶1（BI盆1、A甑1）、铅车軎1 6、马衔1、漆器（残、无法提取）			西汉中期	盗扰
M52	140°	斜坡墓道砖室墓 墓道：2.68×1.08—6.80 甬道：1.12×1.08—1.50 墓室：4.46×2.16—1.80	条砖封门	木棺	不详		II陶鼎2、III盒5、钫1、AcII双唇罐9、BbI仓4、AII樽1、BaI灶2（B甑2、B盆2）、铅泡钉9、铅车軎1、饰件2、B铜五铢6、E铜五铢6、残缺铜五铢1			西汉中晚期	盗扰
M53	270°	斜坡墓道土洞墓 墓道：4.50×0.70—2.0 甬道：0.50×1.0—1.0 墓室：3.50×1.20—1.10	木板封门	木棺	仰身直肢（单人）		AdI圆唇陶罐3、CcI圆唇罐1、AII灶1（BI盆1、A甑1）、BbI圆唇罐1、BbI圆日光镜1、铁削1、铅马衔罐1、扣饰2、B铜五铢2			西汉中期	未盗扰
M54	270°	斜坡墓道土洞墓 墓道：3.60×0.67—1.70 甬道：0.50×1.20—1.70 墓室：3.56×1.20—1.16	木板封门	木棺	仰身曲肢（单人）		AdI圆唇陶罐3、BdI圆唇罐1、铜带钩1、B铜五铢2、残缺铜五铢1			西汉中期	未盗扰

续表

墓号	方向	墓葬形制 尺寸[长×宽—深（高）]（米）	封门	葬具	葬式	出土器物				时代	备注
						墓道	墓室	小龛	耳室		
M55	270°	竖穴墓道土洞墓 墓道：1.74×0.65—2.12 甬室：0.66×1.30—1.26 墓室：3.52×1.30—1.27	木板封门	木棺	不详		Ac I 双唇陶罐1、A II 灶1（A甑1）			西汉中期	盗扰
M56	20°	斜坡墓道土洞墓 墓道：1.90×0.90—1.20 墓室：2.60×1.10—1.10	土坯封门	木棺	不详		Ad I 圆唇陶罐2、铜柿蒂形棺饰34、铅马衔镳1、扣饰1、B铜五铢2、C铜五铢1、残缺铜五铢1			西汉中期	盗扰
M57	5°	竖穴墓道土洞墓 墓道：2.60×0.64—2.57 墓室：2.80×0.75—1.22	不详	木棺	不详		铜盖弓帽1、带钩1、Bb草叶纹镜1、印章1、铁削3、剑2、石剑珌1、A铜五铢4、B铜五铢8	陶纺2、II 缶1、A I 灶1（A盆1、A甑1）		西汉中期	未盗扰
M58	170°	竖穴墓道土洞墓 墓道：2.50×0.80—3.10 墓室：2.64×0.80—0.60	不详	木棺	不详		陶鼎盖1（残）	A I 陶灶1（B盆1、A甑1）、陶盒盖1（残）		西汉中期	盗扰
M59	225°	斜坡墓道土洞墓 墓道：4.20×0.80—3.40 过洞：0.22×0.82—1.30 天井：1.48×0.56—3.90 甬道：0.54×1.18—？ 墓室：3.56×1.20—1.40	木板封门	棺椁	仰身直肢（单人）		Ad I 圆唇陶罐1、A I 灶1（A甑1、B盆1）、铜带钩1、B铜五铢9、残缺铜五铢1			西汉中期	盗扰

续表

墓号	方向	墓葬形制		葬具	葬式	出土器物				时代	备注
		尺寸[长×宽—深(高)](米)	封门			墓道	墓室	小龛	耳室		
M60	210°	斜坡墓道土洞墓 墓道:3.50×0.60—1.66 过洞:0.40×0.52—1.10 天井:1.48×0.64—2.60 甬道:0.42×0.92—1.20 墓室:3.30×1.0—1.20	木板封门	木棺	仰身直肢(单人)		陶鼎盖1(残)、Ⅱ盒2、Aa凹唇罐2、Bd圆唇罐1、AⅠ灶1(BⅠ甑1)			西汉中期	未盗扰
M61	10°	竖穴墓道土洞墓 墓道:2.70×0.76—3.60 墓室:2.60×0.82—0.80	不详	木棺	不详		B铜五铢10、残缺铜五铢1	Ba凹唇陶罐1		西汉中期	盗扰
M62	90°	竖穴墓道土洞墓 墓道:2.30×0.80—2.90 墓室:2.95×1.06—1.40	土坯封门	木棺	不详(单人)		无随葬品			西汉中晚期	盗扰
M63	88°	竖穴墓道土洞墓 墓道:2.60×0.90—3.10 墓室:3.0×0.90—1.10	土坯封门	木棺	仰身直肢(单人)		AⅢ陶樽盖1、AdⅡ圆唇罐1、Ⅱ铜家常富贵镜1、Ⅱ铜铁削1、环1、镜刷1(残)、D铜五铢1、E铜五铢1、残缺铜五铢1			西汉晚期	盗扰
M64	185°	斜坡墓道土洞墓 墓道:1.50×0.64—4.20 甬道:0.60×0.84—1.20 墓室:3.10×0.96—1.20	木板封门	木棺	仰身直肢(单人)		AdⅠ圆唇陶罐5、Ⅱ缶1、AⅡ灶1(B盆1、A甑1)、铜星云纹镜B1、柿蒂形棺饰14、B铜五铢1、E铜五铢1			西汉中期	未盗扰
M65	270°	竖穴墓道土洞墓 墓道:2.30×0.72—2.20 墓室:2.50×0.84—1.0	不详	木棺	不详		无随葬品			西汉中期	盗扰

续表

墓号	方向	墓葬形制 尺寸[长×宽—深（高）]（米）	封门	葬具	葬式	出土器物 墓道	墓室	小龛	耳室	时代	备注
M66	275°	斜坡墓道土洞墓 墓道：6.20×0.80—3.80 墓室：3.40×1.20—1.40	土坯封门	木棺	仰身直肢（单人）		Ⅱ陶鼎3、钫1、Ⅱ盒1、铜柿蒂形棺饰33、带钩1、铁削1、剑1、漆器1、残（无法提取）、B铜五铢9、残缺铜五铢3	AcⅠ双唇陶罐3、BaⅠ灶1（B盆1、B甑1）		西汉中期	未盗扰
M67	5°	竖穴墓道土洞墓 墓道：2.0×0.72—3.70 墓室：3.80×0.70—1.10	木板封门	木棺	仰身直肢（单人）		AcⅠ双唇陶罐3、AdⅠ圆唇罐1、铜带钩1、铁销2、石销1、石砚1、泥丸12、B铜五铢23、残缺铜五铢4			西汉中期	未盗扰
M68	180°	斜坡墓道土洞墓 墓道：11.0×1.06—5.0 墓室：3.86×1.54—1.60	木板封门	木棺	仰身直肢（单人）		Ⅲ陶鼎1、Ⅱ盒2、BaⅠ灶1、AⅡ樽1、AⅡ壶1、BbⅠ仓5、AcⅡ双唇罐5、BaⅠ灶1（BⅠ盆1、B甑1）、铜柿蒂形棺饰6、铝当卢1、衡末饰2、扣饰2、弓箭帽1、B铜五铢10、E铜五铢2、残缺铜五铢2			西汉中晚期	未盗扰
M69	170°	斜坡墓道土洞墓 墓道：10.0×0.84—6.20 甬道：0.24×1.20—? 墓室：4.06×1.38—1.20	土坯封门	木棺	仰身直肢（双人）		Ⅱ陶鼎1、Ⅲ盒2、BaⅠ仓4、BaⅠ灶1（B盆1、B甑1）、铜柿蒂形棺饰7、铁器1			西汉中晚期	盗扰
M70	210°	斜坡墓道砖室墓 墓室：9.08×0.86—4.10 墓室：4.0×1.30—1.30	条砖封门	木棺	不详		BaⅠ陶灶1、铜柿蒂形棺饰6、铁器1、E铜五铢2、残缺铜五铢2			西汉中晚期	盗扰
M71	260°	斜坡墓道土洞墓 墓道：5.05×0.84—6.08 墓室：3.40×1.32—1.58	条砖封门	木棺	仰身直肢（单人）		AdⅢ圆唇陶罐2、Cb双唇罐1、Ⅱ铜家常富贵镜1、漆器1、无法提取）、大泉五十1			新莽时期	未盗扰

续表

墓号	方向	墓葬形制			葬式	出土器物				时代	备注
		尺寸[长×宽×深（高）]（米）	封门	葬具		墓道	墓室	小龛	耳室		
M72	180°	斜坡墓道土洞墓 墓道：6.40×0.92—4.76 甬道：0.58×1.40—? 墓室：4.06×1.40—1.28	土坯封门	棺椁	仰身直肢（单人）		Cc圆唇陶罐1、BaⅠ灶1、铜马衔镳1、衡末饰3、盖弓帽9、当卢1、扣饰3、柿蒂形棺饰9、BbⅡ日光镜1、带钩1、铁剑1、削1、铁器1、E铜五铢1			西汉中晚期	未盗扰
M73	175°	斜坡墓道砖室墓 墓道：7.62×0.84—4.90 墓室：4.56×1.56—1.40	条砖封门	木棺	不详（单人）		Ⅱ陶鼎1、Ⅱ陶盒2、钫1、BbⅠ仓5、AdⅠ圆唇陶罐2、Bb方唇罐2、壶盖1、BaⅠ灶1（A瓿1）、Ⅰ铜家常富贵镜1、AⅠ昭明镜1、镜刷1、环1、铁削1、泥器1、B铜五铢6、C铜五铢3、D铜五铢2、E铜五铢1			西汉中晚	未盗扰
M74	177°	斜坡墓道土洞墓 墓道：9.94×1.04—4.80 墓室：4.94×1.28—2.0	土坯封门	木棺	仰身直肢（单人）		Ⅱ陶鼎1、AⅠ壶1、AⅠ樽1、BbⅠ仓5、Ab方唇罐5、A盎1、器盖1、BaⅠ灶1（A盆1）、铜柿蒂1、柿蒂形棺饰21、盖弓帽8、辖軎2、铃1、车辖1、衡末饰4、铁灯1、剡1、铺首1、B铜五铢4、残缺铜五铢2			西汉中晚	未盗扰
M75	185°	斜坡墓道土洞墓 墓道：5.70×0.80—4.0 墓室：3.30×1.40—1.40	木板封门	棺椁	不详（人骨）		AdⅠ圆唇陶罐4、AⅠ灶1（A盆1）、铜柿蒂形棺饰14			西汉中期	未盗扰
M76	190°	斜坡墓道土洞墓 墓道：7.0×0.84—4.90 墓室：3.60×1.30—1.50	木板封门	木棺	仰身直肢（单人）		Ⅱ陶缶1、AdⅠ圆唇陶罐2、A盆1、AⅠ灶1（A盆1、A甑1）、铜盆1			西汉中期	未盗扰
M77	185°	竖穴墓道土洞墓 墓道：2.90×1.10—2.50 墓室：3.06×0.84—1.0	不详	木棺	不详	AdⅠ圆唇罐1	BaⅠ灶1	Bc双唇陶罐1、AdⅡ圆唇罐2		西汉中期	盗扰

墓号	方向	墓葬形制 尺寸[长×宽×深（高）]（米）	封门	葬具	葬式	出土器物 墓道	墓室	小龛	耳室	时代	备注
M78	95°	斜坡墓道土洞墓 墓道：7.40×0.86—4.20 墓室：3.80×1.60—1.40	木板封门	木棺	不详（单人）		陶鼎盖1（残）、盒（残）1、壶盖1、A I 樽1、Ba仓1、Ba I 灶1（B盆1）、盖弓帽14、车辖1、铜带钩1、辖事1、柿蒂形棺饰10、铁衔末饰1、铅马衔镳1（残）、扣饰剑1（残）、当卢1、2、当卢1			西汉中期	盗扰
M79	340°	斜坡墓道土洞墓 墓道：7.20×0.84—3.90 墓室：3.44×1.27—1.36	木板封门	棺椁	不详		II陶鼎1、II盒2、钫1、Ac II 双唇罐3、Ba仓1、Ba I 灶1（B盆1、B甑1）、Ab II 铜日光镜 I 1（残）、铅车舋1（残）、B铜五铢13、E铜五铢9、残缺铜五铢1			西汉中晚期	未盗扰
M80	175°	斜坡墓道土洞墓 墓道：8.50×1.0—4.10 墓室：3.70×1.20—0.60	土坯封门	木棺	仰身直肢（单人）		Ba陶仓3、Ac II 双唇罐3、Ba I 灶1（B盆1、B甑1）、A铜五铢1、B铜五铢21、D铜五铢8、E铜五铢1			西汉中晚期	盗扰
M81	178°	斜坡墓道土洞墓 天井：0.86×1.80—5.40 墓室：4.02×1.54—2.0	土坯封门	棺椁	仰身直肢（单人）		III陶鼎1、III盒2、Ba I 壶1、A II 樽1、Bb II 仓5、Ac II 双唇罐5、Ba I 灶1（B盆1、B甑1）、Ab II 铜日光镜1、柿蒂形棺饰15、环1、盖弓帽1、铁削1、铁器1、铅当卢1、马镳1、葬石4、漆器（残、无法提取）、A铜五铢1、B铜五铢29、残缺铜五铢1			西汉中晚期	未盗扰
M82	0°	竖穴墓道土洞墓 墓道：2.80×0.70—2.40 墓室：2.60×0.82—1.0	不详	木棺	不详		无随葬品			西汉中期	盗扰

续表

墓号	方向	墓葬形制		封门	葬具	葬式	出土器物				时代	备注
		尺寸[长×宽一深（高）]（米）					墓道	墓室	小龛	耳室		
M83	0°	斜坡墓道土洞墓	墓道：6.50×0.70—4.30 墓室：3.50×1.30—1.20	木板封门	木棺	仰身直肢（单人）		陶鼎盖1（残）、Ⅱ盒2、钫1、AcⅡ双唇罐3、BbⅠ仓5、BaⅠ灶1（BⅠ盆1、B甑1）、Aa铜日光镜1、柿蒂形棺饰7、铁灯1、铁器1、A铜五铢1、B铜五铢12、C铜五铢2、D铜五铢3、E铜五铢2			西汉中期	未盗扰
M84	185°	台阶式斜坡墓道土洞墓	墓道：3.94×0.76—3.90 墓室：4.10×1.24—1.46	木板封门	棺椁	仰身直肢（单人）		Ⅰ陶盒3、AdⅠ圆唇罐4、BdⅠ圆唇罐1、AⅠ灶1（A罐1）、钫1、铜柿蒂形棺饰19、铝当户1、马镳（残）1、车害1、衡末饰1、漆器（残、无法提取）、B铜五铢12、残缺铜五铢1			西汉中期	未盗扰
M85	275°	竖穴墓道土洞墓	墓道：2.40×0.80—3.10 墓室：2.60×0.90—0.90	不详	木棺	仰身直肢（单人）		Ⅱ陶鼎1、钫1、AcⅡ双唇罐1、BbⅠ仓1、BaⅠ灶1（BⅠ盆1、B甑1）			西汉中期	未盗扰
M86	80°	斜坡墓道土洞墓	墓道：4.80×0.96—3.70 墓室：3.58×0.92—1.46	土坯封门	木棺	仰身直肢（单人）		AⅡ铜昭明镜1、柿蒂形棺饰1			西汉中晚期	盗扰
M87	355°	斜坡墓道砖室墓	墓道：10.56×0.84—4.70 墓室：3.80×1.46—1.40	条砖封门	木棺	不详		陶鼎（残）1、AⅠ樽1、BaⅠ灶1			西汉中晚期	盗扰
M89	325°	斜坡墓道砖室墓	墓道：5.82×0.88—3.70 墓室：3.46×1.18—1.20	条砖封门	木棺	不详		Ba陶仓5、BaⅠ灶1（BⅠ盆1、B甑1）			西汉中晚期	盗扰

续表

墓号	方向	墓葬形制 尺寸［长×宽-深（高）］（米）	封门	葬具	葬式	出土器物 墓道	墓室	小龛	耳室	时代	备注
M90	20°	斜坡墓道土洞墓 墓道：8.20×0.80-6.10 甬道：0.70×1.43-1.30 墓室：3.50×1.36-1.30	木板封门	木棺	仰身直肢（单人）		II陶鼎1、盒盖2（残）、钫1、Bb方唇罐1、Cc圆唇罐1、AcI双唇罐1、AI灶1（BI盆1、B甑1）、A铜五铢1、B铜五铢2			西汉中期	未盗扰
M92	205°	竖穴墓道土洞墓 墓道：2.30×1.26-4.90 墓室：3.44×1.30-1.10	土坯封门	木棺	仰身直肢（单人）		I陶鼎1、I盒2、AI灶1（B甑1、B盆1）			西汉早期	未盗扰
M93	295°	斜坡墓道土洞墓 墓道：9.12×0.90-4.20 墓室：3.78×1.30-1.30	木板封门	木棺	仰身直肢（单人）		II陶鼎1、II盒2、钫1、AdI圆唇罐4、Bb方唇罐1、BaI灶1（B甑1）、C铜日光镜1、柿蒂形棺饰13、马镳1、铁剑2、铅车軎1、A铜五铢7、B铜五铢7、D铜五铢1			西汉中期	未盗扰
M94	20°	斜坡墓道土洞墓 墓道：2.50×0.66-4.0 墓室：2.30×0.66-0.60	不详	木棺	不详		A铜五铢3、B铜五铢6、C铜五铢1			西汉中期	盗扰
M95	20°	斜坡墓道土洞墓 墓道：7.90×0.92-3.30 过洞：1.90×0.82-1.80 天井：2.10×0.96-5.0 墓室：4.04×1.40-1.60	土坯木板封门	棺椁	仰身直肢（单人）		BaI壶1、AII樽2、熏炉1、铜柿蒂形棺饰36、铃1、盖弓帽8、猪骨1、马衔镳2、车軎1、扣饰1、铁削1、铅铺首1、B铜五铢1、D铜五铢1、残缺铜五铢2		III陶鼎2、D异形罐3、BbII仓5、BII盆1、A甑1、B釜3、B盆1、A瓿1	西汉中晚期	未盗扰
M96	20°	斜坡墓道土洞墓 墓道：6.70×0.72-3.70 墓室：3.80×1.40-1.20	土坯封门	木棺	仰身直肢（单人）		AcII双唇罐1、AdI圆唇罐3、Ab方唇罐1、灶1（残）、B铜星云纹镜1、盆1、镢1			西汉中期	未盗扰

续表

墓号	方向	墓葬形制 尺寸[长×宽—深（高）]（米）	封门	葬具	葬式	出土器物 墓道	墓室	小龛	耳室	时代	备注
M97	185°	竖穴墓道土洞墓 墓道: 2.40×0.70—4.50 墓室: 3.30×0.72—1.18	不详	木棺	不详		Ab方唇陶罐1、AdⅠ圆唇罐3、AⅡ灶1（B盆1、A甑1）、球1、铜环3			西汉中期	未盗扰
M98	295°	竖穴墓道土洞墓 墓道: 2.40×0.70—2.90 墓室: 3.40×1.20—1.30	木板封门	木棺	不详		AⅡ陶灶1（B盆1、A甑1）、铁灯1			西汉中期	盗扰
M99	270°	斜坡墓道土洞墓 墓道: 5.60×0.76—4.0 墓室: 3.40×1.20—1.20	木板封门	木棺	不详		A陶甑1、A盆1、A铜五铢1			西汉中期	盗扰
M100	250°	斜坡墓道土洞墓 墓道: 3.06×0.74—1.46 过洞: 0.90×0.80—1.46 天井: 1.82×0.60—2.80 墓室: 3.62×1.40—1.30	土坯封门	不详	仰身直肢（单人）		A陶瓮1、AⅠ灶1（B盆1、A甑1）			西汉中期	盗扰
M101	290°	斜坡墓道土洞墓 墓道: 3.10×0.72—1.70 过洞: 0.90×0.80—1.40 天井: 1.70×0.64—2.90 墓室: 2.90×1.20—1.30	不详	棺椁	仰身直肢（单人）		铜盆1、铃9、铁环1、铁器1、漆器（残，无法提取）、A铜五铢2、B铜五铢20、C铜五铢2、残缺铜五铢2			西汉中期	盗扰
M102	114°	竖穴墓道土洞墓 墓道: 2.60×0.98—3.20 墓室: 3.40×0.98—1.30	条砖封门	木棺	不详		铁削1、铁器1、铅扣饰1、口琀1、耳塞2			西汉中晚期	盗扰

续表

墓号	方向	墓葬形制 尺寸[长×宽—深（高）]（米）	封门	葬具	葬式	出土器物 墓道	出土器物 墓室	出土器物 小龛	出土器物 耳室	时代	备注
M103	260°	竖穴墓道土洞墓 墓道：2.70×0.88—2.70 墓室：3.30×0.88—1.60	条砖封门	木棺	仰身直肢（单人）		BaⅡ仓3、Ba铜日光镜1、铅铺首1、口琀1、耳塞2、鼻塞1、B铜五铢5、D铜五铢4	Ⅱ陶鼎1、Ⅱ盒1、AⅠ樽1、BaⅡ灶1（B盆1、A甑1）、AcⅡ双唇罐2		西汉中晚期	未盗扰
M104	110°	竖穴墓道土洞墓 墓道：2.30×0.92—6.30 墓室：3.50×1.08—1.20	条砖封门	木棺	仰身直肢（单人）		AcⅡ双唇陶罐8、Cc圆唇罐2、AⅠ樽1、BaⅡ灶1（BⅡ盆2、B甑1）、磨石1、D铜五铢2、E铜五铢5、残缺铜五铢1			西汉中晚期	未盗扰
M105	295°	竖穴墓道土洞墓 墓道：2.50×0.84—4.80 墓室：3.30×1.90—1.42	条砖土坯封门	木棺	不详		BaⅠ陶灶1、B铜五铢1			西汉中晚期	盗扰
M106	10°	竖穴墓道土洞墓 墓道：2.30×0.88—2.30 墓室：2.70×1.56—1.30	不详	木棺	不详		AⅡ陶樽1			西汉中晚期	盗扰
M108	210°	竖穴墓道土洞墓 墓道：2.50×0.72—1.10 墓室：2.50×0.96—1.0	不详	木棺	不详		AcⅠ双唇罐1、钵1、铁器1			西汉中晚期	盗扰
M109	200°	竖穴墓道土洞墓 墓道：2.50×0.84—1.70 墓室：3.50×1.20—1.60	土坯封门	木棺	仰身直肢（单人）		AdⅠ圆唇陶罐1、Bb方唇罐2、AⅡ灶1（B盆1、A甑1）、铅当卢1、扣饰1、口琀1、B铜五铢钱6、B铜半两钱1、C铜半两钱1			西汉中期	未盗扰
M110	325°	斜坡墓道砖室墓 墓道：14.20×1.06—7.20 墓室：3.96×2.26—2.10	条砖封门	木棺	不详		陶盒盖1（残）、BaⅠ仓1、BaⅠ灶2（B盆1、B甑1）、铜盖弓帽1、铅饰1、曹1、当卢1、铅车饰1			西汉中晚期	盗扰

续表

墓号	方向	墓葬形制 尺寸[长×宽－深（高）]（米）	封门	葬具	葬式	出土器物 墓道	出土器物 墓室	出土器物 小龛	出土器物 耳室	时代	备注
M111	185°	竖穴墓道土洞墓 墓道：2.60×0.86—2.30 墓室：2.80×0.64—1.10	不详	木棺	仰身直肢（单人）		B铜五铢3、钱文不清2、残缺铜五铢2	Ad I 圆唇陶罐3		西汉中期	盗扰
M112	95°	竖穴墓道土洞墓 墓道：2.60×1.0—5.50 墓室：3.50×2.10—1.50	条砖封门	木棺	仰身直肢（双人）		Ac II 双唇陶罐5、Ba I 灶1（A甑1、B盆1）、Ab I 铜日光镜1、铁器5、耳塞2、鼻塞2、泥灯1、A铜五铢1、B铜五铢8、E铜五铢2、F铜五铢3、钱文不清1			西汉中晚期	未盗扰
M113	195°	竖穴墓道土洞墓 墓道：2.50×0.90—2.30 墓室：3.20×0.90—0.80	不详	木棺	仰身直肢（单人）		I 陶鼎1、II 缶1、A I 灶1、B铜五铢12、残缺铜五铢1	Ac I 双唇罐1、Ad I 圆唇罐1		西汉中期	未盗扰
M114	10°	斜坡墓道土洞墓 墓道：6.50×0.80—2.60 过洞：1.10×0.80—1.40 天井：2.0×0.84—3.80 墓室：3.0×0.84—1.30	条砖封门	木棺	不详		陶纺轮盖1、Bb I 仓2	Bb I 陶仓1、Ad II 圆唇陶罐1、Ba I 灶1		西汉中期	盗扰
M115	20°	竖穴墓道土洞墓 墓道：2.60×0.84—3.40 墓室：3.10×1.20—1.50	不详	木棺	仰身直肢（单人）		I 陶鼎1、I 盒1、Ba I 凹唇罐1、Aa 凹唇罐2、Bd I 圆唇罐1、A I 灶1（A 盆2）、铜螭龙纹镜1、镜刷1、带钩1、铜盆2、铁器1、铁釜1、B铜五铢1、残缺铜五铢1			西汉中期	未盗扰
M116	200°	竖穴墓道土洞墓 墓道：2.70×1.0—3.30 墓室：3.10×1.30—1.10	不详	木棺	不详		I 陶鼎1、I 盒1、钫1、Ba I 凹唇罐1、A I 灶1（B盆1、B甑1）、A铜半两钱4、B铜半两钱2、C铜半两钱3、残缺铜半两1			西汉早期	未盗扰

续表

墓号	方向	墓葬形制 尺寸[长×宽—深（高）]（米）	封门	葬具	葬式	出土器物 墓道	出土器物 墓室	出土器物 小龛	出土器物 耳室	时代	备注
M117	205°	竖穴墓道土洞墓 墓道：2.60×1.0—3.50 墓室：3.60×1.20—1.20	不详	木棺	仰身直肢（单人）		I陶鼎1、钫5、钵2、AcⅡ双唇罐1、AI灶1（B盆1）、铜带钩1、A铜半两钱1			西汉早期	未盗扰
M118	300°	竖穴墓道土洞墓 墓道：2.40×0.80—3.20 墓室：3.70×1.36—1.0	不详	棺椁	不详（单人）		I陶盒2、钫2、AdⅡ圆唇罐1、Bd圆唇罐1、A釜1、铜柿蒂形棺饰24、铅盖弓帽1、衡末饰3、车辖2、B铜匜铁6、残缺铜匜铁1			西汉中期	未盗扰
M119	285°	竖穴墓道土洞墓 墓道：2.70×1.04—4.60 墓室：3.0×1.04—1.60	木板封门	木棺	仰身直肢（单人）		I陶鼎1、I盒2、钫1、Bd方唇罐1、AI灶1（B盆1、B甑2）			西汉早期	未盗扰
M120	195°	竖穴墓道土洞墓 墓道：2.40×0.70—2.60 墓室：2.70×1.0—0.96	不详	木棺	不详		AI陶灶1（A盆1、A甑1）			西汉中期	盗扰
M121	195°	竖穴墓道土洞墓 墓道：2.40×0.70—2.70 墓室：2.40×0.76—0.96	不详	木棺	不详		I陶鼎1、钫5、A釜1、Aa凹唇罐1			西汉中期	未盗扰
M122	300°	竖穴墓道土洞墓 墓道：2.70×0.86—3.50 墓室：3.10×1.20—1.30	不详	木棺	仰身直肢（单人）		陶鼎1（残）、I盒2、钫6、AI灶1（A盆1、A甑1）、猪1、铜带钩1、伞柄1、铅扣饰1、马镳1			西汉早期	未盗扰
M123	290°	竖穴墓道土洞墓 墓道：2.30×0.80—3.20 墓室：3.50×1.20—1.40	木板封门	木棺	仰身直肢（单人）		I陶鼎1、I盒2、钫1、AI灶1（A甑1、A盆1）			西汉中期	未盗扰
M124	25°	竖穴墓道土洞墓 墓道：2.70×1.0—3.30 墓室：2.70×0.96—1.20	不详	木棺	仰身直肢（单人）		I陶鼎1、I盒1、钫1、A釜1、AI灶1（B甑1、B盆1）			西汉早期	未盗扰

续表

墓号	墓葬形制		封门	葬具	葬式	出土器物				时代	备注
	方向	尺寸[长×宽—深（高）]（米）				墓道	墓室	小龛	耳室		
M125	35°	竖穴墓道土洞墓 墓道：2.60×0.90—3.20 墓室：2.80×0.80—0.90	不详	木棺	仰身直肢（单人）		I陶鼎1、I陶盒1、钫1、Ba凹唇罐1、AII灶1（B盆1、B甑1）			西汉早期	未盗扰
M126	285°	斜坡墓道土洞墓 墓道：5.60×0.90—3.30 过洞：1.20×0.80—1.60 天井：0.80×1.70—4.0 墓室：3.90×1.36—1.60	不详	木棺	仰身直肢（单人）		I陶盒2、AI壶1、AII壶（残）1、Aa凹唇罐1、AdI圆唇罐2、铜带钩1、柿蒂形棺饰37、铅马镳1、车軎1、盖弓帽4			西汉中期	盗扰
M127	240°	斜坡墓道土洞墓 墓道：6.70×0.76—3.20 过洞：1.64×0.98—2.0 天井：1.52×0.78—4.80 墓室：3.70×1.30—1.50	土坯木板封门	木棺	仰身直肢（单人）		陶钫1、铜柿蒂形棺饰35	Ab方唇陶罐1、AcI双唇罐4、铜盖弓帽15、辖軎2、衡末饰2		西汉中期	未盗扰
M128	210°	竖穴墓道偏洞墓 墓道：2.40×0.84—2.0 墓室：2.60×0.86—1.60	不详	木棺	（不详）（单人）		无随葬品			西汉早期	未盗扰
M129	185°	竖穴墓道土洞墓 墓道：2.10×0.76—4.10 墓室：2.56×0.76—1.0	不详	木棺	仰身直肢（单人）		AcII双唇陶罐3、B铜五铢1、D铜五铢1、残缺铜五铢1			西汉中晚期	未盗扰
M130	290°	竖穴墓道土洞墓 墓道：2.50×0.76—2.40 墓室：2.60×0.76—1.20	不详	木棺	仰身直肢（单人）		I陶鼎1、I陶盒2、钫2、Bb方唇陶罐1、Ba铜草叶纹镜1、C铜半两钱2、AI灶1（B盆1、A盆1）			西汉早期	未盗扰

续表

墓号	方向	墓葬形制 尺寸[长×宽×深（高）]（米）	封门	葬具	葬式	出土器物 墓道	出土器物 墓室	出土器物 小龛	出土器物 耳室	时代	备注
M131	290°	斜坡墓道土洞墓 墓道：6.70×0.70—3.40 墓室：3.50×1.40—1.60	木板封门	木棺	仰身直肢（单人）		Aa凹唇陶罐1、AcI双唇罐1、AdI圆唇罐2、Ca方唇罐1、A盆1、AI灶1（A盆1、A甑1）、铜钫1、A I盆（残）1、柿蒂形棺饰4、铁灯1、A铜五铢10、B铜五铢1、钱文不清1			西汉中期	未盗扰
M132	295°	竖穴墓道土洞墓 墓道：2.0×0.90—3.20 墓室：3.20×1.10—1.30	木板封门	木棺	不详	陶缶 I 1	陶鼎盖1（残）、钫3、I缶1（封门外）、AI灶1（B盆1、B甑1）			西汉中期	盗扰
M133	40°	竖穴墓道土洞墓 墓道：2.50×0.76—1.50 墓室：2.90×0.76—0.80	不详	木棺	不详		Bb方唇陶罐1、B铜五铢12、残缺铜五铢2			西汉中期	未盗扰
M134	220°	竖穴墓道土洞墓 墓道：2.40×0.84—3.50 墓室：2.80×0.84—1.10	不详	木棺	不详		I陶鼎2、I盒1、钫2、AI灶1（B盆1、B甑1）、AI铜长母相忘镜1、C铜半两钱1	陶纺2		西汉早期	未盗扰
M135	195°	竖穴墓道土洞墓 墓道：2.40×0.74—2.60 墓室：3.40×0.94—1.20	不详	木棺	仰身直肢（单人）		B铜五铢10、残缺铜五铢1	陶纺盖1		西汉中期	盗扰
M136	190°	竖穴墓道土洞墓 墓道：2.50×0.80—2.56 墓室：2.80×0.80—1.20	不详	木棺	仰身直肢（单人）		Aa凹唇陶罐1、Ba凹唇陶罐1、A II 铜草叶纹镜1			西汉中期	未盗扰
M137	340°	斜坡墓道土洞墓 墓道：7.0×0.80—3.40 墓室：3.90×1.50—1.30	不详	棺椁	不详（单人）		II 陶鼎1、钫盖1、仓盖1、灶1（残）1（B盆1、B甑1）、铜衡末饰4、当卢1、马衔镳1、盖弓帽10、韝弩2、柿蒂形棺饰7、扣饰1、银环1、B铜五铢16			西汉中期	盗扰

续表

墓号	方向	墓葬形制		封门	葬具	葬式	出土器物				时代	备注
		尺寸 [长×宽—深（高）]（米）					墓道	墓室	小龛	耳室		
M138	30°	竖穴墓道土洞墓 墓道：2.20×0.84—2.80 墓室：2.60×0.94—1.0		不详	木棺	不详		无随葬品			西汉早期	盗扰
M139	30°	竖穴墓道土洞墓 墓道：2.40×0.74—2.10 墓室：2.90×0.74—1.0		不详	木棺	不详		无随葬品			西汉早期	盗扰
M140	195°	竖穴墓道土洞墓 墓道：2.70×1.20—3.0 墓室：3.10×1.12—1.30		不详	木棺	不详		陶鼎盖1（残）、盒盖1（残）、钫1、A釜1、铜器钮1、C铜半两钱2、D铜半两钱1			西汉早期	盗扰
M141	25°	竖穴墓道土洞墓 墓道：2.70×1.30—4.20 墓室：2.80×1.20—1.60		不详	木棺	仰身直肢（单人）		I陶鼎盖1、I盒1、钫1、AdI圆唇罐1、AI灶1（BI盆1、B甗1）			西汉早期	盗扰
M142	200°	竖穴墓道土洞墓 墓道：2.42×0.80—3.10 墓室：3.88×1.77—1.60		木板封门	木棺	不详		陶鼎盖1（残）、I盒2、钫6、AcI双唇罐1、AdI圆唇罐2、AI灶1（AI釜1、A甑1）、AI铜草叶纹镜、铜草叶纹镜Bb1、铜饰2、铁削1、剑饰1、熏炉1、A铜半两钱1、B铜半两钱1、C铜半两钱4、D铜半两钱1			西汉早期	未盗扰
M143	310°	斜坡墓道土洞墓 墓道：7.60×0.76—3.50 甬道：1.0×1.34—1.50 墓室：3.30×1.34—1.50		木板封门	木棺	仰身直肢（单人）		铜柿蒂形棺饰8			西汉中期	盗扰

续表

墓号	方向	墓葬形制 尺寸［长×宽×深（高）］（米）	封门	葬具	葬式	出土器物 墓道	出土器物 墓室	出土器物 小龛	出土器物 耳室	时代	备注
M144	95°	竖穴墓道土洞墓 墓道：2.20×0.66—2.80 墓室：（东）2.50×0.85—1.60（西）3.30×1.30—1.60	不详	不详	不详		无随葬品			西汉中期	盗扰
M145	25°	竖穴墓道土洞墓 墓道：2.60×1.0—3.80 墓室：3.10×1.0—1.20	木板封门	木棺	仰身直肢（单人）		Ⅰ陶鼎2、盒盖盒2（残）、钫（残）2、Ba凹唇罐1、灶（残）1（B盆1）、漆器（残，无法提取），A铜半两钱2、C铜半两钱4			西汉早期	未盗扰
M146	295°	竖穴墓道土洞墓 墓道：2.50×0.72—1.90 墓室：2.60×0.72—1.0	不详	木棺	仰身直肢（单人）		Ba凹唇陶罐1			西汉早期	未盗扰
M147	205°	竖穴墓道土洞墓 墓道：2.50×0.76—2.60 墓室：2.80×0.75—1.10	不详	木棺	仰身直肢（单人）		Ⅱ陶缶1、Bc双唇罐1、AⅠ灶1（AⅠ盆1、A甑1）铜带钩1、铁剑1、削2、铁器1、B铜五铢23			西汉中期	未盗扰
M148	10°	竖穴墓道土洞墓 墓道：2.40×0.90—2.40 墓室：3.0×0.80—1.40	不详	木棺	仰身直肢（单人）		Ba凹唇陶罐1、Bb铜草叶纹镜1、B铜五铢6			西汉中期	未盗扰
M149	40°	斜坡墓道土洞墓 墓道：？ 过洞：？ 天井：1.50×0.66—4.0 墓室：4.10×1.40—1.30	土坯木板封门	木棺	不详		AcⅠ双唇陶罐3、Bc双唇罐2、CaⅠ方唇罐1、AⅠ铜昭明镜1、AbⅠ日光镜2、印章1、带钩1、棺饰26、马衔镳2、衡末饰3、辖事2、盖弓帽3、扣饰1、当户1、环1、铁剑2、口珞1、石砚1、B铜五铢8、E铜五铢3、残缺铜五铢1			西汉中期	未盗扰

续表

墓号	方向	墓葬形制		葬具	葬式	出土器物				时代	备注
		尺寸[长×宽一深（高）]（米）	封门			墓道	墓室	小龛	耳室		
M150	25°	竖穴墓道土洞墓 墓道：2.50×0.80—3.0 墓室：3.40×1.10—1.40	不详	木棺	仰身直肢（单人）		I陶鼎2、I盒1、钫6、II缶1、AI灶1（B盆1、B甑1）、铁铺首环1			西汉早期	未盗扰
M151	25°	竖穴墓道土洞墓 墓道：2.60×1.40—4.0 墓室：3.80×1.42—1.80	木板封门	木棺	仰身直肢（单人）		I陶鼎1、I盒2、I缶1、房形仓1、AI灶1（B盆1、B甑1）、陶俑2、铜带钩1、铅车害1、B铜半两钱2、C铜半两钱2			西汉早期	未盗扰
M152	205°	竖穴墓道土洞墓 墓道：2.70×1.40—3.50 墓室：3.40×1.40—1.50	木板封门	木棺	仰身直肢（单人）		I陶鼎1、I盒2、钫2（残）、II缶1、AI灶1（A盆1、A甑1）、陶鸡1、陶狗1、陶猪1、铜带钩1			西汉早期	未盗扰
M153	205°	斜坡墓道土洞墓 墓道：9.20×0.82—4.30 甬道：0.50×1.40—1.40 墓室：3.50×1.40—1.40	木板封门	木棺	仰身直肢（单人）		Aa凹唇陶罐1、铜带钩1、柿蒂形棺饰24、铅辖害1、马衔镳1			西汉中期	盗扰
M154	290°	斜坡墓道土洞墓 墓道：7.40×0.78—3.60 过洞：1.50×0.78—1.40 天井：1.50×0.80—4.0 墓室：3.30×1.30—1.40	木板封门	木棺	仰身直肢（单人）		AdI圆唇陶罐2、Bd圆唇罐3、AI灶1（A盆1、A甑1）、铜盆1、柄1、带钩1、柿蒂形棺饰24、铁剑1、削3			西汉早期	未盗扰
M155	280°	斜坡墓道土洞墓 墓道：7.50×0.76—4.70 墓室：4.12×1.20—1.60	土坯封门	木棺	不详	双唇罐AcII1	II陶鼎1、III盒2、钫1、BbI仓2、AcII双唇罐2、B盆1、B甑1、耳杯2			西汉中晚期	盗扰
M156	280°	斜坡墓道砖室墓 墓道：7.80×0.80—4.40 墓室：4.0×1.36—1.60	条砖封门	不详	不详		无随葬品			西汉中晚期	盗扰

续表

墓号	方向	墓葬形制					出土器物			时代	备注
		尺寸[长×宽-深（高）]（米）	封门	葬具	葬式	墓道	墓室	小龛	耳室		
M157	190°	斜坡墓道土洞墓 墓道：9.0×0.80—4.40 墓室：3.60×1.22—1.90	条砖封门	木棺	不详		陶鼎盖1（残）、盒盖1（残）、仓盖3，BaI灶1，铜柿蒂形棺饰3、铅扣饰1、当户1、盖弓帽3、马镳1、衡末饰1	AI陶樽1		西汉中期	盗扰
M158	260°	斜坡墓道砖室墓 墓道：8.80×1.10—4.60 墓室：3.90×2.20—1.30	筒瓦、条砖、字母砖封门	不详	不详		C铜五铢1			西汉中晚期	盗扰
M159	280°	斜坡墓道土洞墓 墓道：7.20×0.70—3.80 墓室：3.60×1.34—1.50	土坯木板封门	木棺	仰身直肢（单人）		II陶缶1、AdI圆唇罐4、A盆1、AI盆1（BI盆1、BⅢ盆1）、铁削1、铅盖弓帽4、漆器（残，无法提取）、B铜五铢15、残缺铜五铢1			西汉中期	未盗扰
M160	10°	斜坡墓道土洞墓 墓道：9.10×0.70—4.50 墓室：3.86×1.34—1.60	土坯封门	棺椁	仰身直肢（单人）		II陶鼎1、II盒2、钫1、壶盖1、BaI灶1（BI盆1、BⅢ甑1）、AdI圆唇罐1、柿蒂形棺饰11、B铜圆五铢3			西汉中期	未盗扰
M161	10°	斜坡墓道土洞墓 墓道：9.10×0.80—5.0 墓室：4.22×1.30—1.60	土坯封门	木棺	不详		B陶甑1、鼎耳1、铜柿蒂形棺饰8			西汉中期	盗扰
M162	275°	竖穴墓道土洞墓 墓道：2.66×1.0—2.50 墓室：3.14×1.06—1.50	土坯封门	木棺	仰身直肢（单人）		II陶鼎1、II盒2、钫1、AcII双唇罐3、BbI仓5、BaI灶1（BI盆1、BⅢ甑1）、AII铜长毋相忘镜1、石丸1、B铜五铢8、DⅢ铜五铢1、残缺铜五铢2			西汉中期	未盗扰

续表

墓号	方向	墓葬形制 尺寸 [长×宽×深（高）]（米）	封门	葬具	葬式	出土器物				时代	备注
						墓道	墓室	小龛	耳室		
M163	275°	斜坡墓道砖室墓 墓道：10.50×0.90—4.30 过洞：1.50×0.90—3.88 天井：3.60×0.90—6.50 墓室：4.0×2.30—1.90	条砖封门	木棺	不详	瓦当1	Ba I 陶灶1、盆沿1、瓦当1（墓道）、残缺铜五铢1			西汉中晚期	盗扰
M164	25°	竖穴墓道土洞墓 墓道：1.70×0.60—0.10 墓室：1.80×0.70—0.10	不详	木棺	不详（单人）	铜四乳花卉镜1	I 陶盒2、Ba凹唇罐2、罐（残）2、铜四乳花卉镜（墓道）2、铁灯1、削1、A铜半两钱2、B铜半两钱2、C铜半两钱2、D铜半两钱1			西汉早期	未盗扰
M165	110°	竖穴墓道偏洞墓 墓道：2.20×0.70—0.40 墓室：2.0×0.50—0.46	不详	木棺	仰身直肢（单人）		Ba凹唇陶罐1、A I 铜草叶纹镜（残）1、铁器2			西汉早期	未盗扰
M166	190°	竖穴墓道偏洞墓 墓道：2.60×0.90—0.80 墓室：2.30×0.80—0.60	不详	木棺	仰身直肢（单人）		Bb方唇陶罐1			西汉早期	未盗扰
M167	210°	竖穴墓道土洞墓 墓道：2.28×0.70—2.60 墓室：2.10×0.86—1.50	土坯；封门	不详	不详		陶盖2（残）			西汉中期	盗扰
M168	210°	竖穴墓道土洞墓 墓道：2.10×0.70—2.50 墓室：2.50×0.82—0.80	不详	不详	不详		泥丸7			西汉早期	盗扰
M169	110°	竖穴墓道土洞墓 墓道：1.72×0.72—0.90 墓室：2.22×0.76—0.62	不详	木棺	不详（单人）		I 陶盒1、Aa凹唇罐1、A I 铜昭明镜1、A铜半两钱2、D铜半两钱2			西汉早期	盗扰

续表

墓号	方向	墓葬形制 尺寸[长×宽×深（高）]（米）	封门	葬具	葬式	出土器物 墓道	出土器物 墓室	出土器物 小龛	出土器物 耳室	时代	备注
M170	175°	竖穴墓道土洞墓 墓道：2.70×0.90—2.30 墓室：3.0×1.14—1.20	木板封门	木棺	不详（单人）		Ba凹唇陶罐1、B铜长毋相忘镜1			西汉早期	未盗扰
M171	185°	竖穴墓道土洞墓 墓道：2.10×0.86—1.70 墓室：2.30×0.86—1.0	不详	不详	不详（单人）	Ba凹唇陶罐1	Ba凹唇陶罐1（墓道）			西汉早期	未盗扰
M172	10°	竖穴墓道土洞墓 墓道：2.30×0.84—3.0 墓室：2.76×0.80—1.10	不详	木棺	不详		I陶鼎1、盒盖1（残）、AI灶1			西汉早期	盗扰
M173	10°	竖穴墓道土洞墓 墓道：2.70×0.90—2.30 墓室：2.98×1.0—0.66	条砖封门	木棺	不详		陶盒盖1（残）、AI灶1（A盆1、B甑1）、石丸1			西汉早期	盗扰
M174	275°	斜坡墓道土洞墓 墓道：8.70×0.80—5.0 墓室：3.90×1.42—1.20	土坯封门	木棺	仰身直肢（单人）		II陶鼎1、皿盒2、盒盖1、BaI壶1（B盆1）、钫1、BaI灶1（B盆1、马衔镳1、盖铜柿蒂形棺饰21、当卢1、衡末饰2、车軎2、扣饰3、弓帽13、辖害1、带钩1、铁削1、铁铧1、B铜五铢5			西汉中晚期	盗扰
M175	90°	竖穴墓道土洞墓 墓道：2.40×0.80—1.10 墓室：2.50×0.90—1.0	不详	木棺	仰身直肢（单人）		Ba凹唇陶罐1、铜螭龙纹镜1			西汉早期	未盗扰
M176	175°	斜坡墓道土洞墓 墓道：11.20×0.94—5.0 墓室：3.90×1.52—1.0	土坯封门	棺椁	仰身直肢（单人）		陶鼎盖1（残）、I盒2、钫盖1、AdI圆唇罐5、Ca方唇罐1、AI灶1、铜云雷纹镜1、柿蒂形棺饰11、B铜五铢2、C铜五铢1、残缺铜五铢2			西汉中期	未盗扰

续表

墓号	方向	墓葬形制 尺寸[长×宽×深（高）]（米）	封门	葬具	葬式	出土器物 墓道	出土器物 墓室	出土器物 小龛	出土器物 耳室	时代	备注
M177	280°	斜坡墓道砖室墓 墓道：8.0×0.90—4.20 墓室：4.04×1.24—1.32	条砖封门	不详	不详		Ⅱ陶鼎盖1、BbⅠ陶仓3、BaⅠ陶灶1			西汉中晚期	盗扰
M178	180°	竖穴墓道土洞墓 墓道：2.18×0.90—4.10 墓室：3.0×0.90—0.90	土坯封门	木棺	不详		BaⅠ陶灶1（B盆1、B甑1）			西汉中晚期	盗扰
M179	95°	竖穴墓道土洞墓 墓道：2.40×0.90—5.0 墓室：3.28×0.90—1.24	土坯封门	不详	不详		Cc圆唇陶罐1、铅马镳1、盖弓帽1、B铜五铢3、C铜五铢1			西汉中晚期	盗扰
M180	100°	竖穴墓道土洞墓 墓道：1.96×0.76—1.58 墓室：2.46×0.76—0.78	土坯封门	木棺	仰身直肢（单人）		AcⅡ双唇陶罐1、B铜五铢2、C铜五铢1、D铜五铢1			西汉中晚期	未盗扰
M181	190°	斜坡墓道土洞墓 墓道：8.40×0.96—4.0 墓室：4.0×1.40—1.80	木板封门	棺椁	不详（单人）		AⅡ釉陶樽1、AcⅡ双唇陶罐4、Ba仓3、BbⅠ仓2、BaⅠ灶1（B盆1、B甑1）、AbⅡ铜日光镜1、柿蒂形棺饰5、铅当卢1、衡末饰1、B铜五铢4、C铜五铢1、残缺铜五铢2			西汉中晚期	未盗扰
M182	180°	斜坡墓道土洞墓 墓道：10.30×0.80—5.0 甬道：1.26×0.70—1.60 墓室：3.70×1.46—1.70	土坯封门	木棺	不详		Ⅲ陶盒2、钫1、Ⅱ缶1（B盆1、A甑1）、BaⅠ灶1、AcⅡ双唇陶罐3、铜柿蒂形棺饰1、铜柿蒂形棺饰2、铅当卢1、扣饰1、马镳1			西汉中晚期	盗扰
M183	175°	竖穴墓道土洞墓 墓道：1.70×0.70—0.40 墓室：1.60×0.94—0.40	不详	不详	不详		B铜五铢2、残缺铜五铢1			西汉中期	盗扰

墓号	方向	墓葬形制 尺寸[长×宽×深（高）]（米）	封门	葬具	葬式	出土器物 墓道	出土器物 墓室	出土器物 小龛	出土器物 耳室	时代	备注
M184	230°	斜坡墓道砖室墓 墓道：6.0×1.10—2.56 过洞：2.04×1.28—1.28 天井：2.32×1.0—6.10 墓室：4.60×2.30—1.90	条砖封门	木棺	不详	Bb I 陶仓1	II 陶鼎1、钫盖1、Bb I 仓1（盗洞）、C釜2、盆（残）1			西汉中晚期	盗扰
M185	270°	斜坡墓道土洞墓 墓道：9.60×0.92—4.40 墓室：4.04×1.36—1.60	条砖封门	木棺	不详		陶鼎足1、IV盒2、A II 樽1、Ac II 双唇罐2、Bb II 仓2、B釜（残）1、Ba I 灶1（B盆1）、熏炉（残）1、铜马衔镳1、当户1、盖弓帽1、衡末饰1、镜刷1、镜钮1、柿蒂形棺饰4、铁器（残）1			西汉中晚期	盗扰
M186	187°	竖穴墓道砖室墓 墓道：2.40×0.86—3.0 墓室：3.38×1.21—1.20	条砖封门	木棺	仰身直肢（单人）		Ba I 陶壶1、Aa凹唇罐2、Ad II 圆唇罐4、B I 铜昭明镜1、泥灯（残）1、B铜五铢17、D铜五铢1、E铜五铢1、残缺铜五铢3	Ba I 陶灶1（B盆1、B甑1）		西汉中晚期	未盗扰
M187	200°	竖穴墓道砖室墓 墓道：2.80×0.94—1.90 墓室：3.66×1.48—1.24	条砖封门	木棺	不详（单人）		Ab方唇陶罐1、鼻塞2、口琀1、残缺铜五铢1			西汉中晚期	盗扰
M188	20°	竖穴墓道土洞墓 墓道：2.20×0.92—2.46 墓室：2.80×0.90—1.0	不详	木棺	不详		Bb I 仓5、Ac II 双唇罐1、Ba I 灶1（B盆1、B甑1）	陶盒盖1（残）、钫1、Ac II 双唇罐2		西汉中期	盗扰
M189	95°	斜坡墓道土洞墓 墓道：5.80×0.90—2.50 墓室：3.18×1.0—1.10	土坯封门	木棺	仰身直肢（单人）		Ac II 双唇罐8、Ba I 灶1（B盆1、B甑1）、铜盆1、A II 昭明镜1、环1、铁器3、B铜五铢1、C铜五铢1、D铜五铢1、E铜五铢1、残缺铜五铢1	II 陶鼎1		西汉中晚期	未盗扰

续表

墓号	方向	墓葬形制 尺寸[长×宽—深（高）]（米）	封门	葬具	葬式	出土器物 墓道	出土器物 墓室	出土器物 小龛	出土器物 耳室	时代	备注
M190	280°	竖穴墓道土洞墓 墓道：2.60×0.80—1.66 墓室：2.20×0.80—1.10	不详	不详	不详		B铜五铢1			西汉中期	盗扰
M191	280°	竖穴墓道土洞墓 墓道：2.35×0.85—2.40 墓室：3.18×0.80—1.24	条砖封门	木棺	仰身直肢（单人）		BbI陶仓2、AcII双唇罐4、BaI灶1（B瓿1）、筒瓦1、B铜五铢3			西汉中晚期	未盗扰
M192	270°	竖穴墓道土洞墓 墓道：2.50×0.78—2.40 墓室：3.26×0.90—1.20	条砖封门	木棺	不详		BaII陶灶1、铜铺首1、泡钉1、口含1			西汉中晚期	盗扰
M193	280°	竖穴墓道土洞墓 墓道：2.25×0.70—1.90 墓室：2.55×0.90—0.90	不详	木棺	仰身直肢（单人）		AI陶樽1、BI铜昭明镜1、口含1、耳塞2、B铜五铢2、F铜五铢、残缺铜五铢1	AcII双唇罐5、BaII灶1（B盆1、B瓿1）		西汉中晚期	未盗扰
M194	90°	竖穴墓道土洞墓 墓道：2.19×0.80—4.70 墓室：3.70×0.86—1.10	条砖封门	木棺	仰身直肢（单人）		BaI陶壶1、AI樽1、AcII双唇罐3、Ba仓5、BaII灶1（B盆1、A瓿1）、口含1、耳塞2、鼻塞2、B铜五铢3、E铜五铢2、F铜五铢2、残缺铜五铢1			西汉中晚期	未盗扰
M195	0°	斜坡墓道土洞墓 墓道：10.78×0.90—4.60 甬道：0.42×1.48—1.60 墓室：4.28×1.48—1.60	土坯封门	棺椁	仰身直肢（单人）		II陶鼎盖1、钫1、AcII双唇罐1、仓盖3、BaII灶1（B盆1）、Aa铜日光镜1、柿蒂形棺饰1、铁削1、带钩1、E铜五铢1			西汉中晚期	盗扰
M196	185°	斜坡墓道砖室墓 墓道：9.60×1.10—5.0 墓室：3.62×1.55—1.40	条砖封门	不详	不详		Ca方唇陶罐1、AdII圆唇罐1、BbI仓（残）5、灶1（残）1（B瓿1、B盆1）			西汉中晚期	盗扰

续表

墓号	方向	墓葬形制		封门	葬具	葬式	出土器物				时代	备注
		尺寸[长×宽×深(高)](米)					墓道	墓室	小龛	耳室		
M197	335°	斜坡墓道砖室墓 墓道：12.60×0.94—5.20 墓室：3.60×1.50—1.50		条砖封门	木棺	不详		Ab方唇陶罐1、A I 灶1、B盆1、A甑1			西汉中晚期	盗扰
M198	80°	斜坡墓道双室墓 墓道：11.80×1.0—4.0 墓室A土洞室：4.50×1.40—1.30 墓室B砖室：4.08×1.56—1.30		条砖封门	木棺	仰身直肢（双人）		A室：Ⅲ陶鼎1、Ⅳ盒2、Bb壶2、Ba I 壶1、Ac II 双唇罐3、A II 樽1、Bb II 灶1、Ba I 灶1（B盆2、B甑1）、Ab II 铜日光镜1、带钩1、铜匙2、铁剑1、葬石2、B铜五铢17、E铜五铢1；B室：II 陶鼎1、II 盒2、A II 壶1、Ac II 双唇罐2、Ad II 圆唇罐1、A I 樽1、铜钫1、壶1、四乳四虺镜1、釜1、灶1、B甑1、盆2、勺1、铁削2、饰件1、口琀1、鼻塞2、骨环1、A铜五铢1、B铜五铢43、D铜五铢1、E铜五铢38			西汉中晚期	未盗扰
M199	270°	斜坡墓道土洞墓 墓道：7.10×0.60—2.80 甬道：0.70×0.50—1.10 主室：3.90×1.60—1.10 耳室：1.54×1.20—1.10		条砖封门	不详	不详		Ba III 陶壶1、钵1、C灶1、盘1、井1、耳杯3		耳杯3、案1、斗1、钵1	东汉	盗扰
M200	185°	竖穴墓道砖室墓 墓道：2.50×0.90—5.60 墓室：3.50×1.40—1.30		条砖封门	木棺	不详		陶仓（残）1、罐（残）1、鼻塞、B铜五铢2			西汉中晚期	盗扰
M201	220°	竖穴墓道土洞墓 墓道：2.90×1.0—2.20 墓室：1.75×0.96—0.50		不详	木棺	不详	陶仓（残）1	陶仓（残）1（墓道）			西汉中晚期	盗扰

续表

墓号	方向	墓葬形制 尺寸[长×宽-深（高）]（米）	封门	葬具	葬式	出土器物 墓道	墓室	小龛	耳室	时代	备注
M202	190°	斜坡墓道砖室墓 墓道：4.70×0.90-3.90 墓室：3.50×1.44-0.80	条砖封门	木棺	不详		陶灶（残）1			西汉中晚期	盗扰
M203	190°	竖穴墓道砖室墓（墓室局部进入墓道1.14米） 墓道：2.70×0.96-5.60 墓室：3.40×0.96-1.44	条砖封门	木棺	不详		II陶鼎1、AcII双唇罐3、BaII灶1（A瓿1）			西汉中晚期	盗扰
M204	280°	斜坡墓道砖室墓 墓道：7.80×0.90-7.0 墓室：3.40×1.96-1.52	不详	木棺	不详		BaI陶灶1（B盆1、B瓿1）			西汉中晚期	盗扰
M205	270°	斜坡墓道土洞墓 墓道：7.10×0.64-2.70 甬道：0.64×0.50-1.0 墓室：4.0×1.80-1.0	条砖封门	木棺	不详（单人）		BaIII陶壶1、D釜1、Ca方唇罐1、Ab方唇罐1、A瓿1、罐（残）1、B樽1、C灶1、勺3、盘1、钵1、案1、井1、耳杯4、斗1、狗1、鸡2、猪1、铜变形四叶纹镜1、铜削1、铁钩1、铅饰1、B铜五铢5、钱文不清4、残缺铜五铢1			东汉	未盗扰
M206	270°	竖穴墓道土洞墓 墓道：2.30×0.70-2.80 墓室：3.10×0.86-0.60	土坯封门	木棺	不详		无随葬品			西汉中晚期	盗扰
M207	180°	竖穴墓道砖室墓 墓道：2.67×0.90-4.20 墓室：3.63×1.48-1.52	条砖封门	木棺	不详		无随葬品			西汉中晚期	盗扰

续表

| 墓号 | 墓葬形制 | | 葬具 | 葬式 | 出土器物 | | | | 时代 | 备注 |
	方向	尺寸［长×宽—深（高）］（米）	封门			墓道	墓室	小龛	耳室		
M208	185°	斜坡墓道土洞墓 墓道：10.60×0.68—5.80 墓室：4.18×1.48—1.60	条砖封门	棺椁	仰身直肢（单人）		Ad Ⅰ圆唇陶罐1、Ad Ⅱ圆唇陶罐1、 Ba Ⅰ灶1（B盆1、B甑1）、铜盆 （残）1、B Ⅱ昭明镜1、柿蒂形棺饰 13、带钩1、辖辔1、当户1、盖弓帽 1、衡末饰1、铁削1、剑1、石砚1、 石研1、B铜五铢9、D铜五铢2、残缺 铜五铢2			西汉中晚期	未盗扰
M209	250°	斜坡墓道砖室墓 墓道：10.50×0.90—3.90 墓室：4.0×1.60—0.64	条砖封门	木棺	不详		无随葬品			西汉中晚期	盗扰

附表1.2　黄渠头汉墓Ⅱ区墓葬统计表

墓号	方向	尺寸[长×宽×深(高)](米)	墓葬形制	封门	葬具	葬式	墓道	墓室	小龛	耳室	时代	备注
M3	0°	墓道：2.18×0.85—2.40　墓室：3.70×1.44—1.10	竖穴墓道土洞墓	条砖封门	木棺	不详		BaⅡ灶1（A甂1、B盆1）、灯1、F铜五铢1、残缺铜五铢2			西汉晚期	盗扰
M5	280°	墓道：2.52×0.96—(1.56-2.0)　主室：4.08×2.24—1.80　耳室：1.50×1.32—1.0	竖穴墓道砖室墓	条砖封门	木棺	不详		Ⅳ陶鼎1、BaⅡ壶1、C仓3、C釜1、B甑1、铜环1、口琀1、耳塞2、鼻塞1、眼罩1		铜马衔镳1	西汉中晚期	盗扰
M8	0°	墓道：2.80×0.92—1.80　墓室：4.54×2.20—1.70	竖穴墓道砖室墓	条砖封门	木棺	不详		AcⅡ双唇陶罐1、铜弩机1、衔环1、玉饰1			西汉中晚期	盗扰
M12	270°	墓室：3.08×1.70—1.24　小龛：0.76×?—0.50	竖穴土圹砖椁墓	不详	木棺	仰身直肢（单人）		铁剑1、削1			西汉中晚期	盗扰
M13	180°	墓道：2.40×0.80—1.0　墓室：2.50×1.0—1.0	竖穴墓道土洞墓	条砖封门	木棺	仰身直肢（单人）	铁锸1	Ca方唇陶罐5、铜云雷纹镜1、弩机1、铁镞1（墓道）、耳塞2、鼻塞2、泥灯1			西汉中晚期	未盗扰
M14	185°	墓道：2.30×0.90—残0.90　墓室：3.88×1.96—1.80	竖穴墓道砖室墓	条砖封门	木棺	不详		Ab方唇陶罐1			西汉晚期	盗扰
M15	195°	墓道：2.48×0.85—1.40　墓室：3.49×1.80—1.40	竖穴墓道砖室墓	条砖封门	木棺	不详		C陶仓3、AdⅢ圆唇罐4、C釜2、B甑1、A盆1、B盆1、猪1、铜泡钉5、车辖1、马衔镳1、铁剑1、石砚1、E铜五铢1			西汉晚期	盗扰
M16	180°	墓道：2.0×(0.88—1.2)—1.10　墓室：2.70×1.50—1.10　小龛：1.10×0.95—1.10	竖穴墓道土洞墓	不详	木棺	不详		陶壶（残）1	陶灯（残）1		西汉晚期	盗扰

墓号	方向	墓葬形制 尺寸[长×宽×深（高）]（米）	封门	葬具	葬式	出土器物 墓道	出土器物 墓室	出土器物 小龛	出土器物 耳室	时代	备注
M17	185°	竖穴墓道土洞墓 墓道：2.60×0.90—残0.90 墓室：3.80×1.06—1.20	条砖封门	木棺	不详		陶仓盖（残）1			西汉晚期	盗扰
M18	275°	竖穴墓道土洞墓 墓道：2.10×0.77—残(0.35—0.80) 墓室：2.70×1.05—1.30	条砖封门	木棺	不详（单人）		铁削1、口珫1			西汉晚期	盗扰
M19	180°	竖穴墓道土洞墓 墓道：2.30×1.0—(0.70—1.0) 墓室：4.70×2.30—1.0	条砖封门	不详	不详		原始瓷壶残片1			西汉晚期	盗扰
M20	185°	竖穴墓道土洞墓 墓道：2.60×0.88—(0.24—0.60) 墓室：3.70×0.88—(0.60—0.80)	条砖封门	木棺	不详		BaⅡ陶壶2、AdⅢ圆唇罐2、泥灯1、B铜五铢2、F铜五铢2			西汉晚期	盗扰
M21	185°	竖穴墓道土洞墓 墓道：2.50×0.90—(1.0—1.30) 墓室：4.50×1.40—1.30	条砖封门	木棺	不详		C陶仓（残）2、车軎1			西汉晚期	盗扰
M22	185°	竖穴墓道土洞墓 墓道：2.48×0.90—(1.30—1.60) 墓室：3.30×1.90—1.60	条砖封门	木棺	不详		铜环1对、砖灯1、F铜五铢2			西汉晚期	盗扰
M23	174°	斜坡墓道土圹墓 墓道：3.10×(1.0-2.10)—1.20 主室：9.10×(3.30—3.60)—1.20 东耳室：7.70×1.80—1.10 西耳室：11.50×1.80—1.40	不详	不详	不详		铁锸1		西耳室：铁锸1、砖灯1	西汉晚期	盗扰

续表

墓号	方向	墓葬形制 尺寸[长×宽×深（高）]（米）	封门	葬具	葬式	出土器物 墓道	墓室	小龛	耳室	时代	备注
M24	95°	竖穴墓道砖室墓 墓道：2.56×0.94—（1.50—1.80） 墓室：3.90×2.02—1.80	条砖封门	木棺	不详		陶仓（残）1、罐（残）1、铜铃1、衡末饰1、车辖2、盖弓帽5、当户1、马衔镳1、弩机2、BⅠ昭明镜1、错害1、铁剑（残）1、口琀1、眼罩1、鼻塞3、耳塞2、骨器（残）1			西汉晚期	盗扰
M25	5°	竖穴墓道砖室墓 墓道：2.60×1.0—1.90 主室：4.02×2.26—1.90 东耳室：3.58×1.54—1.20 西耳室：3.78×1.54—1.04	条砖封门	木棺	不详		BbⅡ陶仓1、仓盖7、熏炉盖1、BaⅠ灶1、AⅢ樽盖1、灯1、铜泡钉1、环2、马衔镳1、铺首1、B铜五铢6、钱文不清2		东耳室：BbⅡ陶仓1；西耳室：盖弓帽1	西汉晚期	盗扰
M26	12°	砖室墓 墓道残缺 主室：6.16×（2.16-2.24）-0.10 东耳室：东3.90、西2.52×北1.44、南3.40—高0.70 西耳室：东2.40、西3.90×北1.44、南3.62—高0.50	不详	木棺	不详		铜泡钉5、铁剑柄1		东耳室：马衔镳1	西汉晚期	盗扰
M27	160°	砖室墓 墓道残缺 主室：5.40×2.60—0.10 东耳室：1.60×0.96—0.40 西耳室：1.60×0.86—0.30	条砖封门	木棺	不详		铜铺首2、盖弓帽3、铁器5、石砚1、B铜五铢2、F铜五铢1、钱文不清2		东耳室：铜带钩1；西耳室：盖弓帽3、错害1、铜镞3	西汉晚期	盗扰

附表2　墓葬出土铜钱统计表　　　　　单位：（毫米、克）

墓号	种类	编号	特征		钱径	穿宽	郭厚	重量	分型	备注
			文字特征	其他						
M1	五铢钱	M1：2-1	"五"字瘦长，交笔较直	无	26.17	9.85	2.13	3.64	B	图六，1
		M1：2-2	"五"字瘦长，交笔甚曲，末端近乎平行	无	26.84	9.01	2.24	4.29	D	图六，2
M2	五铢钱	M2：5-1	"五"字瘦长，交笔缓曲	穿下一星	25.59	9.42	1.56	3.2	B	图九，1
		M2：5-2	"五"字瘦长，交笔较直	穿上一横	25.84	9.58	2.14	4.11	B	图九，2
		M2：5-3	"五"字瘦长，交笔较直	穿上一横	25.09	9.28	2.07	3.64	B	图九，3
		M2：5-4	"五"字瘦长，交笔缓曲	穿上一横	25.65	10.06	1.83	3.42	B	图九，4
		M2：5-5	"五"字瘦长，交笔缓曲	穿下一星	25.44	9.94	1.7	3.47	B	图九，5
		M2：5-6	"五"字瘦长，交笔缓曲	穿上一横	26.31	9.46	2.28	3.99	B	图九，6
		M2：5-7								残
		M2：5-8	"五"字瘦长，交笔缓曲	无	25.71	9.37	1.93	2.65	B	图九，7
		M2：6	"五"字瘦短，交笔缓曲	小五铢	12.31	4.78	1.04	0.52	C	图九，8
M3	五铢钱	M3：6-1	"五"字瘦长，交笔较直	四角决文	25.34	9.58	2.36	3.44	B	图一一，8
		M3：6-2	"五"字瘦长，交笔甚曲	无	27.18	8.83	1.96	3.37	D	图一一，9
		M3：6-3								残
M6	五铢钱	M6：14-1	"五"字瘦长，交笔缓曲	无	25.69	9.36	1.99	4.02	B	图一八，1
		M6：14-2	"五"字瘦长，交笔缓曲	穿上一横	25.93	9.1	2.1	4.06	B	图一八，2
		M6：14-3	"五"字瘦长，交笔缓曲	穿上一横	26.03	9.97	1.79	3.16	B	图一八，3
		M6：14-4	"五"字瘦长，交笔缓曲	穿上一横	26.55	9.23	2.02	4.26	B	图一八，4
		M6：14-5	"五"字瘦长，交笔甚曲	穿下一星	25.45	9.39	1.65	3.4	D	图一八，5
		M6：14-6	"五"字瘦长，交笔缓曲	穿下一星	25.85	10.07	1.64	2.91	B	图一八，6
		M6：14-7	"五"字瘦长，交笔甚曲	穿下一星	25.58	9.61	1.95	4.09	D	图一八，7
		M6：14-8	"五"字瘦长，交笔甚曲	穿下一星	25.15	9.38	1.92	4.02	D	图一八，8
		M6：14-9	"五"字瘦长，交笔较直	穿下一星	26.01	9.34	1.79	3.15	B	图一八，9
		M6：14-10	"五"字瘦长，交笔较直	穿下一横	26.32	8.9	2.05	4.66	B	图一八，10
		M6：14-11	"五"字瘦长，交笔较直	无	26.43	8.63	1.76	3.77	B	图一八，11
		M6：14-12	"五"字瘦长，交笔甚曲	穿下一星	25.47	8.5	1.86	4.15	D	图一八，12
M7	五铢钱	M7：5-1	"五"字瘦长，交笔甚曲	穿上一横	24.97	8.98	1.88	3.8	D	图二一，1
		M7：5-2	"五"字瘦长，交笔缓曲	穿下一星	25.04	9.24	2.28	3.94	B	图二一，2
M9	五铢钱	M9：1-1	"五"字瘦长，交笔缓曲	穿上一横	25.27	9.59	1.81	3.3	B	图二八，1
		M9：1-2	"五"字瘦长，交笔缓曲	穿上一横	26.37	9.52	1.59	3.3	B	图二八，2
		M9：1-3	"五"字瘦长，交笔甚曲	穿下一星	25.43	9.34	1.78	3.32	D	图二八，3
		M9：1-4	"五"字瘦长，交笔甚曲	穿下一星	25.1	9.58	2.05	3.51	D	图二八，4
		M9：1-5	"五"字瘦长，交笔缓曲	无	25.42	9.3	2	3.71	B	图二八，5
		M9：1-6	"五"字瘦长，交笔缓曲	穿上一横	25.3	9.5	1.93	3.81	B	图二八，6
		M9：1-7	"五"字瘦长，交笔较直	无	26	9.32	2.17	3.4	B	图二八，7
		M9：1-8	"五"字瘦长，交笔较直	无	25.39	9.39	1.92	4.36	B	图二八，8

墓号	种类	编号	特征		钱径	穿宽	郭厚	重量	分型	备注
			文字特征	其他						
M9	五铢钱	M9：1-9	"五"字瘦长，交笔较直	穿下一星	25.83	9.34	1.9	3.93	B	图二八，9
		M9：1-10	"五"字瘦长，交笔较直	无	26.32	9.05	2.18	4.31	B	图二八，10
		M9：1-11	"五"字瘦长，交笔缓曲	穿下一星	25.41	9.29	1.73	3.05	B	图二八，11
		M9：1-12	"五"字瘦长，交笔较直	无	25.17	9.74	1.89	2.91	B	图二八，12
		M9：1-13	"五"字瘦长，交笔较直	无	25.97	8.87	2.24	5.06	B	图二九，1
		M9：1-14	"五"字瘦长，交笔较直	穿上一横	25.17	8.93	1.62	3.92	B	图二九，2
		M9：1-15	"五"字瘦长，交笔较直	无	25.85	9.61	2.14	4.37	B	图二九，3
		M9：1-16	"五"字瘦长，交笔较直	无	25.36	8.84	1.89	3.36	B	图二九，4
		M9：1-17	"五"字瘦长，交笔较直	无	25.34	9.98	1.79	3.13	B	图二九，5
		M9：1-18	"五"字瘦长，交笔较直	穿上一横	25.43	8.78	1.84	4.1	B	图二九，6
		M9：1-19	"五"字瘦长，交笔较直	无	25.14	9.05	2.11	4.52	B	图二九，7
		M9：1-20	"五"字瘦长，交笔较直	穿上一横	25.75	9.36	1.83	3.83	B	图二九，8
M11	五铢钱	M11：4-1	"五"字瘦长，交笔较直	穿下一星	25.83	9.53	2.03	4.02	B	图三四，1
		M11：4-2	"五"字瘦长，交笔较直	穿上一横	25.29	9.35	2.45	4.38	B	图三四，2
		M11：4-3	"五"字瘦短，交笔缓曲	穿下一星	25.41	8.9	1.93	4.05	C	图三四，3
		M11：4-4	"五"字瘦长，交笔较直	穿上一横	25.87	9.41	1.83	3.72	B	图三四，4
		M11：4-5	"五"字瘦长，交笔较直	无	25.34	8.91	1.91	3.18	B	图三四，5
		M11：4-6	"五"字瘦长，交笔较直	无	25.75	8.98	1.75	3.75	B	图三四，6
		M11：4-7	"五"字瘦长，交笔较直	无	25.49	9.04	2.44	4.77	B	图三四，7
		M11：4-8	"五"字瘦长，交笔较直	穿上一横	25.77	10.01	1.79	3.56	B	图三四，8
		M11：4-9	"五"字瘦短，交笔缓曲	无	25.46	9.53	1.71	3.52	C	图三四，9
M12	五铢钱	M12：1-1	"五"字瘦长，交笔较直	穿下一星	25.97	9.68	1.98	4.28	B	图三六，9
		M12：1-2								残
M13	五铢钱	M13：2-1	"五"字瘦短，交笔缓曲	穿下一星	25.5	9.56	1.67	3.49	C	图三九，1
		M13：2-2	"五"字宽大，交笔甚曲	无	25.56	9.86	1.53	2.81	E	图三九，2
		M13：2-3	"五"字瘦长，交笔缓曲	穿下一星	25.86	9.64	1.58	2.49	B	图三九，3
		M13：2-4	"五"字瘦长，交笔较直						B	图三九，4
		M13：2-5	"五"字瘦长，交笔较直	无	25.93	9.56	1.86	3.36	B	图三九，5
		M13：2-6	"五"字宽大，交笔甚曲	穿上一横	25.33	9.07	1.28	2.46	E	图三九，6
		M13：2-7	"五"字瘦短，交笔缓曲	穿上一横	26.28	9.58	1.91	3.09	C	图三九，7
		M13：2-8	"五"字瘦长，交笔较直	无	25.97	9.58	1.89	2.58	B	图三九，8
M14	五铢钱	M14：2-1	"五"字宽大，交笔甚曲，上下三角近炮弹形	穿上一横	26.23	8.59	2.34	4.09	F	图四四，1
		M14：2-2	"五"字瘦长，交笔较直	穿下一星	24.88	10.15	1.9	3.36	B	图四四，2
		M14：2-3								残

墓号	种类	编号	特征		钱径	穿宽	郭厚	重量	分型	备注
			文字特征	其他						
M14	五铢钱	M14：2-4								残
		M14：2-5	"五"字瘦长，交笔较直	穿上一横	25.91	9.54	1.49	2.99	B	图四四，3
		M14：2-6	"五"字瘦长，交笔较直	穿下一星	26.08	9.27	1.86	3.33	B	图四四，4
		M14：2-7								残
M22	五铢钱	M22：2-1	"五"字瘦长，交笔较直	无	25.58	9.82	1.78	3.64	B	图六一，1
		M22：2-2	"五"字瘦长，交笔较直	无	25.61	9.42	1.66	3.44	B	图六一，2
		M22：2-3	"五"字瘦长，交笔较直	无	25.35	9.14	1.95	3.81	B	图六一，3
		M22：2-4	"五"字瘦长，交笔缓曲	穿下一星	25.86	9.77	1.86	3.8	B	图六一，4
		M22：2-5	"五"字瘦长，交笔缓曲	穿下一星	25.79	9.82	1.77	3.49	B	图六一，5
		M22：2-6	"五"字瘦长，交笔缓曲	无	25.58	9.01	2.1	3.97	B	图六一，6
		M22：2-7	"五"字瘦长，交笔缓曲	无	25.08	9.56	1.91	3.21	B	图六一，7
		M22：2-8	"五"字瘦长，交笔缓曲	穿下一星	25.01	9.22	1.86	3.26	B	图六一，8
		M22：2-9	"五"字瘦长，交笔缓曲	无	25.65	9.11	1.79	2.94	B	图六一，9
		M22：2-10	"五"字瘦长，交笔缓曲	穿上一横	25.66	8.8	1.7	3.8	B	图六一，10
		M22：2-11	"五"字瘦长，交笔缓曲	穿下一星	25.49	9.74	1.89	3.68	B	图六一，11
		M22：2-12	"五"字宽大，交笔较直	穿上一横	25.55	9.09	2.27	4.08	A	图六一，12
M26	五铢钱	M26：1-1	"五"字瘦长，交笔缓曲	穿下一星	25.49	8.84	1.99	3.52	B	图七一，1
		M26：1-2	"五"字瘦长，交笔较直	无	25.9	8.81	1.84	3.72	B	图七一，2
		M26：1-3	"五"字瘦长，交笔较直	穿下一星	25.46	9.71	2.09	4.13	B	图七一，3
		M26：1-4								残
		M26：1-5								残
		M26：1-6	"五"字瘦长，交笔较直	穿下一星	25.58	9.43	1.87	3.92	B	图七一，4
		M26：1-7	"五"字瘦长，交笔较直	穿下一星	25.8	9.47	1.78	3.75	B	图七一，5
		M26：1-8	"五"字瘦长，交笔较直	无	25.49	9.44	1.75	3.8	B	图七一，6
		M26：1-9								残
		M26：1-10	"五"字瘦长，交笔较直	穿上一横	25.16	9.49	1.84	3.57	B	图七一，7
M27	五铢钱	M27：1-1	"五"字瘦长，交笔较直	穿上一横	25.3	9.21	1.82	3.56	B	图七四，1
		M27：1-2	"五"字瘦长，交笔较直	穿下一星	24.98	8.86	1.79	3.52	B	图七四，2
		M27：1-3	"五"字瘦长，交笔较直	无	25.68	9.2	1.83	3.98	B	图七四，3
		M27：1-4	"五"字宽大，交笔甚曲	无	24.69	8.73	1.9	4.11	E	图七四，4
		M27：1-5	"五"字瘦短，交笔甚曲，末端近乎平行	穿上一横	25.62	9.33	1.91	4.32	D	图七四，5
		M27：1-6	"五"字瘦长，交笔较直	穿下一星	25.23	8.98	1.79	4.08	B	图七四，6
M30	五铢钱	M30：2								残

| 墓号 | 种类 | 编号 | 特征 | | 钱径 | 穿宽 | 郭厚 | 重量 | 分型 | 备注 |
			文字特征	其他						
M31	五铢钱	M31：6-1	"五"字瘦长，交笔较直	无	24.55	10.2	1.83	2.85	B	图八四，1
		M31：6-2	"五"字瘦长，交笔较直	无	25.03	9.21	1.86	2.61	B	图八四，2
		M31：6-3	"五"字瘦长，交笔甚曲	穿上一横	24.32	9.39	1.6	2.95	D	图八四，3
		M31：6-4	"五"字瘦长，交笔甚曲	无	26.12	9.35	1.68	3.09	D	图八四，4
M32	五铢钱	M32：1-1	"五"字瘦长，交笔较直	无	25.78	9.01	2.28	4.54	B	图八七，1
		M32：1-2								残
		M32：1-3	"五"字瘦长，交笔缓曲	穿上一横	25.57	9.54	1.96	3.22	B	图八七，2
		M32：1-4	"五"字瘦长，交笔较直	穿上一横	24.61	9.03	1.89	4.62	B	图八七，3
		M32：1-5	"五"字宽大，交笔较直	穿上一横	25.2	9.13	1.75	4	A	图八七，4
		M32：1-6	"五"字瘦长，交笔较直	穿上一横	25.75	9.39	2.09	4.27	B	图八七，5
		M32：1-7								残
		M32：1-8	"五"字瘦长，交笔较直	穿下一星	25.32	9.52	1.87	3.13	B	图八七，6
		M32：1-9	"五"字瘦长，交笔较直	穿上一横	25.65	9.93	2.11	3.55	B	图八七，7
M33	五铢钱	M33：2-1	"五"字瘦长，交笔较直	穿下一横	26.05	10.09	2.28	3.93	B	图八九，2
		M33：2-2	"五"字宽大，交笔较直	穿下一星	24.92	8.71	1.62	3.84	A	图八九，3
		M33：2-3	"五"字宽大，交笔较直	无	25.55	8.59	2.47	4.59	A	图八九，4
		M33：2-4								残
M34	五铢钱	M34：1-1	"五"字宽大，交笔较直	四角决文	25.63	9.68	2.13	3.79	A	图九一，1
		M34：1-2	"五"字瘦长，交笔较直	穿下一星	25.69	9.71	2.13	4.29	B	图九一，2
		M34：1-3	"五"字瘦长，交笔较直	无	25.75	9.59	2.46	3.84	B	图九一，3
		M34：1-4	"五"字宽大，交笔较直	无	25.34	9.49	2.58	4.62	A	图九一，4
		M34：1-5	"五"字瘦大，交笔较直	无	25.75	9.02	2.02	4.13	A	图九一，5
		M34：1-6								残
		M34：1-7	"五"字瘦长，交笔较直	穿下一星	25.66	10.16	2.33	5.84	B	图一九，6
		M34：1-8	"五"字瘦大，交笔较直	四角决文	26.14	9.33	2.11	3.54	A	图一九，7
		M34：1-9								残
		M34：1-10								残
		M34：1-11	"五"字宽大，交笔较直	无	24.95	8.62	2.62	4.39	A	图一九，8
M35	五铢钱	M35：3-1	"五"字瘦长，交笔较直	穿上一横	24.81	8.91	2.06	3.91	B	图九五，1
		M35：3-2	"五"字瘦长，交笔较直	穿下一星	25.82	9.01	1.72	3.91	B	图九五，2
		M35：3-3	"五"字瘦长，交笔较直	穿上一横	25.64	9.23	1.6	3.65	B	图九五，3
		M35：3-4	"五"字瘦长，交笔较直	无	26.09	10.45	1.93	3.83	B	图九五，4
		M35：3-5	"五"字瘦长，交笔较直	无	25.29	9.99	1.74	3.29	B	图九五，5
		M35：3-6								残
		M35：3-7								残

墓号	种类	编号	特征		钱径	穿宽	郭厚	重量	分型	备注
			文字特征	其他						
M36	五铢钱	M36：3-1	"五"字瘦长，交笔较直	穿下一星	25.11	8.81	2.05	4.01	B	图九八，3
		M36：3-2	"五"字瘦长，交笔较直	穿下一星	25.62	9.21	1.82	3.92	B	图九八，4
M38	五铢钱	M38：7-1	"五"字瘦长，交笔较直	无	24.86	8.72	1.93	3.82	B	图一〇二，6
		M38：7-2	"五"字瘦长，交笔较直	无	25.13	9.11	1.95	3.96	B	图一〇二，7
M40	五铢钱	M40：12-1	"五"字瘦长，交笔较直	穿上一横	25.23	8.86	1.88	3.93	B	图一〇八，1
		M40：12-2	"五"字瘦长，交笔较直	穿下一星	25.07	9.05	1.96	3.85	B	图一〇八，2
		M40：12-3	"五"字瘦长，交笔较直	无	24.95	8.93	1.86	3.81	B	图一〇八，3
		M40：12-4	"五"字瘦长，交笔较直	四角决文	25.12	9.12	1.98	3.98	B	图一〇八，4
		M40：12-5	"五"字瘦长，交笔较直	穿上一横	25.16	8.98	1.83	3.91	B	图一〇八，5
		M40：12-6	"五"字瘦长，交笔较直	穿下一星	25.31	9.02	1.91	3.87	B	图一〇八，6
		M40：12-7	"五"字瘦短，交笔缓曲	无	24.87	8.85	1.92	3.79	C	图一〇八，7
M42	五铢钱	M42：21-1	"五"字瘦长，交笔较直	无	25.52	9.62	1.76	3.88	B	图一一六，1
		M42：21-2	"五"字瘦短，交笔缓曲	穿下一星	25.11	8.92	1.65	3.67	C	图一一六，2
		M42：21-3	"五"字瘦长，交笔较直	穿上一横	25.46	9.4	1.92	4.4	B	图一一六，3
		M42：21-4	同上	无	25.54	8.94	1.73	3.81	B	图一一六，4
		M42：21-5	同上	无	25.39	10.29	1.49	2.31	B	图一一六，5
		M42：21-6	同上	穿下一星	25.9	10.1	1.91	3.44	B	图一一六，6
		M42：21-7	同上	穿上一横	24.9	9.61	1.92	3.35	B	图一一六，7
		M42：21-8	同上	无	25.44	9.8	1.87	3.07	B	图一一六，8
		M42：21-9	"五"字瘦短，交笔缓曲	穿上一横	25.52	8.98	1.74	3.46	C	图一一六，9
		M42：21-10		无	25.83	9.66	2	3.31		图一一六，10
		M42：21-11	"五"字瘦长，交笔较直	穿下一星	25.84	9.19	2.19	3.54	B	图一一六，11
		M42：21-12	同上	无	26.11	9.2	2.04	3.73	B	图一一六，12
		M42：21-13	"五"字瘦长，交笔甚曲	穿下一星	25.51	9.19	1.91	4.15	D	图一一七，1
		M42：21-14	同上	穿上一横	25.56	9.15	1.98	3.99	D	图一一七，2
		M42：21-15	"五"字瘦长，交笔较直	穿上一横	25.52	9.11	1.93	3.86	B	图一一七，3
		M42：21-16	"五"字瘦长，交笔较直	穿上一横	25.47	9.21	1.99	3.91	B	图一一七，4
		M42：21-17	"五"字瘦长，交笔较直	穿上一横	25.61	9.14	1.95	3.88	B	图一一七，5
M44	五铢钱	M44：1-1	"五"字瘦长，交笔较直	穿下一星	25.44	9.52	1.86	3.6	B	图一二二，1
		M44：1-2	"五"字瘦长，交笔甚曲，末端近乎平行	剪轮	24.06	8.87	1.39	3.12	D	图一二二，2
		M44：1-3	"五"字瘦长，交笔甚曲，末端近乎平行	穿下一星	25.34	9.8	2.1	3.88	D	图一二二，3
		M44：1-4	"五"字瘦长，交笔甚曲，末端近乎平行	穿下一星	26.48	8.97	2.13	3.58	D	图一二二，4

墓号	种类	编号	特征		钱径	穿宽	郭厚	重量	分型	备注
			文字特征	其他						
M45	五铢钱	M45：5-1								残
		M45：5-2	"五"字瘦长，交笔较直	穿下一星	26.24	9.31	1.72	3.98	B	图一二五，1
		M45：5-3	"五"字瘦长，交笔较直	穿上一横	25.59	9.57	1.62	3.72	B	图一二五，2
		M45：5-4								残
		M45：5-5	"五"字宽大，交笔较直	无	25.91	9.74	1.92	3.31	A	图一二五，3
M46	五铢钱	M46：2								残
		M46：4	"五"字瘦长，交笔甚曲，末端近乎平行	穿上一横	26.6	9.01	1.86	3.3	D	图一二九，2
M49	五铢钱	M49：5-1	"五"字瘦长，交笔较直	穿上一横	24.82	8.94	1.82	3.8	B	图一三七，10
		M49：5-2	"五"字瘦长，交笔较直	穿下一星	25.14	9.21	1.92	3.88	B	图一三七，11
M52	五铢钱	M52-1-1	"五"字瘦长，交笔较直	穿上一横	25.48	9.91	1.42	3.43	B	图一四七，1
		M52-1-2	"五"字宽大，交笔甚曲	无	24.95	9.57	1.68	3.26	B	图一四七，2
		M52-1-3								残
		M52-1-4	"五"字瘦长，交笔较直	无	25.14	9.19	1.79	4.6	B	图一四七，3
		M52-1-5	"五"字瘦长，交笔较直	穿下一星	25.12	9.84	1.56	3.57	B	图一四七，4
		M52-1-6	"五"字瘦长，交笔较直	无	25.26	9.37	1.45	2.92	B	图一四七，5
		M52-1-7	"五"字瘦长，交笔较直	无	25.02	8.88	1.71	3.62	B	图一四七，6
		M52-1-8	"五"字宽大，交笔甚曲	无	25.55	8.74	1.7	4.18	E	图一四七，7
		M52-1-9	"五"字宽大，交笔甚曲	穿下一星	24.98	9.11	1.81	3.91	E	图一四七，8
		M52-1-10	"五"字宽大，交笔甚曲	穿下一星	26.38	9.39	1.79	3.86	E	图一四七，9
		M52-1-11	"五"字宽大，交笔甚曲	穿下一星	25.75	9.49	1.66	3.31	E	图一四七，10
		M52-1-12	"五"字宽大，交笔甚曲	穿下一星	25.74	9.05	1.65	3.82	E	图一四七，11
		M52-1-13	"五"字宽大，交笔甚曲	无	25.13	8.89	2.06	3.99	E	图一四七，12
M53	五铢钱	M53：10-1	"五"字瘦长，交笔较直	穿上一横	25.56	8.89	1.57	2.81	B	图一五〇，2
		M53：10-2	"五"字瘦长，交笔较直	无	25.76	9.08	1.93	3.26	B	图一五〇，3
M54	五铢钱	M54：3-1								残
		M54：3-2	"五"字瘦长，交笔较直	穿下一星	25.8	8.84	1.84	4.11	B	图一五二，5
		M54：3-3	"五"字瘦长，交笔较直	穿下一星	25.44	9.57	1.78	3.43	B	图一五二，6
M56	五铢钱	M56：3-1	"五"字瘦长，交笔较直	无	25.43	9.29	1.91	3.27	B	图一五七，1
		M56：3-2	"五"字瘦长，交笔较直	无	25.18	9.58	1.48	2.49	B	图一五七，2
		M56：3-3	"五"字瘦短，交笔缓曲	穿下一星	26.02	9.89	1.84	3.69	C	图一五七，3
		M56：3-4								残
M57	五铢钱	M57：13-1	"五"字瘦长，交笔较直	穿上一横	25.78	10.66	1.97	3.98	B	图一六二，1
		M57：13-2	"五"字瘦长，交笔较直	无	25.4	9.1	1.76	3.54	B	图一六二，2
		M57：13-3	"五"字瘦长，交笔较直	无	25.36	8.7	2.21	3.44	B	图一六二，3
		M57：13-4	"五"字瘦长，交笔较直	穿上一横	25.53	9.6	2.55	4.14	B	图一六二，4

墓号	种类	编号	特征		钱径	穿宽	郭厚	重量	分型	备注
			文字特征	其他						
M57	五铢钱	M57：13-5	"五"字宽大，交笔较直	穿上一横	25.55	9.74	2.06	3.7	A	图一六二，5
		M57：13-6	"五"字瘦长，交笔较直	无	25.86	9.8	1.87	3.73	B	图一六二，6
		M57：13-7	"五"字瘦长，交笔较直	穿上一横	25.82	9.66	2.43	4.22	B	图一六二，7
		M57：13-8	"五"字宽大，交笔较直	穿上一横	25.67	8.85	2.31	4.33	A	图一六二，8
		M57：13-9	"五"字瘦长，交笔较直	穿上一横	25.41	8.76	2	3.6	B	图一六二，9
		M57：13-10	"五"字瘦长，交笔较直	穿上一横	26.16	8.45	2.21	4.31	B	图一六二，10
		M57：13-11	"五"字宽大，交笔较直	穿上一横	25.88	10.22	1.98	3.96	A	图一六二，11
		M57：13-12	"五"字宽大，交笔较直	穿上一横	25.89	10.72	2	4.41	A	图一六二，12
M59	五铢钱	M59：2-1	"五"字瘦长，交笔较直	穿下一星	25.76	9.22	2.08	4.12	B	图一六七，1
		M59：2-2	"五"字瘦长，交笔较直	无	25.4	9.09	2	3.65	B	图一六七，2
		M59：2-3	"五"字瘦长，交笔较直	穿上一横	25.33	9.44	1.93	3.23	B	图一六七，3
		M59：2-4	"五"字瘦长，交笔较直	穿上一横	25.51	9.75	1.72	3.56	B	图一六七，4
		M59：2-5	"五"字瘦长，交笔较直	无	25.38	9.9	1.55	2.84	B	图一六七，5
		M59：2-6								残
		M59：2-7	"五"字瘦长，交笔较直	无	26.14	9.46	1.82	3.84	B	图一六七，6
		M59：2-8	"五"字瘦长，交笔较直	无	25.82	9.72	1.69	3.82	B	图一六七，7
		M59：2-9	"五"字瘦长，交笔较直	穿上一横	26.2	9.47	1.96	4.16	B	图一六七，8
		M59：2-10	"五"字瘦长，交笔较直	穿上一横	25.34	8.76	1.78	3.24	B	图一六七，9
M61	五铢钱	M61：1-1	"五"字瘦长，交笔较直	无	25.68	9.73	1.9	3.72	B	图一七二，1
		M61：1-2	"五"字瘦长，交笔较直	无	25.78	9.38	1.62	3.46	B	图一七二，2
		M61：1-3	"五"字瘦长，交笔较直	穿上一横	25.75	9.33	1.99	3.92	B	图一七二，3
		M61：1-4	"五"字瘦长，交笔较直	穿下一星	25.65	9.4	1.87	3.93	B	图一七二，4
		M61：1-5								残
		M61：1-6	"五"字瘦长，交笔较直	无	26.01	9.33	1.92	3.8	B	图一七二，5
		M61：1-7	"五"字瘦长，交笔较直	穿上一横	25.53	9.38	1.74	4.49	B	图一七二，6
		M61：1-8	"五"字瘦长，交笔较直	无	25.28	9.16	1.77	4.27	B	图一七二，7
		M61：1-9	"五"字瘦长，交笔较直	穿上一横	25.75	9.37	1.91	4.12	B	图一七二，8
		M61：1-10	"五"字瘦长，交笔较直	无	25.53	9.54	1.62	3.84	B	图一七二，9
		M61：1-11	"五"字瘦长，交笔较直	穿上一横	25.6	9.24	1.71	3.71	B	图一七二，10
M63	五铢钱	M63：1-1	"五"字瘦长，交笔甚曲	穿上一横	26.02	9.09	2.13	3.74	D	图一七六，2
		M63：1-2	"五"字宽大，交笔甚曲，末端近乎平行	穿上一横	25.66	9.45	1.65	2.97	E	图一七六，3
		M63：1-3								残
M64	五铢钱	M64：2-1	"五"字瘦长，交笔较直	无	25.33	9.34	1.61	3.04	B	图一七九，3
		M64：2-2	"五"字宽大，交笔甚曲，末端近乎平行	穿下一星	25.58	9.58	1.58	2.96	E	图一七九，4

墓号	种类	编号	特征		钱径	穿宽	郭厚	重量	分型	备注
			文字特征	其他						
M66	五铢钱	M66：3-1	"五"字瘦长，交笔较直	穿下一星	25.3	9.91	1.6	2.94	B	图一八四，1
		M66：3-2	"五"字瘦长，交笔较直	无	24.77	10.46	1.25	2.17	B	图一八四，2
		M66：3-3	"五"字瘦长，交笔较直	无	25.45	6.51	1.66	3.14	B	图一八四，3
		M66：3-4	"五"字瘦长，交笔较直	无	25.47	9.5	1.64	3.55	B	图一八四，4
		M66：3-5	"五"字瘦长，交笔较直	穿下一星	26.02	9.79	2.26	3.78	B	图一八四，5
		M66：3-6	"五"字瘦长，交笔较直	无	25.69	9.31	1.69	3.37	B	图一八四，6
		M66：3-7								残
		M66：3-8	"五"字瘦长，交笔较直	穿上一横	25.7	9.29	1.78	3.62	B	图一八四，7
		M66：3-9								残
		M66：3-10	"五"字瘦长，交笔较直	无	26.27	9.77	2.06	3.77	B	图一八四，8
		M66：3-11	"五"字瘦长，交笔较直	穿上一横	24.8	9.7	1.96	3.18	B	图一八四，9
		M66：3-12								残
M67	五铢钱	M67：2-1	"五"字瘦长，交笔较直	无	25.55	9.63	1.91	3.37	B	图一八七，1
		M67：2-2	"五"字瘦长，交笔较直	无	26.03	8.78	1.78	4.15	B	图一八七，2
		M67：2-3	"五"字瘦长，交笔较直	无	25.96	8.46	1.9	4.25	B	图一八七，3
		M67：2-4	"五"字瘦长，交笔较直	穿上一横	25.36	8.93	1.78	3.88	B	图一八七，4
		M67：2-5	"五"字瘦长，交笔较直	无	25.26	8.83	1.96	3.56	B	图一八七，5
		M67：2-6	"五"字瘦长，交笔较直	无	26.6	9.39	2	4.34	B	图一八七，6
		M67：2-7	"五"字瘦长，交笔较直	穿下一星	26.22	8.89	1.66	3.92	B	图一八七，7
		M67：2-8								残
		M67：2-9								残
		M67：2-10	"五"字瘦长，交笔较直	无	25.88	9.38	1.82	4.01	B	图一八七，8
		M67：2-11	"五"字瘦长，交笔较直	穿下一星	26.03	9.88	1.78	3.78	B	图一八七，9
		M67：2-12	"五"字瘦长，交笔较直	无	26.06	9.63	2.05	4.22	B	图一八七，10
		M67：2-13	"五"字瘦长，交笔较直	无	25.5	9.23	2.3	3.55	B	图一八七，11
		M67：2-14	"五"字瘦长，交笔较直	穿上一横	25.78	9.78	2.12	4.11	B	图一八七，12
		M67：2-15	"五"字瘦长，交笔较直	穿下一星	25.24	9.71	1.86	3.68	B	图一八八，1
		M67：2-16	"五"字瘦长，交笔较直	穿下一星	25.28	9.19	1.8	2.64	B	图一八八，2
		M67：2-17	"五"字瘦长，交笔较直	穿下一星	25.67	8.46	1.97	4.28	B	图一八八，3
		M67：2-18	"五"字瘦长，交笔较直	穿上一横	25.82	9.64	1.73	3.96	B	图一八八，4
		M67：2-19								残
		M67：2-20								残
		M67：2-21	"五"字瘦长，交笔较直	穿下一星	25.38	9.54	2.05	3.49	B	图一八八，5
		M67：2-22	"五"字瘦长，交笔较直	穿下一星	25.84	9.28	2.02	4.1	B	图一八八，6
		M67：2-23	"五"字瘦长，交笔较直	无	25.5	9.74	1.78	3.53	B	图一八八，7
		M67：2-24	"五"字瘦长，交笔较直	无	25.51	8.85	1.95	4.35	B	图一八八，8

墓号	种类	编号	特征		钱径	穿宽	郭厚	重量	分型	备注
			文字特征	其他						
M67	五铢钱	M67：2-25	"五"字瘦长，交笔较直	穿下一星	25.47	8.85	1.94	3.55	B	图一八八，9
		M67：2-26	"五"字瘦长，交笔较直	无	25.3	8.41	1.75	3.7	B	图一八八，10
		M67：2-27	"五"字瘦长，交笔较直	无	25.34	9.16	1.82	4.84	B	图一八八，11
M68	五铢钱	M68：1-1	"五"字瘦长，交笔较直	穿上一横	25.76	9.24	1.54	2.84	B	图一九三，1
		M68：1-2	"五"字瘦长，交笔较直	穿下一星	25.03	8.91	1.98	2.95	B	图一九三，2
		M68：1-3	"五"字宽大，交笔甚曲，末端近乎平行	穿上一横	25.45	9.02	1.86	3.11	E	图一九三，3
		M68：1-4	"五"字宽大，交笔甚曲，末端近乎平行	穿上一横	25.47	9.74	2.1	3.77	E	图一九三，4
		M68：1-5	"五"字瘦长，交笔较直	穿上一横	25.44	9.42	1.85	3.06	B	图一九三，5
		M68：1-6	"五"字瘦长，交笔较直	无	25.36	9.49	1.86	3.22	B	图一九三，6
		M68：1-7								残
		M68：1-8								残
		M68：1-9								残
		M68：1-10	"五"字瘦长，交笔缓曲	穿下一星	25.55	9.44	2.22	3.95	B	图一九三，7
		M68：1-11	"五"字瘦长，交笔缓曲	穿下一星	25.36	9.64	2.34	4.03	B	图一九三，8
		M68：1-12	"五"字瘦长，交笔缓曲	穿上一横	25.84	8.86	1.99	4.36	B	图一九三，9
		M68：1-13	"五"字瘦长，交笔缓曲	穿下一星	26.18	8.96	2.44	3.9	B	图一九三，10
		M68：1-14	"五"字瘦长，交笔较直	穿上一横	25.49	9.07	1.86	3.38	B	图一九三，11
		M68：1-15	"五"字瘦长，交笔较直	无	25.96	9.18	1.98	3.97	B	图一九三，12
M70	五铢钱	M70：1-1	"五"字宽大，交笔甚曲，末端近乎平行	穿上一横	25.43	9.29	1.91	3.27	E	图二〇〇，3
		M70：1-2	"五"字宽大，交笔甚曲，末端近乎平行	无	25.18	9.58	1.48	2.49	E	图二〇〇，4
		M70：1-3								残
		M70：1-4								残
M71	大泉五十	M71：1		穿背面有郭	27.86	7.63	2.43	5.39		图二〇二，4
M72	五铢钱	M72：2	"五"字宽大，交笔甚曲，末端近乎平行	穿下一星	26.62	9.75	2.16	4.58	E	图二〇六，2
M73	五铢钱	M73：6-1	"五"字瘦长，交笔甚曲	穿下一星	26.02	9.5	1.83	3.4	D	图二一三，1
		M73：6-2	"五"字瘦长，交笔较直	穿下一星	26.45	9.48	1.81	3.36	B	图二一三，2
		M73：6-3	"五"字瘦长，交笔较直	无	25.72	9.91	1.81	3.3	B	图二一三，3
		M73：6-4	"五"字瘦长，交笔较直	无	26.64	9.2	2.01	4.33	B	图二一三，4
		M73：6-5	"五"字瘦长，交笔较直	穿下一星	25.12	9.99	1.96	3.56	B	图二一三，5
		M73：6-6	"五"字瘦长，交笔较直	无	25.85	9.72	1.98	3.42	B	图二一三，6
		M73：6-7	"五"字瘦短，交笔缓曲	无	25.88	9.43	1.94	3.59	C	图二一三，7

墓号	种类	编号	特征		钱径	穿宽	郭厚	重量	分型	备注
			文字特征	其他						
M73	五铢钱	M73：6-8	"五"字瘦长，交笔较直	穿上一横	25.72	9.17	1.98	3.53	B	图二一三，8
		M73：6-9	"五"字瘦短，交笔缓曲	穿下一星	25.88	9.01	2.56	4.07	C	图二一三，9
		M73：6-10	"五"字瘦短，交笔缓曲	无	25.78	9.11	2.12	4.03	C	图二一三，10
		M73：6-11	"五"字宽大，交笔甚曲	穿下一星	26.33	9.21	2.11	3.52	E	图二一三，11
		M73：6-12	"五"字瘦长，交笔甚曲	穿下一星	26.13	10.03	2.18	3.17	D	图二一三，12
M74	五铢钱	M74：1-1	"五"字瘦长，交笔缓曲	穿下一星	25.42	9.15	2.12	3.75	B	图二二一，1
		M74：1-2	"五"字瘦长，交笔较直	无	25.29	8.67	1.63	3.58	B	图二二一，2
		M74：1-3								残
		M74：1-4	"五"字瘦长，交笔缓曲	穿下一星	25.38	8.98	2.22	4.43	B	图二二一，3
		M74：1-5	"五"字瘦长，交笔较直	穿下一星	25.82	8.56	2.04	4.46	B	图二二一，4
		M74：1-6								残
M79	五铢钱	M79：2-1	"五"字瘦长，交笔缓曲	穿上一横	25.76	9.14	1.89	3.66	B	图二三四，1
		M79：2-2	"五"字瘦长，交笔较直	穿上一横	25.44	9.56	1.72	3.44	B	图二三四，2
		M79：2-3	"五"字瘦长，交笔较直	穿下一星	25.21	9.28	1.97	3.79	B	图二三四，3
		M79：2-4	"五"字宽大，交笔甚曲	穿上一横	25.81	9.7	1.97	2.99	E	图二三四，4
		M79：2-5	"五"字宽大，交笔甚曲	穿上一横	24.95	9.54	1.7	2.98	E	图二三四，5
		M79：2-6	"五"字瘦长，交笔较直	穿上一横	25.45	8.78	1.98	3.27	B	图二三四，6
		M79：2-7	"五"字瘦长，交笔较直	穿下一星	25.56	9.19	1.91	4.53	B	图二三四，7
		M79：2-8	"五"字瘦长，交笔较直	穿上一横	25.66	9.79	1.97	3.49	B	图二三四，8
		M79：2-9								残
		M79：2-10	"五"字瘦长，交笔较直	穿上一横	25.47	9.18	2.01	3.95	B	图二三四，9
		M79：2-11	"五"字瘦长，交笔较直	穿上一横	25.41	9.14	1.69	3.03	B	图二三四，10
		M79：2-12	"五"字瘦长，交笔较直	无	25.33	9.49	1.95	2.85	B	图二三四，11
		M79：2-13	"五"字瘦长，交笔较直	无	25.75	9.73	2.04	3.08	B	图二三四，12
		M79：2-14	"五"字瘦长，交笔较直	穿上一横	26.27	9.09	2.02	4.07	B	图二三五，1
		M79：2-15	"五"字瘦长，交笔较直	穿上一横	26.02	9.41	2.04	3.96	B	图二三五，2
		M79：2-16	"五"字宽大，交笔甚曲	穿上一横	25.62	9.47	1.77	3.23	E	图二三五，3
		M79：2-17	"五"字宽大，交笔甚曲	无	26.03	9.37	1.68	3.16	E	图二三五，4
		M79：2-18	"五"字瘦长，交笔较直	穿下一星	25.92	9.23	1.49	2.98	B	图二三五，5
		M79：2-19	"五"字宽大，交笔甚曲	无	26.1	9.68	1.76	3.35	E	图二三五，6
		M79：2-20	"五"字宽大，交笔甚曲	穿上一横	25.57	9.54	1.82	3.07	E	图二三五，7
		M79：2-21	"五"字宽大，交笔甚曲	无	25.97	9.11	2.03	2.93	E	图二三五，8
		M79：2-22	"五"字宽大，交笔甚曲	无	25.98	9.76	1.82	3.21	E	图二三五，9
		M79：2-23	"五"字宽大，交笔甚曲	穿下一星	26.39	9.62	1.9	3.09	E	图二三五，10

墓号	种类	编号	特征		钱径	穿宽	郭厚	重量	分型	备注
			文字特征	其他						
M80	五铢钱	M80：1-1	"五"字宽大，交笔较直	穿下一星	26.58	9.57	1.84	3.6	A	图二三八，1
		M80：1-2	"五"字瘦长，交笔较直	穿上一横	26.36	8.99	2.17	4.71	B	图二三八，2
		M80：1-3	"五"字瘦长，交笔较直	穿下一星	25.32	9.5	1.63	2.84	B	图二三八，3
		M80：1-4	"五"字瘦长，交笔较直	穿上一横	25.8	9.36	1.88	3.6	B	图二三八，4
		M80：1-5	"五"字瘦长，交笔较直	无	25.64	9.91	1.9	3.86	B	图二三八，5
		M80：1-6	"五"字瘦长，交笔较直	穿一星	24.62	9.2	1.82	3.13	B	图二三八，6
		M80：1-7	"五"字瘦长，交笔较直	穿下一星	25.66	9.45	1.92	3.53	B	图二三八，7
		M80：1-8	"五"字瘦长，交笔较直	无	25.77	9.15	1.93	4.14	B	图二三八，8
		M80：1-9	"五"字瘦长，交笔较直	穿下一星	25.63	9.42	1.99	3.83	B	图二三八，9
		M80：1-10	"五"字瘦长，交笔较直	无	25.5	9.5	1.53	3.42	B	图二三八，10
		M80：1-11	"五"字瘦长，交笔较直	穿下一星	25.39	9.62	1.72	3.09	B	图二三八，11
		M80：1-12	"五"字瘦长，交笔较直	穿下一星	25.35	9.66	1.9	4.15	B	图二三八，12
		M80：1-13	"五"字瘦长，交笔较直	无	25.65	9.37	1.79	4.23	B	图二三九，1
		M80：1-14	"五"字瘦长，交笔较直	穿上一横	25.47	9.71	1.78	3.4	B	图二三九，2
		M80：1-15	"五"字瘦长，交笔较直	穿上一横	25.74	9.09	2.07	3.57	B	图二三九，3
		M80：1-16	"五"字瘦长，交笔较直	穿下一星	26.12	9.51	1.51	3.61	B	图二三九，4
		M80：1-17	"五"字瘦长，交笔较直	无	25.62	9.36	1.72	3.23	B	图二三九，5
		M80：1-18	"五"字瘦长，交笔较直	无	25.36	9.4	1.61	3.7	B	图二三九，6
		M80：1-19								残
		M80：1-20	"五"字瘦长，交笔较直	穿下一星	25.49	9.23	1.95	3.93	B	图二三九，7
		M80：1-21	"五"字瘦长，交笔较直	无	25.47	9.46	2.17	4.51	B	图二三九，8
		M80：1-22	"五"字瘦长，交笔较直	穿下一星	25.16	9.57	1.47	3.05	B	图二三九，9
		M80：1-23	"五"字瘦长，交笔较直	无	25.73	9.49	2.12	3.81	B	图二三九，10
		M80：1-24	"五"字瘦长，交笔较直	无	26.15	9.38	2.2	4.51	B	图二三九，11
		M80：1-25	"五"字瘦长，交笔较直	无	26.38	9.41	1.71	3.86	B	图二三九，12
M81	五铢钱	M81：3-1	"五"字宽大，交笔缓曲	穿上一横	24.82	9.19	1.3	2.42	A	图二四五，1
		M81：3-2	"五"字瘦长，交笔较直	四角决文	25.22	9.33	1.68	3.09	B	图二四五，2
		M81：3-3	"五"字瘦长，交笔较直	穿上一横	25.04	9.64	1.41	2.72	B	图二四五，3
		M81：3-4	"五"字瘦长，交笔较直	无	25.25	9.29	1.72	2.67	B	图二四五，4
		M81：3-5	"五"字瘦长，交笔缓曲	穿下一星	25.22	9.92	1.8	2.99	B	图二四五，5
		M81：3-6	"五"字瘦长，交笔较直	无	24.89	9.37	1.81	3.51	B	图二四五，6
		M81：3-7	"五"字瘦长，交笔缓曲	穿上一横	25.61	9.58	1.56	3.52	B	图二四五，7
		M81：3-8	"五"字瘦长，交笔缓曲	穿一星	25.3	9.65	1.66	3.11	E	图二四五，8
		M81：3-9	"五"字瘦长，交笔缓曲	穿下一星	25.44	9.97	1.54	2.71	B	图二四五，9
		M81：3-10	"五"字瘦长，交笔较直	穿下一星	25.03	9.59	1.55	2.7	B	图二四五，10
		M81：3-11	"五"字瘦长，交笔较直	无	25	9.57	1.53	2.87	B	图二四五，11

墓号	种类	编号	特征		钱径	穿宽	郭厚	重量	分型	备注
			文字特征	其他						
M81	五铢钱	M81：3-12	"五"字瘦长，交笔较直	穿下一星	25.19	9.18	1.79	3.48	B	图二四五，12
		M81：3-13	"五"字瘦长，交笔较直	无	25.4	9.25	1.81	3.04	B	图二四六，1
		M81：3-14	"五"字瘦长，交笔较直	穿下一星	25.43	9.33	1.67	3.36	B	图二四六，2
		M81：3-15	"五"字瘦长，交笔较直	穿下一星	25.53	9.53	1.58	2.98	B	图二四六，3
		M81：3-16	"五"字瘦长，交笔较直	无	25.54	9.17	1.52	3.4	B	图二四六，4
		M81：3-17	"五"字瘦长，交笔较直	无	24.98	9.3	1.46	3.32	B	图二四六，5
		M81：3-18	"五"字瘦长，交笔较直	无	25.58	9.05	1.84	3.62	B	图二四六，6
		M81：3-19	"五"字瘦长，交笔甚曲，末端近乎平行	穿上一横	25.5	9.52	1.88	3.71	D	图二四六，7
		M81：3-20	"五"字瘦长，交笔甚曲，末端近乎平行	穿上一横	25.33	10.07	1.51	3.27	D	图二四六，8
		M81：3-21	"五"字瘦长，交笔甚曲，末端近乎平行	穿下一星	25.93	8.89	1.96	2.89	D	图二四六，9
		M81：3-22	"五"字瘦长，交笔甚曲，末端近乎平行	穿下一星	25.99	9.4	2.19	3.96	D	图二四六，10
		M81：3-23	"五"字瘦长，交笔甚曲，末端近乎平行	穿下一星	26.03	9.7	1.46	2.83	D	图二四六，11
		M81：3-24	"五"字瘦长，交笔甚曲，末端近乎平行	穿下一星	25.32	9.08	1.96	3.45	D	图二四六，12
		M81：3-25	"五"字瘦长，交笔较直	无	26.24	9.29	1.73	3.71	B	图二四七，1
		M81：3-26	"五"字瘦长，交笔较直	无	25.42	9.79	1.98	3.12	B	图二四七，2
		M81：3-27	"五"字瘦长，交笔较直	无	25.82	9.25	2	3.75	B	图二四七，3
		M81：3-28	"五"字瘦长，交笔较直	穿上一横	25.82	9.2	1.38	3.18	B	图二四七，4
		M81：3-29	"五"字瘦长，交笔缓曲	穿上一横	26.14	9.35	1.85	4.05	B	图二四七，5
		M81：3-30	"五"字瘦长，交笔甚曲，末端近乎平行	无	25.35	9.65	1.75	3.52	D	图二四七，6
		M81：3-31	"五"字瘦长，交笔甚曲，末端近乎平行	穿上一横	26.01	9.9	1.71	2.68	D	图二四七，7
M83	五铢钱	M83：1-1	"五"字瘦长，交笔较直	穿下一星	25.34	9.14	1.81	3.88	B	图二五二，1
		M83：1-2	"五"字瘦长，交笔较直	穿下一星	25.41	9.79	1.82	3.86	B	图二五二，2
		M83：1-3	"五"字瘦短，交笔缓曲	穿上一横	25.56	9.68	1.57	3.52	C	图二五二，3
		M83：1-4	"五"字瘦长，交笔甚曲，末端近乎平行	穿上一横	25.84	9.69	2.07	3.82	D	图二五二，4
		M83：1-5	"五"字瘦长，交笔甚曲，末端近乎平行	穿上一横	25.63	9.81	2.21	3.59	D	图二五二，5
		M83：1-6	"五"字瘦短，交笔缓曲	穿上一横	25.7	9.36	2.02	4.07	C	图二五二，6
		M83：1-7	"五"字瘦长，交笔较直	穿下一星	25.57	9.44	1.8	3.67	B	图二五二，7
		M83：1-8	"五"字瘦长，交笔较直	穿下一星	25.12	9.71	1.69	2.96	B	图二五二，8

墓号	种类	编号	特征		钱径	穿宽	郭厚	重量	分型	备注
			文字特征	其他						
M83	五铢钱	M83：1-9	"五"字瘦长，交笔甚曲，末端近乎平行	穿上一横	25.58	9.73	2.06	3.64	D	图二五二，9
		M83：1-10	"五"字瘦长，交笔较直	无	25.36	9.74	1.64	3.19	B	图二五二，10
		M83：1-11	"五"字瘦长，交笔较直	穿上一横	26.4	8.98	2.27	4.2	B	图二五二，11
		M83：1-12	"五"字瘦长，交笔较直	穿下一星	25.56	8.95	2.07	4.19	B	图二五二，12
		M83：1-13	"五"字宽大，交笔甚曲	穿上一横	25.49	8.92	2.22	4.21	E	图二五三，1
		M83：1-14	"五"字瘦长，交笔缓曲	穿下一星	26.18	9.49	1.63	3.27	B	图二五三，2
		M83：1-15	"五"字瘦长，交笔缓曲	穿上一横	25.63	9.17	2.08	3.5	B	图二五三，3
		M83：1-16	"五"字宽大，交笔甚曲	穿上一横	25.91	9.01	2.07	3.87	E	图二五三，4
		M83：1-17	"五"字瘦长，交笔缓曲	穿下一星	25.2	9.17	1.76	3.12	B	图二五三，5
		M83：1-18	"五"字瘦长，交笔缓曲	穿下一星	25.25	9.43	1.98	3.53	B	图二五三，6
		M83：1-19	"五"字瘦长，交笔缓曲	穿下一星	25.6	9.4	2.24	3.99	B	图二五三，7
		M83：1-20	"五"字宽大，交笔较直	穿上一横	25.26	9.49	2.15	3.7	A	图二五三，8
M84	五铢钱	M84：1-1	"五"字瘦长，交笔较直	穿上一横	25.31	9.79	1.74	3.02	B	图二五七，1
		M84：1-2	"五"字瘦长，交笔较直	穿下一星	25.14	9.67	1.76	2.67	B	图二五七，2
		M84：1-3	"五"字瘦长，交笔较直	无	25.6	10.02	1.52	3.12	B	图二五七，3
		M84：1-4	"五"字瘦长，交笔较直	无	25.54	9.68	1.77	3.6	B	图二五七，4
		M84：1-5	"五"字瘦长，交笔较直	穿下一星	25.37	9.16	1.88	3.64	B	图二五七，5
		M84：1-6	"五"字瘦长，交笔缓曲	穿下一星	25.76	9.46	1.85	3.84	B	图二五七，6
		M84：1-7	"五"字瘦长，交笔缓曲	无	25.19	9.57	1.68	3.2	B	图二五七，7
		M84：1-8								残
		M84：1-9	"五"字瘦长，交笔缓曲	穿上一横	25.56	9.41	1.9	4.17	B	图二五七，8
		M84：1-10	"五"字瘦长，交笔缓曲	无	25.44	9.54	1.79	3.53	B	图二五七，9
		M84：1-11	"五"字瘦长，交笔缓曲	无	25.65	6.64	1.54	3.02	B	图二五七，10
		M84：1-12	"五"字瘦长，交笔缓曲	无	25.33	9.89	1.56	2.77	B	图二五七，11
		M84：1-13	"五"字瘦长，交笔缓曲	无	25.65	9.91	1.8	3.14	B	图二五七，12
M90	五铢钱	M90：5-1	"五"字宽大，交笔较直	穿上一横	25.64	9.31	1.83	4	A	图二六八，1
		M90：5-2	"五"字瘦长，交笔较直	无	25.65	9.62	1.81	3.5	B	图二六八，2
		M90：5-3	"五"字瘦长，交笔较直	穿上一横	25.83	9.34	1.71	3.49	B	图二六八，3
M93	五铢钱	M93：3-1	"五"字瘦长，交笔甚曲，末端近乎平行	无	25.58	9.91	2.31	4.25	D	图二七三，2
		M93：3-2	"五"字宽大，交笔较直	无	25.91	9.65	1.85	3.62	A	图二七三，3
		M93：3-3	"五"字宽大，交笔较直	无	25.46	9.73	1.81	3.49	A	图二七三，4
		M93：3-4	"五"字宽大，交笔较直	无	25.48	9.44	1.83	3.97	A	图二七四，1
		M93：3-5	"五"字宽大，交笔较直	四角决文	25.65	9.62	1.93	3.71	A	图二七四，2
		M93：3-6	"五"字宽大，交笔较直	无	25.97	9.27	1.77	2.8	A	图二七四，3

墓号	种类	编号	特征		钱径	穿宽	郭厚	重量	分型	备注
			文字特征	其他						
M93	五铢钱	M93：3-7	"五"字宽大，交笔较直	无	25.79	9.14	2.17	4.45	A	图二七四，4
		M93：3-8	"五"字瘦长，交笔较直	无	25.6	9.25	1.96	4.43	B	图二七四，5
		M93：3-9	"五"字瘦长，交笔较直	无	26.28	9.42	2.03	3.85	B	图二七四，6
		M93：3-10	"五"字宽大，交笔较直	无	25.65	8.65	2.13	3.4	A	图二七四，7
		M93：3-11	"五"字瘦长，交笔较直	穿上一横	25.4	9.68	1.9	4.01	B	图二七四，8
		M93：3-12	"五"字瘦长，交笔较直	穿上一横	25.85	8.41	2.44	4.69	B	图二七四，9
		M93：3-13	"五"字瘦长，交笔较直	穿上一横	25.98	9.06	2.13	4.81	B	图二七四，10
		M93：3-14	"五"字瘦长，交笔较直	穿下一星	25.83	9.52	1.89	3.7	B	图二七四，11
		M93：3-15	"五"字瘦长，交笔缓曲	无	25.62	9.16	2.08	3.6	B	图二七四，12
M94	五铢钱	M94：1-1	"五"字宽大，交笔较直	无	25.56	9.4	1.73	3.36	A	图二七六，1
		M94：1-2	"五"字瘦长，交笔较直	穿上一横	25.21	9.23	1.83	3.54	B	图二七六，2
		M94：1-3	"五"字瘦长，交笔较直	穿上一横	25.25	9.34	2.64	4.37	B	图二七六，3
		M94：1-4	"五"字瘦长，交笔较直	无	25.23	9.72	1.49	3.18	B	图二七六，4
		M94：1-5	"五"字宽大，交笔较直	无	24.94	9.64	1.71	3.66	A	图二七六，5
		M94：1-6	"五"字瘦长，交笔较直	无	26.16	9.53	1.78	4.1	B	图二七六，6
		M94：1-7	"五"字瘦长，交笔较直	穿上一横	25.57	9.72	1.89	3.75	B	图二七六，7
		M94：1-8	"五"字瘦长，交笔较直	穿上一横	25.5	9.87	1.87	4.32	B	图二七六，8
		M94：1-9	"五"字宽大，交笔较直	无	25.5	9.89	1.58	3.65	A	图二七六，9
		M94：1-10	"五"字瘦短，交笔缓曲	无	25.39	9.42	1.82	3.4	C	图二七六，10
M95	五铢钱	M95：6-1	"五"字瘦长，交笔缓曲	穿下一星	24.15	9.81	1.77	2.91	B	图二七九，2
		M95：6-2	"五"字瘦长，交笔甚曲，末端近乎平行	穿上一星	24.33	9.16	1.79	2.79	D	图二七九，3
		M95：6-3								残
		M95：6-4								残
M99	五铢钱	M99：1	"五"字宽大，交笔较直	穿下一星	25.29	9.44	1.93	3.49	A	图二八九，3
M101	五铢钱	M101：2-1	"五"字瘦短，交笔缓曲	穿下一星	25.21	9.2	1.64	3.34	C	图二九四，1
		M101：2-2	"五"字瘦长，交笔较直	穿上一横	25	10.21	1.43	2.67	B	图二九四，2
		M101：2-3	"五"字瘦长，交笔较直	穿上一横	25.58	9.28	1.36	2.71	B	图二九四，3
		M101：2-4	"五"字瘦长，交笔缓曲	穿上一横	26.08	9.87	1.6	3.44	B	图二九四，4
		M101：2-5	"五"字瘦长，交笔较直	穿上一横	25.91	10.36	1.84	3.2	B	图二九四，5
		M101：2-6	"五"字瘦长，交笔缓曲	穿下一星	25.56	9.73	2.1	3.6	B	图二九四，6
		M101：2-7	"五"字瘦短，交笔缓曲	穿下一星	25.34	8.91	1.83	3.51	C	图二九四，7
		M101：2-8	"五"字瘦长，交笔较直	穿上一横	25.52	8.9	1.7	3.51	B	图二九四，8
		M101：2-9	"五"字瘦长，交笔较直	穿上一横	25.22	8.89	1.74	3.6	B	图二九四，9
		M101：2-10	"五"字宽大，交笔较直	无	26.13	8.73	1.73	4.3	A	图二九四，10
		M101：2-11	"五"字瘦长，交笔较直	无	25.65	9.11	1.76	3.58	B	图二九四，11

墓号	种类	编号	特征		钱径	穿宽	郭厚	重量	分型	备注
			文字特征	其他						
M101	五铢钱	M101∶2-12	"五"字瘦长，交笔较直	四角决文	25.5	9.46	1.56	3.08	B	图二九四，12
		M101∶2-13	"五"字瘦长，交笔较直	无	25.83	9.21	1.82	4.3	B	图二九五，1
		M101∶2-14	"五"字瘦长，交笔较直	穿下一星	25.55	9.48	1.7	3.78	B	图二九五，2
		M101∶2-15	"五"字瘦长，交笔较直	穿下一星	25.22	10.01	1.62	2.95	B	图二九五，3
		M101∶2-16	"五"字瘦长，交笔较直	穿上一横	25.27	8.88	1.9	3.54	B	图二九五，4
		M101∶2-17	"五"字瘦长，交笔较直	无	25.78	9.07	1.86	4.21	B	图二九五，5
		M101∶2-18	"五"字宽大，交笔较直	穿上一横	25.62	9.53	1.83	3.55	A	图二九五，6
		M101∶2-19	"五"字瘦长，交笔较直	穿上一横	25.37	8.79	1.88	4.39	B	图二九五，7
		M101∶2-20	"五"字瘦长，交笔缓曲	穿下一星	25.59	9.57	1.94	3.94	B	图二九五，8
		M101∶2-21	"五"字瘦长，交笔较直	无	26.31	8.01	1.75	3.31	B	图二九五，9
		M101∶2-22	"五"字瘦长，交笔较直	穿上一横	25.55	9.27	2.02	4.17	B	图二九五，10
		M101∶2-23	"五"字瘦长，交笔较直	穿上一横	25.68	9.95	2.4	4.14	B	图二九五，11
		M101∶2-24	"五"字瘦长，交笔较直	穿上一横	24.58	9.71	1.95	3.16	B	图二九五，12
		M101∶2-25								残
		M101∶2-26								残
M103	五铢钱	M103∶4-1	"五"字瘦长，交笔较直	穿上一横	25.74	9.31	1.51	3.07	B	图三〇二，1
		M103∶4-2	"五"字瘦长，交笔缓曲	穿上一横	26.14	9.13	1.64	3.12	B	图三〇二，2
		M103∶4-3	"五"字瘦长，交笔甚曲，末端近乎平行	穿下一星	25.46	9.56	1.96	3.97	D	图三〇二，3
		M103∶4-4	"五"字瘦长，交笔较直	无	26.68	9.82	1.98	2.68	B	图三〇二，4
		M103∶4-5	"五"字瘦长，交笔甚曲，末端近乎平行	穿下一星	26.19	9.38	2.1	3.34	D	图三〇二，5
		M103∶4-6	"五"字瘦长，交笔缓曲	穿上一横	24.73	9.8	1.63	2.7	B	图三〇二，6
		M103∶4-7	"五"字瘦长，交笔甚曲，末端近乎平行	穿下一星	25.95	9.09	1.82	3.67	D	图三〇二，7
		M103∶4-8	"五"字瘦长，交笔甚曲，末端近乎平行	穿上一横	26.42	9.41	1.56	2.93	D	图三〇二，8
		M103∶4-9	"五"字瘦长，交笔较直	穿上一横	26.96	9.4	2.29	3.25	B	图三〇二，9
M104	五铢钱	M104∶13-1	"五"字瘦长，交笔甚曲，末端近乎平行	穿上一横	25.96	9.35	1.72	2.65	D	图三〇五，1
		M104∶13-2	"五"字宽大，交笔甚曲，末端近乎平行	穿下一星	26.12	8.77	2.15	3.9	E	图三〇五，2
		M104∶13-3	"五"字宽大，交笔甚曲，末端近乎平行	穿下一星	26.19	9.64	2	2.97	E	图三〇五，3
		M104∶13-4	"五"字宽大，交笔甚曲，末端近乎平行	穿下一星	26.16	9.48	2.11	2.84	E	图三〇五，4
		M104∶13-5	"五"字瘦长，交笔甚曲，末端近乎平行	穿上一横	26.36	9.68	1.9	2.4	D	图三〇五，5

墓号	种类	编号	特征		钱径	穿宽	郭厚	重量	分型	备注
			文字特征	其他						
M104	五铢钱	M104：13-6	"五"字宽大，交笔甚曲，末端近乎平行	穿下一星	26.2	9.42	1.96	3.03	E	图三〇五，6
		M104：13-7	"五"字宽大，交笔甚曲，末端近乎平行	穿下一星	25.84	9.53	1.62	2.88	E	图三〇五，7
		M104：13-8								残
M105	五铢钱	M105：1-1	"五"字瘦长，交笔较直	剪轮，穿上一横	21.72	9.6	0.95	2.29	B	图三〇七，2
M109	半两/五铢	M109：2-1	"两"字下框内作连山形	小穿	23.71	6.3	1.28	1.92	B	图三一四，1
		M109：2-2	"两"字下框内作"十"形	大穿	24.48	8.72	1.32	2.56	C	图三一四，2
		M109：2-3	"五"字瘦长，交笔较直	穿上一横	25.71	9.49	1.92	3.54	B	图三一四，3
		M109：2-4	"五"字瘦长，交笔较直	无	25.63	9.81	2.04	3.95	B	图三一四，4
		M109：2-5	"五"字瘦长，交笔较直	无	24.79	8.98	2.01	3.87	B	图三一四，5
		M109：2-6	"五"字瘦长，交笔较直	穿上一横	25.02	8.79	2.03	4.02	B	图三一四，6
		M109：2-7	"五"字瘦长，交笔较直	穿下一星	25.11	9.03	2.06	4.13	B	图三一四，7
		M109：2-8	"五"字瘦长，交笔较直	穿上一横	24.96	9.22	1.83	4.21	B	图三一四，8
M111	五铢钱	M111：4-1	"五"字瘦长，交笔较直	无	25.47	9.71	1.51	2.73	B	图三一九，1
		M111：4-2	钱文不清	无	25.6	9.35	1.85	3.34		图三一九，2
		M111：4-3	钱文不清	无	25.45	9.63	1.96	3.82		图三一九，3
		M111：4-4	"五"字瘦长，交笔较直	无	25.62	9.2	1.75	3.78	B	图三一九，4
		M111：4-5	"五"字瘦长，交笔较直	无	26.18	9.42	1.81	3.39	B	图三一九，5
		M111：4-6								残
		M111：4-7								残
M112	五铢钱	M112：9-1	"五"字瘦长，交笔缓曲	穿下一星	25.87	9.4	2.11	3.44	B	图三二二，1
		M112：9-2	"五"字宽大，交笔甚曲，末端近乎平行	穿上一横	25.15	8.94	1.52	3.45	E	图三二二，2
		M112：9-3	"五"字瘦长，交笔较直	无	25.3	9.05	2.13	3.35	B	图三二二，3
		M112：9-4	"五"字瘦长，交笔缓曲	无	25.48	9.5	1.99	3.28	B	图三二二，4
		M112：9-5	"五"字瘦长，交笔缓曲	无	25.54	9.58	1.84	3.75	B	图三二二，5
		M112：9-6	"五"字宽大，交笔甚曲，上下三角近炮弹形	穿下一星	25.26	9.44	2.15	4.02	F	图三二二，6
		M112：9-7	"五"字瘦长，交笔较直	穿上一横	24.02	10.04	1.63	2.36	B	图三二二，7
		M112：9-8	"五"字宽大，交笔甚曲，末端近乎平行	无	25.54	8.74	1.64	4.26	E	图三二二，8
		M112：9-9	"五"字瘦长，交笔缓曲	穿下一星	25.94	9.5	1.85	3.6	B	图三二二，9
		M112：9-10	"五"字瘦长，交笔较直	无	25.79	9.56	1.8	2.92	B	图三二二，10
		M112：9-11	"五"字宽大，交笔较直	无	23.83	9.97	1.49	2.22	A	图三二二，11

墓号	种类	编号	特征		钱径	穿宽	郭厚	重量	分型	备注
			文字特征	其他						
M112	五铢钱	M112：9-12	"五"字瘦长，交笔较直	无	26.29	8.27	2.22	4.7	B	图三二二，12
		M112：9-13	"五"字宽大，交笔甚曲，上下三角近炮弹形	穿上一横	26.12	9.31	1.94	3.68	F	图三二三，1
		M112：9-14	"五"字宽大，交笔甚曲，上下三角近炮弹形	穿下一星	25.71	9.06	1.88	4.02	F	图三二三，2
		M112：9-15		无	25.89	9.52	1.93	3.17		图三二三，3
M113	五铢钱	M113：6-1	"五"字瘦长，交笔较直	无	25.82	9.89	2.03	4.02	B	图三二六，1
		M113：6-2	"五"字瘦长，交笔较直	穿上一横	25.47	9.49	2.01	4.44	B	图三二六，2
		M113：6-3	"五"字瘦长，交笔较直	无	25.82	9.55	2.13	4.56	B	图三二六，3
		M113：6-4	"五"字瘦长，交笔较直	无	25.51	9.79	1.88	3.26	B	图三二六，4
		M113：6-5	"五"字瘦长，交笔较直	穿上一横	25.95	9.7	2.13	4.64	B	图三二六，5
		M113：6-6	"五"字瘦长，交笔较直	无	25.53	9.64	2.07	4.04	B	图三二六，6
		M113：6-7	"五"字瘦长，交笔较直	无	25.75	9.29	2.07	4.11	B	图三二六，7
		M113：6-8	"五"字瘦长，交笔较直	穿下一星	25.86	9.2	1.72	4.21	B	图三二六，8
		M113：6-9	"五"字瘦长，交笔缓曲	穿下一星	25.55	10.29	1.98	4.14	B	图三二六，9
		M113：6-10	"五"字瘦长，交笔较直	穿上一横	25.28	9.34	1.79	3.7	B	图三二六，10
		M113：6-11	"五"字瘦长，交笔较直	穿上一横	25.38	9.54	2.54	4.73	B	图三二六，11
		M113：6-12	"五"字瘦长，交笔缓曲	穿上一横	26.09	9.28	1.87	3.73	B	图三二六，12
		M113：6-13								残
M115	五铢钱	M115：4-1	"五"字瘦长，交笔较直	无	25.66	9.53	1.62	3.08	B	图三三三，1
		M115：4-2	"五"字瘦长，交笔较直	无	25.93	9.45	2.13	4.01	B	图三三三，2
		M115：4-3	"五"字瘦长，交笔较直	无	25.86	9.89	2.03	3.82	B	图三三三，3
		M115：4-4	"五"字瘦长，交笔较直	无	26.29	10.14	1.97	4.06	B	图三三三，4
		M115：4-5	"五"字瘦长，交笔较直	无	25.55	9.9	1.79	3.64	B	图三三三，5
		M115：4-6								残
		M115：4-7	"五"字瘦长，交笔较直	无	25.38	8.25	2.28	4.4	B	图三三三，6
		M115：4-8	"五"字瘦长，交笔较直	穿下一星	25.72	9.05	1.91	3.95	B	图三三三，7
		M115：4-9	"五"字瘦长，交笔较直	穿下一星	25.2	9.97	2.11	3.35	B	图三三三，8
		M115：4-10	"五"字瘦长，交笔较直	无	25.91	9.88	1.97	3.68	B	图三三三，9
		M115：4-11	"五"字瘦长，交笔较直	无	25.67	9.82	2.18	4.34	B	图三三三，10
		M115：4-12	"五"字瘦长，交笔较直	四角决文	25.05	9.26	1.82	4.26	B	图三三三，11
		M115：4-13	"五"字瘦长，交笔较直	无	25.69	9.7	2.2	4.01	B	图三三三，12
M116	半两钱	M116：1-1	"两"字下框内作"十"形		24.57	8.81	1.34	2.01	C	图三三六，1
		M116：1-2	"两"字下框内作连山形		23.85	6.86	1.1	3.15	B	图三三六，2
		M116：1-3	"两"字下框内为二"人"字，且出头较长		24.36	9.03	0.93	2.53	A	图三三六，3

墓号	种类	编号	特征		钱径	穿宽	郭厚	重量	分型	备注
			文字特征	其他						
M116	半两钱	M116：1-4	"两"字下框内为二"人"字，且出头较长		24.42	6.42	0.76	2.62	A	图三三六，4
		M116：1-5	"两"字下框内为二"人"字，且出头较长		24.35	9.07	0.93	2.87	A	图三三六，5
		M116：1-6	"两"字下框内为二"人"字，且出头较长		24.37	8.63	0.96	2.65	A	图三三六，6
		M116：1-7								残
		M116：1-8	"两"字下框内作"十"形		25.14	7.44	1.06	2.9	C	图三三六，7
		M116：1-9	"两"字下框内作"十"形		23.76	7.21	1.19	2.87	C	图三三六，8
		M116：1-10	"两"字下框内作连山形		24.83	8.73	0.99	2.89	B	图三三六，9
M117	半两钱	M117：2	"两"字下框内为二"人"字，且出头较长		23.5	7.48	1.07	2.36	A	图三三八，8
M118	五铢钱	M118：12-1	"五"字瘦长，交笔较直	穿下一星	25.9	9.17	1.53	3.75	B	图三四一，5
		M118：12-2	"五"字瘦长，交笔较直	穿上一横	25.68	9.22	1.92	3.04	B	图三四一，6
		M118：12-3	"五"字瘦长，交笔较直	穿下一星	25.04	9.39	1.76	3.43	B	图三四一，7
		M118：12-4	"五"字瘦长，交笔较直	穿上一横	25.93	9.85	1.85	4.06	B	图三四一，8
		M118：12-5	"五"字瘦长，交笔较直	无	25.56	9.23	1.91	4.25	B	图三四一，9
		M118：12-6	"五"字瘦长，交笔较直	四角决文	25.48	9.51	1.92	2.98	B	图三四一，10
		M118：12-7								残
M129	五铢钱	M129：4-1	"五"字瘦长，交笔较直	无	25.39	9.38	1.56	3.77	B	图三六六，2
		M129：4-2	"五"字瘦长，交笔甚曲，末端近乎平行	穿上一横	26.13	9.17	2.35	3.61	D	图三六六，3
		M129：4-3								残
M130	半两钱	M130：2-1	"两"字下框内作"十"形		23.98	7.07	1.43	2.87	C	图三六九，1
		M130：2-2	"两"字下框内作"十"形		24.02	8.42	0.93	2.74	C	图三六九，2
M131	五铢钱	M131：2-1	"五"字瘦长，交笔较直	穿下一星	25.43	9.46	1.82	3.63	B	图三七三，1
		M131：2-2	"五"字瘦长，交笔较直	穿下一星	25.44	9.51	1.7	3.44	B	图三七三，2
		M131：2-3	"五"字瘦长，交笔较直	穿下一星	26.17	9.98	1.67	3.27	B	图三七三，3
		M131：2-4	"五"字瘦长，交笔较直	穿上一横	25.57	8.89	1.7	4.09	B	图三七三，4
		M131：2-5	"五"字瘦长，交笔较直	穿下一星	26.15	9.54	1.92	3.86	B	图三七三，5
		M131：2-6	"五"字瘦长，交笔较直	穿下一星	25.18	9.82	1.75	3.59	B	图三七三，6
		M131：2-7		穿下一星	25.47	9.18	1.8	3.59		图三七三，7

墓号	种类	编号	特征		钱径	穿宽	郭厚	重量	分型	备注
			文字特征	其他						
M131	五铢钱	M131：2-8	"五"字宽大，交笔较直	穿上一横	25.28	9.72	1.47	3.33	A	图三七三，8
		M131：2-9	"五"字瘦长，交笔较直	无	26.21	9.27	2.15	5.08	B	图三七三，9
		M131：2-10	"五"字瘦长，交笔缓曲	穿下一星	25.3	9.1	1.83	3.77	B	图三七三，10
		M131：2-11	"五"字瘦长，交笔较直	穿上一横	25.35	9.57	1.55	2.98	B	图三七三，11
		M131：2-12	"五"字瘦长，交笔较直	穿上一横	25.32	9.4	1.59	3.63	B	图三七三，12
M133	五铢钱	M133：2-1	"五"字瘦长，交笔较直	四角决文	25.49	9.73	2.15	4.08	B	图三七八，1
		M133：2-2	"五"字瘦长，交笔较直	无	26.01	9.29	1.56	3.26	B	图三七八，2
		M133：2-3	"五"字瘦长，交笔较直	无	25.65	9.79	2.07	3.67	B	图三七八，3
		M133：2-4	"五"字瘦长，交笔较直	穿上一横	25.49	9.32	1.9	3.82	B	图三七八，4
		M133：2-5	"五"字瘦长，交笔较直	无	26.46	9.77	2.04	4.43	B	图三七八，5
		M133：2-6	"五"字瘦长，交笔缓曲	穿下一星	25.27	9.89	1.78	3.07	B	图三七八，6
		M133：2-7	"五"字瘦长，交笔较直	无	25.67	9.3	1.84	4.04	B	图三七八，7
		M133：2-8								残
		M133：2-9								残
		M133：2-10	"五"字瘦长，交笔较直	无	25.67	10.32	1.8	3.75	B	图三七八，8
		M133：2-11	"五"字瘦长，交笔较直	穿上一横	26.14	8.8	1.94	4.61	B	图三七八，9
		M133：2-12	"五"字瘦长，交笔较直	穿上一横	24.86	9.54	1.6	2.93	B	图三七八，10
		M133：2-13	"五"字瘦长，交笔较直	无	25.37	9.32	1.69	3.95	B	图三七八，11
		M133：2-14	"五"字瘦长，交笔较直	无	25.93	9.18	1.69	3.5	B	图三七八，12
M134	半两钱	M134：2	"两"字下框内作"十"形		23.35	8.18	1.39	2.71	C	图三八二，2
M135	五铢钱	M135：1-1	"五"字瘦长，交笔较直	穿上一横	25.19	9.84	1.94	3.75	B	图三八五，1
		M135：1-2	"五"字瘦长，交笔较直	无	25.24	9.57	1.98	3.69	B	图三八五，2
		M135：1-3	"五"字瘦长，交笔较直	无	25.34	8.79	1.86	3.88	B	图三八五，3
		M135：1-4	"五"字瘦长，交笔较直	穿下一星	25.64	9.79	2.55	3.4	B	图三八五，4
		M135：1-5	"五"字瘦长，交笔较直	无	25.58	10.01	1.54	2.83	B	图三八五，5
		M135：1-6	"五"字瘦长，交笔较直	四角决文	25.99	9.67	2.62	3.58	A	图三八五，6
		M135：1-7	"五"字瘦长，交笔较直	无	25.65	9.17	1.92	3.63	B	图三八五，7
		M135：1-8	"五"字瘦长，交笔较直	穿下一星	25.33	10.07	2.11	2.95	B	图三八五，8
		M135：1-9	"五"字瘦长，交笔较直	无	25.23	9.5	1.52	2.86	B	图三八五，9
		M135：1-10								残
		M135：1-11	"五"字瘦长，交笔较直	穿上一横	25.82	9.44	2.01	4.51	B	图三八五，10
M137	五铢钱	M137：1-1	"五"字瘦长，交笔较直	穿上一横	25.6	10.44	1.86	3.56	B	图三九一，1
		M137：1-2	"五"字瘦长，交笔较直	无	25.52	9.09	1.76	3.96	B	图三九一，2
		M137：1-3	"五"字瘦长，交笔较直	四角决文	25.99	9.58	1.97	3.47	B	图三九一，3
		M137：1-4	"五"字瘦长，交笔较直	无	25.75	9.54	1.62	3.55	B	图三九一，4

墓号	种类	编号	特征		钱径	穿宽	郭厚	重量	分型	备注
			文字特征	其他						
M137	五铢钱	M137：1-5	"五"字瘦长，交笔较直	穿下一星	25.72	9.86	1.48	3.3	B	图三九一，5
		M137：1-6	"五"字瘦长，交笔较直	无	25.36	9.68	1.71	3.51	B	图三九一，6
		M137：1-7	"五"字瘦长，交笔较直	无	25.38	9.86	1.41	2.98	B	图三九一，7
		M137：1-8	"五"字瘦长，交笔较直	无	25.73	9.84	1.92	3.74	B	图三九一，8
		M137：1-9	"五"字瘦长，交笔较直	无	25.47	9.57	1.82	3.68	B	图三九一，9
		M137：1-10	"五"字瘦长，交笔较直	无	25.1	10.19	1.67	3.05	B	图三九一，10
		M137：1-11	"五"字瘦长，交笔较直	穿下一星	26.16	9.15	2.01	4.41	B	图三九一，11
		M137：1-12	"五"字瘦长，交笔较直	穿下一星	25.57	9.14	2.04	4.85	B	图三九一，12
		M137：1-13	"五"字瘦长，交笔较直	穿上一横	25.23	9.18	2.05	4.96	B	图三九二，1
		M137：1-14	"五"字瘦长，交笔较直	无	25.42	9.65	1.64	3.91	B	图三九二，2
		M137：1-15	"五"字瘦长，交笔较直	无	25.36	9.24	1.78	3.86	B	图三九二，3
		M137：1-16	"五"字瘦长，交笔较直	无	25.14	9.61	1.38	2.88	B	图三九二，4
M140	半两钱	M140：1-1	"两"字下框为空框		23.12	8.78	0.89	1.7	D	图三九七，3
		M140：1-2	"两"字下框内作"十"形		22.92	7.54	0.91	1.85	C	图三九七，4
		M140：1-3	"两"字下框内作"十"形		22.63	7.69	0.97	1.54	C	图三九七，5
M142	半两钱	M142：1-1	"两"字下框内作"十"形		24.79	7.63	1.1	2.47	C	图四〇七，1
		M142：1-2	"两"字下框内作"十"形		23.41	5.98	1.16	2.43	C	图四〇七，2
		M142：1-3	"两"字下框内作"十"形		23.53	7.81	1.17	2.28	C	图四〇七，3
		M142：1-4	"两"字下框内作"十"形		22.51	7.48	0.67	1.74	C	图四〇七，4
		M142：1-5	"两"字下框为空框		23.71	5.8	0.82	2.73	D	图四〇七，5
		M142：1-6	"两"字下框内为二"人"字，且出头较长		23.26	8.15	1.09	2.46	A	图四〇七，6
		M142：1-7	"两"字下框内作连山形		24.39	8.93	1.08	2.85	B	图四〇七，7
M145	半两钱	M145：9-1	"两"字下框内为二"人"字，且出头较长		24.47	6.63	0.92	2.85	A	图四一四，1
		M145：9-2	"两"字下框内为二"人"字，且出头较长		26.74	10.41	0.89	2.27	A	图四一四，2
		M145：9-3	"两"字下框内作"十"形		22.17	9.42	0.6	1.03	C	图四一四，3

墓号	种类	编号	特征		钱径	穿宽	郭厚	重量	分型	备注
			文字特征	其他						
M145	五铢钱	M145：9-4	"两"字下框内作"十"形		23.83	7.47	0.88	1.65	C	图四一四，4
		M145：9-5	"两"字下框内作"十"形		24.13	6.86	0.99	2.61	C	图四一四，5
		M145：9-6	"两"字下框内作"十"形		23.23	8.17	1.06	1.94	C	图四一四，6
M147	五铢钱	M147：1-1	"五"字瘦长，交笔较直	无	25.81	9.11	1.98	3.91	B	图四一九，1
		M147：1-2	"五"字瘦长，交笔较直	穿下一星	25.76	8.35	2.1	4.04	B	图四一九，2
		M147：1-3	"五"字瘦长，交笔较直	穿上一横	25.84	9.5	1.81	3.86	B	图四一九，3
		M147：1-4	"五"字瘦长，交笔较直	穿上一横	25.81	9.85	1.88	3.7	B	图四一九，4
		M147：1-5	"五"字瘦长，交笔较直	无	25.59	9.77	2.14	3.72	B	图四一九，5
		M147：1-6	"五"字瘦长，交笔较直	穿下一星	25.79	9.14	1.94	3.71	B	图四一九，6
		M147：1-7	"五"字瘦长，交笔缓曲	穿下一星	25.49	10.14	2.03	3.47	B	图四一九，7
		M147：1-8	"五"字瘦长，交笔缓曲	穿下一星	25.75	9.71	2.04	4.22	B	图四一九，8
		M147：1-9	"五"字瘦长，交笔缓曲	无	25.6	9.45	2.07	4.37	B	图四一九，9
		M147：1-10	"五"字瘦长，交笔缓曲	穿下一星	25.37	9.69	2.28	4.32	B	图四一九，10
		M147：1-11	"五"字瘦长，交笔缓曲	穿下一星	25.69	9.53	1.92	4.46	B	图四一九，11
		M147：1-12	"五"字瘦长，交笔缓曲	穿下一星	25.49	9.54	1.93	4.28	B	图四一九，12
		M147：1-13	"五"字瘦长，交笔较直	穿上一横	25.22	9.55	1.78	3.61	B	图四二〇，1
		M147：1-14	"五"字瘦长，交笔较直	穿上一横	25.17	9.22	1.83	3.64	B	图四二〇，2
		M147：1-15	"五"字瘦长，交笔较直	无	25.47	9.2	2.06	4.88	B	图四二〇，3
		M147：1-16	"五"字瘦长，交笔较直	穿上一横	25.73	8.76	1.92	4.35	B	图四二〇，4
		M147：1-17	"五"字瘦长，交笔较直	无	25.72	9.33	1.86	4.04	B	图四二〇，5
		M147：1-18	"五"字瘦长，交笔较直	无	25.75	9.47	1.88	3.93	B	图四二〇，6
		M147：1-19	"五"字瘦长，交笔较直	无	25.8	8.93	1.93	4.07	B	图四二〇，7
		M147：1-20	"五"字瘦长，交笔较直	穿上一横	25.85	9.33	1.91	4.17	B	图四二〇，8
		M147：1-21	"五"字瘦长，交笔较直	无	25.71	9.51	1.7	3.23	B	图四二〇，9
		M147：1-22	"五"字瘦长，交笔较直	穿上一横	25.42	9.12	1.99	4.59	B	图四二〇，10
		M147：1-23	"五"字瘦长，交笔较直	穿上一横	25.75	8.96	2.33	5.19	B	图四二〇，11
M148	五铢钱	M148：2-1	"五"字瘦长，交笔较直	无	25.47	9.67	2.01	3.8	B	图四二三，1
		M148：2-2	"五"字瘦长，交笔较直	穿上一横	25.74	9.46	2.02	3.88	B	图四二三，2
		M148：2-3	"五"字瘦长，交笔较直	无	25.95	9.3	2.19	4.59	B	图四二三，3
		M148：2-4	"五"字瘦长，交笔较直	无	25.73	9.92	1.93	4.04	B	图四二三，4
		M148：2-5		无	25.52	9.34	1.87	2.71		图四二三，5
		M148：2-6	"五"字瘦长，交笔缓曲	穿上一横	26.04	9.48	1.9	3.54	B	图四二三，6

墓号	种类	编号	特征		钱径	穿宽	郭厚	重量	分型	备注
			文字特征	其他						
M149	五铢钱	M149：5-1	"五"字瘦长，交笔较直	无	25.87	9.62	1.88	3.72	B	图四二八，1
		M149：5-2	"五"字瘦长，交笔较直	穿上一横	25.42	9.57	1.95	2.93	B	图四二八，2
		M149：5-3	"五"字瘦长，交笔较直	穿上一横	25.63	8.98	2.12	3.71	B	图四二八，3
		M149：5-4	"五"字瘦长，交笔较直	无	25.47	8.89	1.6	3.3	B	图四二八，4
		M149：5-5	"五"字瘦长，交笔较直	穿下一星	26.03	9.33	2.13	3.43	B	图四二八，5
		M149：5-6	"五"字瘦长，交笔缓曲	穿下一星	25.33	8.93	1.73	3.3	B	图四二八，6
		M149：5-7	"五"字瘦长，交笔较直	无	25.83	9.23	2.13	4.46	B	图四二八，7
		M149：5-8	"五"字瘦长，交笔较直	无	26.03	9.73	1.93	3.55	B	图四二八，8
		M149：5-9	"五"字宽大，交笔甚曲	无	24.93	8.93	1.66	2.94	E	图四二八，9
		M149：5-10	"五"字宽大，交笔甚曲	无	25.53	9.39	1.75	3.51	E	图四二八，10
		M149：5-11	"五"字宽大，交笔甚曲	无	25.63	9.33	1.93	3.68	E	图四二八，11
		M149：5-12								残
M151	半两钱	M151：1-1	"两"字下框内作"十"形		24.84	8.04	1.12	2.15	C	图四三五，1
		M151：1-2	"两"字下框内作"十"形		23.82	7.22	0.96	2.25	C	图四三五，2
		M151：1-3	"两"字下框内作连山形		24.07	8.32	1.19	2.43	B	图四三五，3
		M151：1-4	"两"字下框内作连山形		23.48	6.88	1.06	2.32	B	图四三五，4
M158	五铢钱	M158：1	"五"字瘦短，交笔缓曲	穿上一横	24.55	9.7	1.93	4.02	C	图四五〇
M159	五铢钱	M159：1-1	"五"字瘦长，交笔缓曲	穿上一横	25.65	10.02	2.4	3.91	B	图四五三，1
		M159：1-2	"五"字瘦长，交笔较直	四角决文	25.53	9.47	1.72	3.45	B	图四五三，2
		M159：1-3	"五"字瘦长，交笔较直	穿上一横	26.08	9.17	2.38	4.67	B	图四五三，3
		M159：1-4	"五"字瘦长，交笔较直	无	25.78	9.72	1.77	2.81	B	图四五三，4
		M159：1-5	"五"字瘦长，交笔较直	穿下半月	25.36	9.28	2.43	4.21	B	图四五三，5
		M159：1-6	"五"字瘦长，交笔较直	穿上一横	25.87	10.04	2.01	3.39	B	图四五三，6
		M159：1-7	"五"字瘦长，交笔较直	穿上一横	25.51	9.83	1.77	3.7	B	图四五三，7
		M159：1-8	"五"字瘦长，交笔较直	穿下一星	25.84	10.03	1.36	2.92	B	图四五三，8
		M159：1-9	"五"字瘦长，交笔较直	无	25.53	9.18	1.63	3.32	B	图四五三，9
		M159：1-10	"五"字瘦长，交笔较直	无	25.08	9.33	1.7	3.62	B	图四五三，10
		M159：1-11	"五"字瘦长，交笔较直	无	25.64	10.06	1.61	2.9	B	图四五三，11
		M159：1-12	"五"字瘦长，交笔较直	穿上一横	25.04	8.82	1.42	2.86	B	图四五三，12
		M159：1-13	"五"字瘦长，交笔缓曲	无	24.79	9.27	1.64	3.78	B	图四五四，1
		M159：1-14	"五"字瘦长，交笔缓曲	穿下一星	25.19	9.72	1.8	3.25	B	图四五四，2
		M159：1-15	"五"字瘦长，交笔缓曲	穿下一星	25.55	9.11	2.16	3.61	B	图四五四，3
		M159：1-16								残

墓号	种类	编号	特征		钱径	穿宽	郭厚	重量	分型	备注
			文字特征	其他						
M160	五铢钱	M160：1-1	"五"字瘦长，交笔较直	无	25.64	8.42	2.04	4.12	B	图四五八，1
		M160：1-2	"五"字瘦长，交笔较直	无	26.16	8.8	1.75	3.74	B	图四五八，2
		M160：1-3	"五"字瘦长，交笔较直	无	25.67	9.33	1.99	3.37	B	图四五八，3
M162	五铢钱	M162：2-1	"五"字瘦长，交笔较直	无	25.11	9.47	1.73	3.9	B	图四六四，1
		M162：2-2	"五"字瘦长，交笔较直	无	25.03	8.82	2.06	4.6	B	图四六四，2
		M162：2-3	"五"字瘦长，交笔较直	穿上一横	25.6	9.39	1.84	4.36	B	图四六四，3
		M162：2-4	"五"字瘦长，交笔较直	穿下半月	25.2	9.65	1.66	3.74	B	图四六四，4
		M162：2-5	"五"字瘦长，交笔甚曲	穿下半月	25.09	9.69	1.7	3.68	D	图四六四，5
		M162：2-6								残
		M162：2-7								残
		M162：2-8	"五"字瘦长，交笔较直	穿下一星	25.85	9.66	1.48	3.29	B	图四六四，6
		M162：2-9	"五"字瘦长，交笔较直	无	26.32	9.24	2.26	4.46	B	图四六四，7
		M162：2-10	"五"字瘦长，交笔较直	无	25.72	9.34	1.79	3.89	B	图四六四，8
		M162：2-11	"五"字瘦长，交笔较直	无	26.15	9.15	2.32	4.53	B	图四六四，9
M163	五铢钱	M163：1								残
M164	半两钱	M164：1-1	"两"字下框内为二"人"字，且出头较长		23.36	7.98	0.98	2.85	A	图四七〇，1
		M164：1-2	"两"字下框内作连山形		23.71	7.62	1.2	2.39	B	图四七〇，2
		M164：1-3	"两"字下框内作连山形		23.57	8.45	0.94	2.67	B	图四七〇，3
		M164：1-4	"两"字下框内作"十"形		23.29	9.11	1.36	2.64	C	图四七〇，4
		M164：1-5	"两"字下框为空框		25.57	9.46	0.97	2.65	D	图四七〇，5
		M164：1-6	"两"字下框内作"十"形		22.86	7.55	1.36	2.63	C	图四七〇，6
M169	半两钱	M169：1-1	"两"字下框内为二"人"字，且出头较长		24.23	8.02	1.09	2.67	A	图四八三，1
		M169：1-2	"两"字下框内为二"人"字，且出头较长		22.85	6.6	1.36	2.77	A	图四八三，2
		M169：1-3	"两"字下框为空框		24.71	7.81	1.11	2.91	D	图四八三，3
		M169：1-4	"两"字下框为空框		23.88	7.29	1.39	3.51	D	图四八三，4
M174	五铢钱	M174：15-1	"五"字瘦长，交笔较直	穿上一横	25.33	9.42	1.86	3.87	B	图四九七，1
		M174：15-2	"五"字瘦长，交笔较直	无	25.46	9.15	1.92	4.03	B	图四九七，2
		M174：15-3	"五"字瘦长，交笔较直	四角决文	25.57	8.93	1.95	3.98	B	图四九七，3
		M174：15-4	"五"字瘦长，交笔较直	穿上一横	24.79	8.98	2.04	3.86	B	图四九七，4
		M174：15-5	"五"字瘦长，交笔缓曲	穿下半月	25.12	9.17	2.07	4.01	B	图四九七，5

墓号	种类	编号	特征		钱径	穿宽	郭厚	重量	分型	备注
			文字特征	其他						
M176	五铢钱	M176：2-1	"五"字瘦长，交笔较直	无	25.49	9.56	1.54	3.49	B	图五〇三，1
		M176：2-2	"五"字瘦长，交笔较直	无	25.96	9.05	2.05	3.91	B	图五〇三，2
		M176：2-3								残
		M176：2-4	"五"字瘦短，交笔缓曲	无	26.23	9.05	2.05	4.86	C	图五〇三，3
		M176：2-5								残
M179	五铢钱	M179：1-1	"五"字瘦长，交笔较直	穿下一星	24.57	9.67	1.5	2.65	B	图五一一，1
		M179：1-2	"五"字瘦长，交笔较直	穿下一星	25.63	9.88	1.66	3.28	B	图五一一，2
		M179：1-3	"五"字瘦长，交笔较直	无	25.98	9.66	1.87	3.58	B	图五一一，3
		M179：1-4	"五"字瘦短，交笔缓曲	穿下一星	25.21	9.22	1.62	3.19	C	图五一一，4
M180	五铢钱	M180：1-1	"五"字瘦长，交笔较直	穿上一横	25.13	9.54	1.69	3.17	B	图五一四，1
		M180：1-2	"五"字瘦长，交笔较直	无	25.24	9.78	1.75	3.26	B	图五一四，2
		M180：1-3	"五"字瘦短，交笔缓曲	穿下一星	25.47	9.81	1.88	3.35	C	图五一四，3
		M180：1-4	"五"字瘦长，交笔甚曲，末端近乎平行	无	25.18	9.62	1.73	3.2	D	图五一四，4
M181	五铢钱	M181：2-1	"五"字瘦长，交笔较直	四角决文	25.34	9.9	2.22	3.81	B	图五二〇，1
		M181：2-2	"五"字瘦长，交笔较直	穿上一横	25.89	9.93	1.64	3.25	B	图五二〇，2
		M181：2-3	"五"字瘦长，交笔较直	穿上一横	24.82	8.61	1.74	3.52	B	图五二〇，3
		M181：2-4								残
		M181：2-5								残
		M181：2-6	"五"字瘦短，交笔缓曲	穿下半月	25.45	9.72	1.42	2.71	C	图五二〇，4
		M181：2-7	"五"字瘦长，交笔甚曲	穿上一横	25.59	9.33	2.12	3.89	B	图五二〇，5
M183	五铢钱	M183：1-1	"五"字瘦长，交笔较直	无	25.61	9.81	1.79	2.93	B	图五二四，1
		M183：1-2	"五"字瘦长，交笔较直	穿上一横	25.99	9.59	2.09	3.32	B	图五二四，2
		M183：1-3								残
M186	五铢钱	M186：1-1	"五"字瘦长，交笔缓曲	穿下一星	25.5	9.52	1.67	3.3	B	图五三三，1
		M186：1-2	"五"字瘦长，交笔缓曲	穿下半月	25.78	9.21	1.63	3.26	B	图五三三，2
		M186：1-3	"五"字宽大，交笔甚曲，末端近乎平行	穿下一星	25.94	9.79	1.76	3.38	E	图五三三，3
		M186：1-4	"五"字宽大，交笔甚曲，末端近乎平行	穿下一星	25.45	9.46	1.5	3.27	E	图五三三，4
		M186：1-5								残
		M186：1-6	"五"字宽大，交笔甚曲，末端近乎平行	无	25.25	9.9	1.7	3.02	E	图五三三，5
		M186：1-7	"五"字瘦长，交笔甚曲，末端近乎平行	无	25.18	9.33	1.68	3.59	D	图五三三，6
		M186：1-8	"五"字瘦长，交笔较直	穿上一横	25.5	9.65	1.4	3.09	B	图五三三，7
		M186：1-9	"五"字瘦长，交笔较直	无	25.18	8.89	1.79	3.5	B	图五三三，8

墓号	种类	编号	特征		钱径	穿宽	郭厚	重量	分型	备注
			文字特征	其他						
M186	铢钱	M186：1-10	"五"字瘦长，交笔较直	穿上一横	25.32	9.16	1.48	2.99	B	图五三三，9
		M186：1-11	"五"字瘦长，交笔较直	无	25.38	9.33	1.9	3.47	B	图五三三，10
		M186：1-12	"五"字瘦长，交笔较直	穿下一星	25.97	9.5	1.91	3.4	B	图五三三，11
		M186：1-13	"五"字瘦长，交笔较直	穿上一横	25.45	9.92	1.55	3.32	B	图五三三，12
		M186：1-14	"五"字瘦长，交笔较直	穿上一横	25.45	9.3	1.62	3.69	B	图五三四，1
		M186：1-15	"五"字瘦长，交笔较直	无	25.61	9.8	1.79	3.36	B	图五三四，2
		M186：1-16	"五"字瘦长，交笔缓曲	穿上一横	25.22	10.35	1.78	3.01	B	图五三四，3
		M186：1-17	"五"字瘦长，交笔缓曲	穿上一横	26.03	9.17	1.79	3.5	B	图五三四，4
		M186：1-18	"五"字宽大，交笔甚曲	穿下一星	25.34	9.51	1.73	2.86	E	图五三四，5
		M186：1-19	"五"字瘦长，交笔较直	穿下一星	25.49	9.56	1.55	2.96	B	图五三四，6
		M186：1-20	"五"字瘦长，交笔较直	穿下一星	25.22	8.84	1.48	2.73	B	图五三四，7
		M186：1-21	"五"字瘦长，交笔较直	穿上一横	25.59	8.98	1.49	2.86	B	图五三四，8
		M186：1-22	"五"字瘦长，交笔较直	无	25.51	9.09	1.62	3.27	B	图五三四，9
		M186：1-23	"五"字瘦长，交笔较直	无	25.94	9.57	1.82	2.83	B	图五三四，10
		M186：1-24								残
		M186：1-25								残
M187	五铢钱	M187：4								残
M189	五铢钱	M189：1-1	"五"字瘦短，交笔缓曲	穿上一横	26.04	9.39	1.93	3.62	C	图五四三，1
		M189：1-2	"五"字瘦长，交笔甚曲，末端近乎平行	穿上一横	26.15	8.68	1.91	3.42	D	图五四三，2
		M189：1-3								残
		M189：1-4	"五"字瘦长，交笔较直	无	25.3	9.02	1.55	2.94	B	图五四三，3
		M189：1-5	"五"字宽大，交笔甚曲，末端近乎平行	右下穿残损	26.15	9.54	1.72	2.33	E	图五四三，4
M190	五铢钱	M190：1-1	"五"字瘦长，交笔较直	穿上一横	24.76	9.36	1.76	3.13	B	图五四五
M191	五铢钱	M191：1-1	"五"字瘦长，交笔较直	穿上一横	25.13	9.42	1.85	3.76	B	图五四八，1
		M191：1-2	"五"字瘦长，交笔缓曲	穿上一横	25.32	9.58	1.91	3.95	B	图五四八，2
		M191：1-3	"五"字瘦长，交笔缓曲	穿上一横	24.97	9.15	1.78	3.52	B	图五四八，3
M193	五铢钱	M193：1-1	"五"字瘦长，交笔缓曲	穿上一星	25.65	9.53	1.42	3.3	B	图五五三，2
		M193：1-2								残
M194	五铢钱	M194：1-1	"五"字瘦长，交笔缓曲	穿下一星	25.46	9.31	1.64	3.69	B	图五五六，1
		M194：1-2	"五"字宽大，交笔甚曲，上下三角近炮弹形	无	25.68	8.94	1.89	3.58	F	图五五六，2
		M194：1-3	"五"字宽大，交笔较直	无	25.7	9.49	2.04	3.69	B	图五五六，3
		M194：1-4	"五"字宽大，交笔较直	穿上一横	25.84	8.71	2.19	3.83	B	图五五六，4
		M194：1-5	"五"字宽大，交笔甚曲，末端近乎平行	无	24.79	9.1	1.32	2.7	E	图五五六，5

墓号	种类	编号	特征		钱径	穿宽	郭厚	重量	分型	备注
			文字特征	其他						
M194	五铢钱	M194：1-6	"五"字宽大，交笔甚曲，末端近乎平行	无	26.13	8.59	2.02	3.93	E	图五五六，6
		M194：1-7	"五"字宽大，交笔甚曲，上下三角近炮弹形	穿下半月	26.45	8.71	2.01	3.25	F	图五五六，7
		M194：1-8								残
M195	五铢钱	M195：1-1	"五"字宽大，交笔甚曲，末端近乎平行	穿背面有星	25.36	9.73	1.79	3.19	E	图五五九，2
M198A	五铢钱	M198A：2-1	"五"字瘦长，交笔较直	穿下一星	25.43	9.56	1.77	3.32	B	图五六八，1
		M198A：2-2	"五"字瘦长，交笔缓曲	穿下一星	25.43	9.54	1.74	3.44	B	图五六八，2
		M198A：2-3	"五"字瘦长，交笔缓曲	穿下一星	25.63	9.41	1.84	3.38	B	图五六八，3
		M198A：2-4	"五"字瘦长，交笔较直	穿下一星	26.36	9.35	2.22	3.47	B	图五六八，4
		M198A：2-5	"五"字瘦长，交笔缓曲	穿下一星	25.48	9.23	1.93	3.79	B	图五六八，5
		M198A：2-6	"五"字宽大，交笔甚曲，末端近乎平行	无	25.78	9.22	1.54	3.14	E	图五六八，6
		M198A：2-7	"五"字瘦长，交笔缓曲	穿下一星	25.75	8.91	2.14	3.9	B	图五六八，7
		M198A：2-8	"五"字瘦长，交笔缓曲	穿上一横	26.02	9.19	1.95	4.26	B	图五六八，8
		M198A：2-9	"五"字瘦长，交笔缓曲	穿上一横	26.53	9.51	1.92	3.43	B	图五六八，9
		M198A：2-10	"五"字瘦长，交笔缓曲	穿上一横	25.91	9.35	2.06	3.89	B	图五六八，10
		M198A：2-11	"五"字瘦长，交笔较直	穿下一星	26.18	9.7	2.01	3.54	B	图五六八，11
		M198A：2-12	"五"字瘦长，交笔较直	穿下一星	25.64	9.6	1.86	2.6	B	图五六八，12
		M198A：2-13	"五"字瘦长，交笔较直	无	25.76	9.23	1.59	3.48	B	图五六九，1
		M198A：2-14	"五"字瘦长，交笔较直	无	26.15	9.58	1.81	3.11	B	图五六九，2
		M198A：2-15	"五"字瘦长，交笔较直	无	25.87	9.54	1.93	3.71	B	图五六九，3
		M198A：2-16	"五"字瘦长，交笔较直	穿下一星	25.23	9.38	1.39	2.99	B	图五六九，4
		M198A：2-17	"五"字瘦长，交笔较直	穿下一星	26.04	9.23	2.1	3.51	B	图五六九，5
		M198A：2-18	"五"字瘦长，交笔缓曲	穿下一星	25.83	9.66	2.21	3.59	B	图五六九，6
M198B	五铢钱	M198B：5-1	"五"字宽大，交笔甚曲，末端近乎平行	穿下一星	26.19	8.55	1.54	3.09	E	图五七五，1
		M198B：5-2	"五"字宽大，交笔甚曲，末端近乎平行	无	25.51	9.78	1.46	3.51	E	图五七五，2
		M198B：5-3	"五"字宽大，交笔甚曲，末端近乎平行	穿下一星	25.58	9.42	1.88	3.6	E	图五七五，3
		M198B：5-4	"五"字瘦长，交笔较直	穿下一星	25.35	9.4	1.87	4.11	B	图五七五，4
		M198B：5-5	"五"字瘦长，交笔较直	无	25.61	9.41	2.32	4.69	B	图五七五，5
		M198B：5-6	"五"字瘦长，交笔较直	无	25.25	10.14	1.77	3.47	B	图五七五，6
		M198B：5-7	"五"字瘦长，交笔较直	无	25.55	9.38	2.07	3.88	B	图五七五，7
		M198B：5-8	"五"字瘦长，交笔较直	无	25.32	10.05	1.37	3.11	B	图五七五，8

墓号	种类	编号	特征		钱径	穿宽	郭厚	重量	分型	备注
			文字特征	其他						
M198B	五铢钱	M198B：5-9	"五"字瘦长，交笔较直	无	26.14	8.74	1.82	3.71	B	图五七五，9
		M198B：5-10	"五"字瘦长，交笔较直	无	25.62	8.89	1.64	3.03	B	图五七五，10
		M198B：5-11	"五"字瘦长，交笔较直	穿下一星	26.69	9.55	2.18	3.12	B	图五七五，11
		M198B：5-12	"五"字瘦长，交笔较直	无	25.51	9.55	1.94	3.4	B	图五七五，12
		M198B：5-13	"五"字瘦长，交笔较直	穿上一横	25.05	8.74	1.88	4.57	B	图五七六，1
		M198B：5-14	"五"字瘦长，交笔较直	穿上一横	25.28	9.6	2.19	4.25	B	图五七六，2
		M198B：5-15	"五"字瘦长，交笔较直	无	25.72	9.28	1.95	3.21	B	图五七六，3
		M198B：5-16	"五"字瘦长，交笔较直	无	25.71	9.03	1.84	4.1	B	图五七六，4
		M198B：5-17	"五"字瘦长，交笔较直	穿下一星	25.86	9.54	1.83	3.65	B	图五七六，5
		M198B：5-18	"五"字瘦长，交笔较直	穿上一横	24.69	9.65	1.73	3.32	B	图五七六，6
		M198B：5-19	"五"字瘦长，交笔较直	无	25.33	9.34	1.7	3.73	B	图五七六，7
		M198B：5-20	"五"字瘦长，交笔较直	穿上一横	25.44	8.82	1.65	3.45	B	图五七六，8
		M198B：5-21	"五"字瘦长，交笔较直	穿下一星	26.59	9.2	2.29	4.48	B	图五七六，9
		M198B：5-22	"五"字瘦长，交笔较直	穿下一星	26.37	9.55	1.83	3.02	B	图五七六，10
		M198B：5-23	"五"字瘦长，交笔较直	无	25.61	9.85	1.7	3.35	B	图五七六，11
		M198B：5-24	"五"字瘦长，交笔较直	无	25.66	9.39	2.22	4.34	B	图五七六，12
		M198B：5-25	"五"字瘦长，交笔较直	无	25.72	9.34	1.74	3.55	B	图五七七，1
		M198B：5-26	"五"字瘦长，交笔较直	无	25.75	9.97	1.81	3.1	B	图五七七，2
		M198B：5-27	"五"字瘦长，交笔较直	无	25.51	9.56	1.81	3.49	B	图五七七，3
		M198B：5-28	"五"字瘦长，交笔较直	无	25.91	9.51	1.76	3.52	B	图五七七，4
		M198B：5-29	"五"字瘦长，交笔较直	无	25.69	9.52	1.86	4.22	B	图五七七，5
		M198B：5-30	"五"字瘦长，交笔较直	无	26.31	9.89	1.89	3.5	B	图五七七，6
		M198B：5-31	"五"字瘦长，交笔较直	无	25.83	9.3	1.82	3.86	B	图五七七，7
		M198B：5-32	"五"字瘦长，交笔较直	无	25.28	9.71	1.59	3.54	B	图五七七，8
		M198B：5-33	"五"字瘦长，交笔较直	穿下一星	26.38	9.33	2.14	4.03	B	图五七七，9
		M198B：5-34	"五"字瘦长，交笔较直	无	25.42	9.61	1.51	3.42	B	图五七七，10
		M198B：5-35	"五"字瘦长，交笔缓曲	穿下一星	25.06	9.91	1.57	3.32	B	图五七七，11
		M198B：5-36	"五"字宽大，交笔甚曲，末端近乎平行	穿下一星	25.53	9.37	1.68	3.62	E	图五七七，12
		M198B：5-37	"五"字瘦长，交笔缓曲	无	25.3	9.59	2.21	5.05	B	图五七八，1
		M198B：5-38	"五"字瘦长，交笔缓曲	穿上一横	25.14	9.61	1.74	3.42	B	图五七八，2
		M198B：5-39	"五"字瘦长，交笔较直	无	25.41	9.36	1.47	3.91	B	图五七八，3
		M198B：5-40	"五"字瘦长，交笔较直	穿下一星	26.15	9.35	2.07	4.3	B	图五七八，4
		M198B：5-41	"五"字瘦长，交笔较直	穿上一横	25.22	9.26	1.54	3.63	B	图五七八，5
		M198B：5-42	"五"字瘦长，交笔缓曲	穿下一星	25.26	9.48	1.63	3.53	B	图五七八，6
		M198B：5-43	"五"字瘦长，交笔较直	无	24.74	9.35	1.65	2.95	B	图五七八，7

墓号	种类	编号	特征		钱径	穿宽	郭厚	重量	分型	备注
			文字特征	其他						
M198B	五铢钱	M198B：5-44	"五"字瘦长，交笔缓曲	穿上一横	25.45	9.86	1.76	3.33	B	图五七八，8
		M198B：5-45	"五"字瘦长，交笔甚曲，末端近乎平行	穿上一横	25.74	9.48	1.76	3.54	D	图五七八，9
		M198B：5-46	"五"字瘦长，交笔较直	无	25.24	9.53	1.61	3.88	B	图五七八，10
		M198B：5-47	"五"字宽大，交笔较直	无	25.65	9.87	2.01	3.49	A	图五七八，11
		M198B：5-48	"五"字瘦长，交笔较直	无	25.79	10.12	1.68	3.17	B	图五七八，12
		M198B：5-49	"五"字宽大，交笔甚曲，末端近乎平行	穿下一星	25.65	9.37	1.53	2.93	E	图五七九，1
		M198B：5-50	"五"字宽大，交笔甚曲，末端近乎平行	无	25.44	10.01	1.59	3.13	E	图五七九，2
		M198B：5-51	"五"字宽大，交笔甚曲，末端近乎平行	无	25.86	9.95	2.34	4.55	E	图五七九，3
		M198B：5-52	"五"字宽大，交笔甚曲，末端近乎平行	穿上一横	25.37	9.62	1.71	3.02	E	图五七九，4
		M198B：5-53	"五"字宽大，交笔甚曲，末端近乎平行	无	26.41	9.38	1.92	3.37	E	图五七九，5
		M198B：5-54	"五"字宽大，交笔甚曲，末端近乎平行	穿上一横	26.37	8.96	1.92	4.76	E	图五七九，6
		M198B：5-55	"五"字宽大，交笔甚曲，末端近乎平行	穿下一星	25.91	9.35	1.69	2.34	E	图五七九，7
		M198B：5-56	"五"字宽大，交笔甚曲，末端近乎平行	穿上一横	25.76	9.09	1.82	3.53	E	图五七九，8
		M198B：5-57	"五"字宽大，交笔甚曲，末端近乎平行	穿下一星	26.6	8.95	1.75	3.5	E	图五七九，9
		M198B：5-58	"五"字宽大，交笔甚曲，末端近乎平行	穿上一横	25.7	8.94	1.8	3.48	E	图五七九，10
		M198B：5-59	"五"字宽大，交笔甚曲，末端近乎平行	穿上一横	26.4	9.55	1.8	3.55	E	图五七九，11
		M198B：5-60	"五"字宽大，交笔甚曲，末端近乎平行	穿上一横	25.95	9.14	1.57	2.94	E	图五七九，12
		M198B：5-61	"五"字宽大，交笔甚曲，末端近乎平行	穿下一星	26.33	9.34	1.69	3.43	B	图五八〇，1
		M198B：5-62	"五"字宽大，交笔甚曲，末端近乎平行	穿下一星	25.73	9.7	1.88	3.62	E	图五八〇，2
		M198B：5-63	"五"字宽大，交笔甚曲，末端近乎平行	穿下一星	25.81	9.36	2.42	4.53	E	图五八〇，3
		M198B：5-64	"五"字宽大，交笔甚曲，末端近乎平行	穿下一星	26.26	9.21	1.82	4.28	E	图五八〇，4

墓号	种类	编号	特征		钱径	穿宽	郭厚	重量	分型	备注
			文字特征	其他						
M198B	五铢钱	M198B：5-65	"五"字宽大，交笔甚曲，末端近乎平行	穿下一星	25.83	9.1	1.92	4.88	E	图五八〇，5
		M198B：5-66	"五"字宽大，交笔甚曲，末端近乎平行	穿下一星	25.93	9.38	2.03	3.41	E	图五八〇，6
		M198B：5-67	"五"字宽大，交笔甚曲，末端近乎平行	穿上一横	26.01	9.9	1.77	3.23	E	图五八〇，7
		M198B：5-68	"五"字宽大，交笔甚曲，末端近乎平行	穿上一横	26.12	9.49	2.25	3.24	E	图五八〇，8
		M198B：5-69	"五"字宽大，交笔甚曲，末端近乎平行	无	25.84	9.49	1.98	3.58	E	图五八〇，9
		M198B：5-70	"五"字宽大，交笔甚曲，末端近乎平行	穿上一横	25.8	9.54	2.06	3.49	E	图五八〇，10
		M198B：5-71	"五"字宽大，交笔甚曲，末端近乎平行	穿下一星	26.15	9.46	1.95	3.53	E	图五八〇，11
		M198B：5-72	"五"字宽大，交笔甚曲，末端近乎平行	穿上一横	26.27	9.28	1.88	4.29	E	图五八〇，12
		M198B：5-73	"五"字宽大，交笔甚曲，末端近乎平行	无	26.01	9.45	1.63	3.32	E	图五八一，1
		M198B：5-74	"五"字宽大，交笔甚曲，末端近乎平行	无	26.26	9.62	1.77	3.31	E	图五八一，2
		M198B：5-75	"五"字宽大，交笔甚曲，末端近乎平行	穿下一星	26.59	9.56	1.89	3.04	E	图五八一，3
		M198B：5-76	"五"字宽大，交笔甚曲，末端近乎平行	无	26.18	9.08	2.05	3.72	E	图五八一，4
		M198B：5-77	"五"字宽大，交笔甚曲，末端近乎平行	穿上一横	26.42	9.07	2.27	3.97	E	图五八一，5
		M198B：5-78	"五"字宽大，交笔甚曲，末端近乎平行	无	26.34	9.28	2.19	4.15	E	图五八一，6
		M198B：5-79	"五"字宽大，交笔甚曲，末端近乎平行	无	26.25	10.19	1.93	3.7	E	图五八一，7
		M198B：5-80	"五"字宽大，交笔甚曲，末端近乎平行	穿下一星	25.66	9.65	1.79	3.32	E	图五八一，8
		M198B：5-81	"五"字宽大，交笔甚曲，末端近乎平行	穿上一横	25.39	9.73	2.18	3.76	E	图五八一，9
		M198B：5-82	"五"字宽大，交笔甚曲，末端近乎平行	穿下一星	26.18	9.33	1.92	3.16	E	图五八一，10
		M198B：5-83	"五"字宽大，交笔甚曲，末端近乎平行	穿下一星	26.21	9.2	2.14	3.74	E	图五八一，11

墓号	种类	编号	特征		钱径	穿宽	郭厚	重量	分型	备注
			文字特征	其他						
M200	五铢钱	M200：2-1	"五"字瘦长，交笔较直	穿上一横	25.28	9.63	1.74	3.39	B	图五八六，3
		M200：2-2	"五"字瘦长，交笔较直	穿下一星	25.95	9.09	1.83	3.07	B	图五八六，4
M205	五铢钱	M205：2-1	"五"字瘦长，交笔较直	无	25.64	9.01	1.51	2.5	B	图六〇〇，1
		M205：2-2		无	25.82	8.86	1.59	2.68		图六〇〇，2
		M205：2-3		无	26.19	9.88	1.25	2.45		图六〇〇，3
		M205：2-4		无	25.97	9.77	1.19	2.01		图六〇〇，4
		M205：2-5		剪轮五铢	20.42	9.37	0.86	1.9		图六〇〇，9
		M205：2-6	"五"字瘦长，交笔缓曲	无	25.37	9.42	1.55	2.43	B	图六〇〇，5
		M205：2-7	"五"字瘦长，交笔缓曲	无	25.62	9.33	1.47	2.51	B	图六〇〇，6
		M205：2-8	"五"字瘦长，交笔缓曲	无	25.72	8.95	1.49	2.53	B	图六〇〇，7
		M205：2-9	"五"字瘦长，交笔缓曲	无	26.21	9.11	1.52	2.61	B	图六〇〇，8
		M205：2-10								残
M208	五铢钱	M208：3-1	"五"字瘦长，交笔较直	四角决文	25.22	9.89	1.95	3.15	B	图六〇七，1
		M208：3-2	"五"字瘦长，交笔较直	穿上一星	25.51	9.22	2.2	3.66	B	图六〇七，2
		M208：3-3	"五"字瘦长，交笔较直	无	25.64	9.61	1.75	4.11	B	图六〇七，3
		M208：3-4	"五"字瘦长，交笔较直	穿上一横	25.44	9.8	1.75	3.6	B	图六〇七，4
		M208：3-5	"五"字瘦长，交笔缓曲	穿下一星	25.75	9.87	2.12	3.15	B	图六〇七，5
		M208：3-6	"五"字瘦长，交笔缓曲	无	25.59	9.25	1.76	4.64	B	图六〇七，6
		M208：3-7	"五"字瘦长，交笔缓曲	无	25.97	9.11	1.98	4.58	B	图六〇七，7
		M208：3-8	"五"字瘦长，交笔甚曲，末端近乎平行	无	25.05	9.37	1.62	3.77	D	图六〇七，8
		M208：3-9	"五"字瘦长，交笔甚曲，末端近乎平行	穿下一星	25.4	9.12	1.89	3.41	D	图六〇七，9
		M208：3-10	"五"字瘦长，交笔缓曲	穿上一横	25.21	9.72	1.76	3.5	B	图六〇七，10
		M208：3-11	"五"字瘦长，交笔较直	穿下一星	25.32	8.99	1.59	3.32	B	图六〇七，11
		M208：3-12								残
		M208：3-13								残
ⅡM3	五铢钱	M3：5-1	"五"字宽大，交笔甚曲，上下三角近炮弹形	无	24.49	8.81	1.47	2.95	F	图六一〇，5
		M3：5-2								残
		M3：5-3								残
ⅡM15	五铢钱	M15：7	"五"字宽大，交笔甚曲，末端近乎平行	穿上一横	25.13	9.07	2.14	3.26	E	图六二五，7
ⅡM20	五铢钱	M20：3-1	"五"字瘦长，交笔较直	穿上一横	25.03	9.17	1.85	3.24	B	图六三四，1
		M20：3-2	"五"字宽大，交笔甚曲，上下三角近炮弹形	无	24.89	9.05	2.03	3.12	F	图六三四，2
		M20：3-3	"五"字瘦长，交笔较直	穿上一横	25.14	9.08	2.14	3.57	B	图六三四，3

墓号	种类	编号	特征		钱径	穿宽	郭厚	重量	分型	备注
			文字特征	其他						
ⅡM20	五铢钱	M20：3-4	"五"字宽大，交笔甚曲，上下三角近炮弹形	无	24.33	9.2	1.96	3.35	F	图六三四，4
ⅡM22	五铢钱	M22：1-1	"五"字宽大，交笔甚曲，上下三角近炮弹形	无	24.42	8.93	1.56	3.02	F	图六三八，3
		M22：1-2	"五"字宽大，交笔甚曲，上下三角近炮弹形	无	24.85	9.04	1.77	3.36	F	图六三八，4
ⅡM25	五铢钱	M25：9-1		无	25.12	9.26	2.03	3.47		图六四七，1
		M25：9-2	"五"字瘦短，交笔较直	无	25.06	9.13	1.95	3.03	B	图六四七，2
		M25：9-3		无	24.93	9.41	2.11	3.38		图六四七，3
		M25：9-4	"五"字瘦长，交笔较直	无	25.17	8.87	2.04	3.24	B	图六四七，4
		M25：9-5	"五"字瘦长，交笔缓曲	穿下一星	24.86	9.2	2.07	3.15	B	图六四七，5
		M25：9-6	"五"字瘦长，交笔较直	无	24.95	9.18	1.98	3.06	B	图六四七，6
		M25：9-7	"五"字瘦长，交笔较直	无	25.02	9.21	2.13	3.43	B	图六四七，7
		M25：9-8	"五"字瘦长，交笔较直	穿上一横	25.23	8.92	1.98	3.55	B	图六四七，8
ⅡM27	五铢钱	M27：1-1	"五"字宽大，交笔甚曲，上下三角近炮弹形	无	24.97	8.93	1.88	3.02	F	图六五二，1
		M27：1-2	"五"字瘦长，交笔较直	穿下一星	25.2	9.08	1.97	3.11	B	图六五二，2
		M27：1-3		无	25.03	9.05	1.94	3.06		图六五二，3
		M27：1-4	"五"字瘦长，交笔较直	穿上一横	24.91	8.95	2.02	2.97	B	图六五二，4
		M27：1-5		穿下一星	24.89	9.03	2.1	3.45		图六五二，5

附表3 墓葬形制统计表

墓类	型	亚型	式	标本	数量（座）
土坑墓	A			Ⅰ区M46；Ⅱ区M12	2
	B			Ⅱ区M23	1
洞室墓	A			Ⅰ区M128，M165，M166	3
	B	Ba	Ⅰ	Ⅰ区M77，M124，M141，M148，M172	5
			Ⅱ	Ⅰ区M8，M9，M20，M21，M23，M25，M26，M28，M30，M32，M33，M57，M58，M61，M62，M67，M85，M92，M97，M111，M113，M119，M125，M129，M130，M133，M134，M135，M136，M138，M139，M140，M145，M146，M147，M152，M162，M169，M171，M175，M178，M179，M180，M188，M190，M193，M102，M103，M194	49
			Ⅲ	Ⅰ区M4，M19，M34，M47，M49，M55，M63，M65，M82，M98，M105，M106，M108，M109，M115，M116，M117，M118，M120，M121，M122，M123，M132，M142，M150，M151，M164，M167，M168，M170，M173，M183，M200，M201，M206；Ⅱ区M13，M16，M19，M20	39
		Bb		Ⅰ区M144	1
	C	Ca		Ⅰ区M1，M2，M3，M112，M186，M187，M192，M203，M207；Ⅱ区M3，M5，M8，M14，M15，M24，M25	16
		Cb		Ⅰ区M48	1
	D			Ⅰ区M104，M191；Ⅱ区M17，M18，M21，M22	6
	E	Ea		Ⅰ区M5，M6，M7，M10，M11，M14，M16，M18，M22，M24，M29，M36，M37，M38，M39，M40，M41，M43，M44，M45，M53，M54，M56，M64，M66，M68，M69，M72，M74，M75，M76，M78，M79，M80，M83，M84，M86，M87，M90，M93，M94，M96，M99，M131，M137，M143，M149，M153，M155，M156，M157，M158，M159，M160，M161，M174，M176，M181，M182，M185，M189，M195，M202，M205，M208，M209	66
		Eb		Ⅰ区M12，M35，M42，M50，M51，M59，M60，M81，M95，M100，M101，M114，M126，M127，M154，M163	16
	F	Fa		Ⅰ区M13，M15，M17，M27，M31，M52，M70，M71，M73，M89，M110，M177，M196，M197，M199，M204	16
		Fb		Ⅰ区M184	1
	G			Ⅰ区M198	1
合计				225座汉墓中，除Ⅱ区M26、M27墓道被破坏，形制不明外，共223座	

附表4　出土器物类型统计表

质地	器类	型	式	数量	标本	备注
陶器	鼎		Ⅰ	21	Ⅰ区M92：1，M113：3，M115：15，M116：5，M117：3，M119：4，M121：1，M123：1，M124：1，M125：1，M130：3，M134：3、10，M141：1，M145：1、2，M150：2、12，M151：2，M152：3，M172：1	残损严重13件：Ⅰ区M58：3，M60：8，M78：5，M83：10，M87：3，M122：9，M132：1，M140：5，M142：11，M157：8，M161：3，M176：10，M185：17
			Ⅱ	36	Ⅰ区M14：9、10，M15：5，M18：16，M24：10，M27：7，M29：7，M36：10，M40：7、8，M42：3，M43：12，M52：16、35，M66：12、13、14，M69：4，M73：12，M74：15，M79：12，M85：3，M90：6，M93：13，M103：11，M137：10，M155：9，M160：4，M162：7，M174：1，M177：5，M184：1，M189：3，M195：8，M198B：16，M203：3	
			Ⅲ	8	Ⅰ区M19：8，M48：20、21，M68：6，M81：20，M95：24、25，M198A：20	
			Ⅳ	1	Ⅱ区M5：6	
	盒		Ⅰ	35	Ⅰ区M84：4、5、12，M92：2、3，M115：14，M116：6，M118：1、2，M119：5、6，M122：7、8，M123：2、3，M124：2，M125：2，M126：7、8，M130：5、9，M134：4，M141：2，M142：12、13，M150：3，M151：3、4，M152：4、5，M164：5、6，M169：4，M176：9、13	残损严重16件：Ⅰ区M15：4，M43：11，M58：1，M78：6，M90：7、8，M110：3，M140：4，M145：3、4，M157：5，M167：1、2，M172：2，M173：2，M188：1
			Ⅱ	31	Ⅰ区M14：7、11，M18：12、13，M24：7、8，M29：5、12，M36：11、12，M42：6、24，M60：4、5，M68：8、9，M73：16、17，M79：9、10，M83：6、7，M93：14、16，M103：12，M160：8、10，M162：8、9，M198B：17、18	
			Ⅲ	21	Ⅰ区M7：1、2，M19：3、7，M40：9、10，M52：17、23、24、25、26，M69：2、3，M81：21、22，M155：7、8，M174：2、3，M182：2、3	
			Ⅳ	12	Ⅰ区M6：5、6，M46：6、7、8、9，M48：12、13，M185：9、15，M198A：11、12	
	钫			86	Ⅰ区M14：5，M18：14，M24：9，M36：9，M42：1，M43：4，M49：1，M52：14，M57：14、15，M66：11，M73：14，M79：8，M83：8，M85：4，M90：2，M93：6，M114：4，M116：4，M117：7、8、9、10、11，M118：3、4，M119：3，M121：4、5、6、7、8，M122：1、2、3、4、5、6，M123：4，M124：3，M125：3，M127：6，M130：7、8，M132：3、4、5，M134：6、7、8、9，M135：2，M137：7，M140：3，M141：3，M142：15、16、17、18、19、20，M145：5、6，M150：4、5、6、7、8、9，M151：8、9、10、11、12，M152：8、12，M155：12，M157：4，M160：3，M162：10，M174：4，M176：14，M182：1，M184：2，M188：2，M195：7	

续表

原地	器类	型	式	数量	标本	备注
陶器	壶	A	I	2	I区M74：16，M126：3	
		A	II	1	I区M198B：4	残损严重5件：I区M73：21（壶盖），M78：17（壶盖），M126：10（仅残存圈足），M160：9（壶盖），II区M16：2（仅残存口部）
		B Ba	I	11	I区M20：7，M40：6，M48：17、18、19，M68：5，M81：19，M95：5，M186：3，M194：5，M198A：26	
		B Ba	II	3	II区M5：5，M20：5、6	
		B Ba	III	2	I区M199：1，M205：25	
		B Bb	I	4	I区M48：26、27，M198A：18、19	
	缶		I	2	I区M132：6，M151：5	
			II	17	I区M9：4，M10：2，M18：15，M22：8，M25：2，M38：1，M49：6，M57：18，M64：4，M66：10，M76：2，M113：2，M147：6，M150：1，M152：7，M159：3，M182：4	
	罐	A Aa		16	I区M8：2、3、4、5，M60：2、3，M115：7、8，M121：2，M126：4，M131：5，M136：3，M153：2，M169：3，M186：5、9	
		A Ab		21	I区M12：3、7，M18：6、8，M27：8，M48：14、15、16、28，M74：12、13、14、19、20，M96：7，M97：6，M127：5，M187：4，M197：2，M205：8；II区M14：2	
		A Ac	I	34	I区M18：7、9、10，M25：1、3，M26：3、4、5、6、10，M39：4、5，M41：1，M51：5，M55：1，M66：6、7、9，M67：9、10、11，M90：4，M108：1，M113：5，M127：1、2、3、4，M131：7，M142：9，M149：11、14、15	
		A	II	138	I区M6：7、9、10、19，M14：3、12、13、14，M19：5、6，M27：3、4，M29：4、6、13、14，M36：4、5、6、7、8，M37：1、4、5，M40：1、2、3、4、5，M42：4、5、8、9、10、11、12，M44：2、3、4，M46：11，M52：4、5、11、12、30、31、32、33、34，M68：7、10、14、15、16，M79：3、4、5，M80：5、6、7，M81：12、13、14、15、16，M83：16、17、18，M85：5，M96：3，M103：9、10，M104：1、2、3、4、5、6、7、8，M112：3、4、5、6、7，M117：6，M129：1、2、3，M155：1、2、13，M162：4、5、6，M180：2，M181：10、11、12、14，M182：6、7、12，M185：7、14，M188：8、9、10，M189：5、6、7、8、9、10、11、15，M191：4、5、6、7，M193：6、7、8、9、10，M194：12、13、14，M195：9，M198A：15、16、27（均为黄釉陶），M198B：12、13，M203：2、4、5；II区M8：1	残损严重1件：II区M24：2

续表

质地	器类	型	式	数量	标本	备注
陶器	罐	A	Ad Ⅰ	89	Ⅰ区M12：4、5、6，M16：6、7，M22：3、4、5、9、10，M35：8、9、11，M38：3、4、5、6，M39：1、3，M41：3，M51：1、2、3、4，M53：4、5、6，M54：1、4、6，M56：1、2，M59：4，M64：6、7、8、9、10，M67：8，M73：18、19，M75：2、3、4、5，M76：3、4，M77：1、3、4，M84：6、7、8、9，M93：7、8、9、10，M96：4、5、6，M97：4、5、7，M109：5，M111：1、2、3，M113：4，M126：5、6，M131：6、8，M141：4，M142：8、10，M154：12、13，M159：5、6、7、8，M160：7，M176：4、5、6、7、8，M208：18	
			Ad Ⅱ	29	Ⅰ区M1：7，M2：1，M6：8、11、12，M12：10，M24：2、3、4、5，M43：7、8、9，M46：5、10、12，M63：5，M114：6，M118：7，M186：4、6、7、8，M196：2，M198B：11，M208：14、16、17、19	
			Ad Ⅲ	9	Ⅰ区M3：3，M71：3、4；Ⅱ区M15：5、6、9、10，M20：1、2	
		B	Ba	17	Ⅰ区M25：4，M30：4，M33：1，M61：2，M115：16，M116：3，M125：4，M136：2，M145：7，M146：1，M148：3，M164：7、8，M165：3，M170：2，M171：1，M175：2	
			Bb	11	Ⅰ区M26：7，M39：2，M73：13，M90：3，M93：12，M109：6、7，M119：1，M130：4，M133：1，M166：1	
			Bc	7	Ⅰ区M14：6、8，M24：12，M77：5，M147：5，M149：12、13	
			Bd	10	Ⅰ区M16：4，M35：10，M54：5，M60：1，M84：11，M115：6，M118：5，M154：8、9、10	
		C	Ca	14	Ⅰ区M19：1、2、4，M47：1，M131：10，M149：16，M176：11，M196：3，M205：6；Ⅱ区M13：1、2、3、4、5	
			Cb	4	Ⅰ区M20：6，M47：2、3，M71：2	
			Cc	8	Ⅰ区M7：3，M24：6，M53：3，M72：8，M90：1，M104：10（类缶）、12，M179：3	残损严重1件：Ⅱ区M24：2
		D		3	Ⅰ区M95：27、28、29	

续表

质地	器类	型	式	数量	标本	备注
陶器	仓	A		5	Ⅰ区M42：13、14、15、16、17	
		B	Ba		37	Ⅰ区M29：1、2、8、9、M37：2、3、M43：1、2、3、5、10、M69：5、6、7、8、M78：1、M79：6、M80：2、3、4、M89：1、2、3、4、5、M103：6、7、8、M110：4、M181：5、7、9、M194：6、7、8、9、10	残损严重18件：Ⅰ区M137：9（仓盖），M157：2、9、10（仓盖），M195：6-1、2、3（仓盖），M200：3（仅剩口沿），M201：1（上腹残）；Ⅱ区M17：1、M24：1、M25：3-1、2、3、4、5、6、7（仓盖）
			Bb	Ⅰ	68	Ⅰ区M7：6、M14：15、M15：1、2、3、M18：1、2、3、4、5、M27：2、M36：15、16、17、18、M52：9、10、18、19、M68：11、12、17、18、19、M73：7、8、9、10、11、M74：3、4、5、6、7、M83：11、12、13、14、15、M85：1、M114：1、2、3、M155：10、11、M162：11、12、13、14、15、M177：1、2、3、M181：6、8、M184：3、M188：3、4、5、6、11、M191：2、9、M196：4、5、6、7、8	
				Ⅱ	29	Ⅰ区M6：1、2、15、16、17、M48：9、10、11、29、31、M81：7、8、9、10、11、M95：3、20、21、22、23、M185：6、16、M198A：6、7、8、9、10；Ⅱ区M25：1、5	
		C			11	Ⅰ区M1：5、6、M3：4；Ⅱ区M5：1、2、3、M15：2、3、4、M21：1、2	
	房仓				1	Ⅰ区M151：7	
	灶	A		Ⅰ	44	Ⅰ区M5：3-1、M8：1、M10：3-1、M26：9-1、M28：3-1、M30：3-1、M35：12-1、M49：8、M51：6、M57：19-1、M58：2-1、M59：3、M60：6、M75：6、M76：5-1、M84：10-1、M90：9-1、M92：4-1、M100：1-1、M113：1、M115：9-1、M116：2-1、M117：12-1、M119：2-1、M120：10-1、M122：10-1、M123：5-3、M124：5-1、M130：6-1、M131：12-1、M132：2-1、M134：5-1、M141：5-1、M142：14-1、M147：4-1、M150：10-1、M151：6-1、M152：9-1、M154：11-1、M159：4-1、M172：3、M173：3-1、M176：12、M197：1	残损严重7件：Ⅰ区M11：2（残损严重），M16：5（残损严重），M96：8（残损严重），M137：8-1（残损严重），M145：8-1（残损），M196：1-1（残损），M202：1（残损）
				Ⅱ	14	Ⅰ区M12：8、M22：6、M32：2、M41：5、M42：7-1、M48：22、M50：1、M53：7-1、M55：2-1、M64：5-1、M97：3-1、M98：2-1、M109：8-1、M125：5-1	

续表

质地	器类	型	式	数量	标本	备注
陶器	灶	B	Ba I	57	I区M7：4-1, M14：4-1, M18：11-1, M20：5-1, M24：11-1, M27：6-1, M29：3-1, M31：7, M36：13-1, M40：11-1, M43：6, M44：5, M45：1, M46：13, M52：3、13, M66：8-1, M68：13-1, M69：9-1, M70：3, M72：9, M73：15-1, M74：8-1, M77：2, M78：2, M79：11-1, M80：8-1, M81：18-1, M83：9-1, M85：2-1, M87：2, M89：6-1, M93：11-1, M105：2, M110：1-1、2, M112：1-1, M114：5, M157：6, M160：5-1, M162：16-1, M163：2, M174：5-1, M177：4, M178：1-1, M181：13-1, M182：5-1, M185：11-1, M186：10-1, M188：7-1, M189：4-1, M191：3-2, M195：5-1, M198A：17-1, M204：1-1, M208：12-1; II区M25：11	
			Ba II	8	I区M4：1-1, M103：14-1, M104：9-1, M192：1, M193：5-1, M194：15-1, M203：1-1; II区M3：2	
			Bb	1	I区M6：4	
		C		2	I区M199：13, M205：3	
	盆	A		25	I区M4：1-3, M22：7, M28：3-2、3, M30：3-3, M41：2, M57：19-2, M74：8-3, M75：7, M76：5-3, M99：2, M115：9-2、3, M120：1-2, M122：10-3, M123：5-1, M130：6-2, M131：12-3, M142：14-2, M147：4-3, M152：9-2, M154：11-3, M173：3-3; II区M15：13（底部切削）, 14	残损严重2件：I区M163：3（仅存残沿），M184：6（仅存残沿）
		B		81	I区M3：5, M14：4-3, M18：11-2, M20：5-2, M24：11-2, M26：9-3, M27：6-3, M29：3-3, M35：12-3, M36：13-2, M40：11-2, M42：7-3, M44：6, M45：6, M46：14, M48：24, M49：10, M51：8, M52：13-1、22, M53：7-2, M58：2-3, M59：5, M64：5-2, M66：8-2, M68：13-2, M69：9-2, M78：3, M79：11-3, M80：8-3, M81：18-2, M83：9-3, M85：2-2, M89：6-3, M90：9-3, M92：4-2, M95：18, M97：3-2, M98：2-3, M100：1-3, M103：14-2, M104：9-2, M109：8-3, M110：1-2, M112：1-2, M116：2-3, M117：12-2, M119：2-2, M124：5-2, M125：5-2, M130：6-3, M132：2-2, M134：5-2, M137：8-2, M141：5-3, M145：8-2, M150：10-2, M151：6-3, M155：5, M159：4-3, M160：5-2, M162：16-3, M174：5-2, M178：1-2, M181：13-2, M182：5-2, M185：11-2, M186：10-2, M188：7-2, M189：4-3, M193：5-2, M194：15-3, M195：5-2, M196：1-2, M197：3, M198A：13, M204：1-3, M208：12-3; II区M3：3, M15：15	

质地	器类	型	式	数量	标本	备注
陶器	甑	A		42	I区M1：1, M4：1-2, M6：18, M10：3-2, M30：3-2, M32：3, M35：12-2, M41：6, M48：23, M49：9, M51：7, M53：7-3, M55：2-2, M57：19-3, M58：2-2, M59：6, M64：5-3, M74：8-2, M76：5-2, M84：10-2, M95：17, M97：3-3, M98：2-2, M99：3（底部切削）, M100：1-2, M103：14-3, M109：8-2, M112：1-3, M120：1-3, M122：10-2, M123：5-2, M131：12-2, M142：14-3, M147：4-2, M152：9-3, M154：11-2, M182：15-2, M197：4, M203：1-2, M205：5; II区M3：3	
		B		64	I区M5：3-2, M7：4-2、3, M14：4-2, M18：11-3, M20：5-3, M24：11-3, M26：9-2, M27：6-2, M29：3-2, M36：13-2, M40：11-3, M42：7-2, M44：1, M45：2, M46：15, M52：21、28, M60：7, M66：8-3, M68：13-3, M69：9-3, M73：15-2, M79：11-2, M80：8-2, M81：18-3, M83：9-2, M85：2-3, M89：6-2, M90：9-2, M92：4-3, M93：11-2, M104：9-3, M110：1-3, M116：2-2, M119：2-3、4, M124：5-3, M125：5-3, M132：2-3, M134：5-3, M137：8-3, M141：5-2, M150：10-3, M151：6-2, M155：6, M159：4-2, M160：5-3, M161：2, M162：16-2, M173：3-2, M178：1-3, M181：13-3, M186：10-3, M188：7-3, M189：4-2, M191：3-1, M193：5-3, M196：1-3, M198A：17-2, M204：1-2, M208：12-2, II区M5：4, M15：8	
	釜	A		12	I区M22：11, M26：8, M38：2, M74：11, M76：6, M100：2, M118：6, M121：3, M124：4, M131：9, M140：6, M159：9	
		B		4	I区M95：26、30、31, M185：19	
		C		6	I区M1：9, M184：4、5; II区M5：7, M15：1、12	
		D		1	I区M205：4	
	樽	A	I	12	I区M27：5, M36：14, M42：2, M74：10, M78：7, M87：1, M103：13, M104：11, M157：3, M193：4, M194：11, M198B：6	
			II	10	I区M6：3, M52：15, M68：4, M81：23, M95：1、2, M106：1, M181：15, M185：8, M198A：23	
			III	2	I区M63：4; II区M25：13	
		B		1	I区M205：24	

续表

质地	器类	型	式	数量	标本	备注
陶器	熏炉			5	I区M81：17，M95：26、30、31，M198A：22	残损严重2件：I区M185：10（部分残损）；II区M25：10（盖）
	灯			3	I区M198A：21；II区M3：1，M25：2	残损严重1件：II区M16：1（口残）
	井	A		2	I区M199：2，M205：26	
	案	A		2	I区M199：9，M205：13	
	盘			2	I区M199：12，M205：23	
	钵			6	I区M108：2，M117：4、5，M199：10、14，M205：22	
	耳杯			12	I区M155：3、4，M199：3、4、5、6、7、8，M205：18、19、20、21	
	斗			2	I区M199：11，M205：14	
	勺			3	I区M205：15、16、17	
	人物俑			2	I区M151：14、15	
	动物俑 猪	A		3	I区M30：8，M122：13，M152：11	
	动物俑 猪	B		2	I区M205：11；II区M15：11	
	动物俑 狗	A		2	I区M30：5，M152：10	
	动物俑 狗	B		1	I区M205：12	
	动物俑 鸡	A		4	I区M30：6、7，M152：1、2	
	动物俑 鸡	B		2	I区M205：9、10	
	砖灯			2	II区M22：3，M23：2	
	陶球			1	I区M97：2	
	器盖			2	I区M74：21，M12：9	
	瓦当			1	I区M163：4	
	筒瓦			1	I区M191：8	
	烟囱			1	I区M182：13	

质地	器类	型	式	数量	标本	备注
日用铜器	带钩	A		9	Ⅰ区M28：2, M59：1, M72：3, M78：8, M117：1, M126：1, M149：6, M153：1, M208：2	
		B		18	Ⅰ区M35：2, M42：20, M54：2, M57：1-1、2, M66：2, M67：1, M93：2, M115：3, M122：11, M147：2, M151：16, M152：6, M154：1, M174：14, M195：10, M198A：3; Ⅱ区M27：4	
		C		1	Ⅰ区M57：1-3	
		残损严重		1	Ⅰ区M11：3（尾部）	
	钫			2	Ⅰ区M131：1, M198B：14	
	壶			1	Ⅰ区M198B：15	
	盆	A		6	Ⅰ区M49：4-1, M76：1, M115：11, M131：4, M160：6, M189：2	残损严重3件：Ⅰ区M35：7（残损严重），M49：4-2（第2件残损严重），M208：8（残，平治头唇，深腹内收，底已残）
		B		5	Ⅰ区M101：1, M115：10, M154：14, M198B：10、22	
		C		1	Ⅰ区M96：9	
	勺			1	Ⅰ区M198B：23	
	灶			1	Ⅰ区M198B：9	
	釜			1	Ⅰ区M198B：2	
	甑			1	Ⅰ区M198B：8	
	削			1	Ⅰ区M205：29	
	剑格			11	Ⅰ区M31：3, 与剑同在者有：Ⅰ区M36：2, M57：10（2件），M72：4, M147：7, M149：8（2件），M154：2, M198A：24; Ⅱ区M12：2	
	环			15	Ⅰ区M13：3, M49：11, M63：6, M73：5, M81：24, M97：1-1、2、3, M149：21, M189：13; Ⅱ区M5：12, M8：3（铜衔环），M22：1, M25：7-1、2	
	匙			2	Ⅰ区M198A：4, M198A：5	

续表

质地	器类	型	式	数量	标本	备注
	柿蒂形饰			716	Ⅰ区M5：1，M10：1（27件），M11：1（13件），M12：2（19件），M16：3（10件），M24：1（9件），M29：11（4件），M35：6（24件），M38：8（14件），M40：13（21件），M42：22（37件），M45：4（4件），M50：2（25件），M56：5（34件），M64：3（14件），M66：5（33件），M68：2（5件），M69：1（7件），M70：2（6件），M72：6（9件），M74：2（21件），M75：1（14件），M78：4（10件），M81：5（15件），M83：3（7件），M84：2（19件），M86：2，M93：15（13件），M95：7（36件），M118：8（24件），M126：2（37件），M127：7（35件），M131：3（4件），M137：3（7件），M143：1（8件），M149：10-2（22件），M153：5（24件），M154：6（24件），M157：1（3件），M160：2-1（11件），M161：1（8件），M174：6（21件），M176：3（11件），M181：3（5件），M182：11（2件），M185：5（4件），M195：2，M208：15（13件）	
	菱形饰件			4	Ⅰ区M149：10-1（4件）	
日用铜器	泡钉			37	Ⅰ区M2：7（9件），M13：5，M51：9（6件），M52：2（9件），M192：4；Ⅱ区M15：17（5件），M25：6，M26：3（5件）	
	铜泡			1	Ⅰ区M1：10	
	铺首			10	Ⅰ区M1：8，M48：3（2件），M95：19（铅），M103：5（铅），M192：3；Ⅱ区M8：2，M13：8，M24：10（2件）	
	弩机			5	M8：6（仅存衔环），M25：7-3，M27：2-1，2	
	镜刷（刷柄）			6	Ⅰ区M48：30-1，M48：30-2，M63：2，M73：4，M115：2，M185：12	
	镞			4	Ⅰ区M96：2；Ⅱ区M27：5（3件）	
	蹄形足			3	Ⅰ区M48：2（3件）	
	铜铃			13	Ⅰ区M20：1，M74：18，M95：8，M101：3（9件）；Ⅱ区M24：11	
	条状铅饰			1	Ⅰ区M205：27	
铁器	鼎			1	Ⅰ区M9：3	
	釜			1	Ⅰ区M115：5	
	熏炉			1	Ⅰ区M142：7	

续表

质地	器类	型	式	数量	标本	备注
铁器	剑格			1	I区M142：5	
	剑			19	I区M18：17, M36：2, M48：8, M57：10, M66：4, M72：4, M78：9, M93：4（2件）, M147：7, M149：8、9, M154：2, M198A：24, M208：6; II区M12：2, M15：19, M24：19, M26：5（汉存两部）	
	剑蒯			1	I区M74：26	
	削			35	I区M13：4, M21：1, M28：1, M30：9-1, M35：4, M42：19, M48：32, M53：2, M57：4-1（3件）, M63：7, M66：1, M67：3、4, M72：5, M73：3, M81：4-2, M95：32, M102：3-1, M142：4, M147：8、9, M154：3、4、5, M159：10, M163：4, M174：16, M195：4, M198B：3-1、2, M208：7; II区M12：3, M18：1	
	锸			6	I区M5：2-1、2, M16：1; II区M13：7, M23：1（2件）	
	镰			1	I区M45：3	
	铺首			2	I区M150：11, M74：25	
	灯			6	I区M49：7, M74：17, M83：4, M98：1, M131：11, M164：3	
	钩			1	I区M205：28	
	环			1	I区M101：6	
	带钩			1	I区M30：9-2	
	器型无法辨认铁器			19	I区M31：4（2件）, M40：15（2件）, M108：3, M112：10（5件）, M185：18, M189：14（3件）; II区M27：8（5件）	
玉石器	口琀			16	I区M6：13, M20：2, M31：2, M48：4, M102：1, M103：2, M109：1, M149：24, M187：2, M192：2, M193：3, M194：2, M198B：19; II区M5：8, M18：2, M24：14	
	鼻塞			18	I区M2：4, M20：3, M103：3-1, M112：12（2件）, M187：3（2件）, M194：3（2件）, M198B：20（2件）, M200：1; II区M5：10, M13：9-2（2件）, M24：16-1、2、3	

续表

质地	器类	型	式	数量	标本	备注
玉石器	耳塞			22	Ⅰ区M20：4（2件），M31：1（2件），M48：7（2件），M102：2（2件），M103：3-2（2件），M112：13（2件），M193：11（2件），M194：4（2件）；Ⅱ区M5：9（2件），M13：9-1（2件），M24：17（2件）	
	眼罩			2	Ⅱ区M5：11，M24：15	
	砚			7	Ⅰ区M67：6，7（研），M149：7，M208：4，5（研）；Ⅱ区M15：16，M27：6	
	石料			6	Ⅰ区M81：1-1，2，3，4，M198A：25-1，2（茔石）	
	石璧			1	Ⅰ区M48：6	
	石剑珌			1	Ⅰ区M49：3	
	石剑璲			1	Ⅰ区M57：5	
	石丸			2	Ⅰ区M162：3，M173：1	
	磨石			1	Ⅰ区M104：14	
	玉饰件			2	Ⅱ区M8：4，M198B：7	
泥骨器	泥灯			7	Ⅰ区M20：8，M73：20，M80：9，M112：2，M186：11；Ⅱ区M13：6，M20：4	
	泥丸			19	Ⅰ区M67：5（12件），M168：1（7件）	
	骨环			1	Ⅰ区M198B：21	
	骨璧			1	Ⅱ区M24：12	

附表5　出土铜镜类型统计表

类	型	亚型	式	数量（面）	标本
日光镜	A	Aa		2	Ⅰ区M83：2、M195：3
		Ab	Ⅰ	6	Ⅰ区M8：6、M149：2、M149：3、M79：1、M112：8、M24：13
			Ⅱ	3	Ⅰ区M81：2、M198A：1、M181：1
	B	Ba		1	Ⅰ区M103：1
		Bb	Ⅰ	1	Ⅰ区M53：1
			Ⅱ	1	Ⅰ区M72：1
	C			1	Ⅰ区M93：1
昭明镜	A		Ⅰ	4	Ⅰ区M169：2、M14：1、M149：1、M73：2
			Ⅱ	2	Ⅰ区M86：1、M189：12
	B		Ⅰ	4	Ⅰ区M36：1、M186：2、M193：2、Ⅱ区M24：13
			Ⅱ	1	Ⅰ区M208：1
草叶纹镜	A		Ⅰ	2	Ⅰ区M165：1、M142：3
			Ⅱ	1	Ⅰ区M136：1
	B	Ba		1	Ⅰ区M130：1
		Bb		3	Ⅰ区M142：2、M57：3、M148：1
星云纹镜	A			1	Ⅰ区M22：1
	B			3	Ⅰ区M26：2、M64：1、M96：1
家常富贵镜			Ⅰ	1	Ⅰ区M73：1
			Ⅱ	2	Ⅰ区M63：3、M71：5
长毋相忘镜	A		Ⅰ	2	Ⅰ区M30：1、M134：1
			Ⅱ	1	Ⅰ区M162：1
	B			1	Ⅰ区M170：1
螭龙纹镜				2	Ⅰ区M115：1、M175：1
双龙纹镜				1	Ⅰ区M46：1
重圈铭文镜				1	Ⅰ区M48：1
四乳花卉镜				1	Ⅰ区M164：2
四乳四虺镜				1	Ⅰ区M198B：1
四乳几何纹镜				1	Ⅰ区M9：2
云雷纹镜				2	Ⅰ区M176：1、Ⅱ区M13：10
变形四叶纹镜				1	Ⅰ区M205：1
合计				54	

附表6.1　出土半两钱类型统计表

类型	数量（枚）	钱文特征	标本号	备注
A	11	"两"字下框内为二"人"字，且出头较长	Ⅰ区M116：1-3、4、5、6，M117：2，M142：1-6，M145：9-1、2，M164：1-1，M169：1-1、2	
B	8	"两"字下框内作连山形	Ⅰ区M109：2-1，M116：1-2、10，M142：1-7，M151：1-3、4，M164：1-2、3	
C	21	"两"字下框内作"十"形	Ⅰ区M109：2-2，M116：1-1、8、9，M130：2-1、2，M134：2，M140：1-2、3，M142：1-1、2、3、4，M145：9-3、4、5、6，M151：1-1、2，M164：1-4、6	残缺1枚
D	5	"两"字下框为空框	Ⅰ区M140：1-1，M142：1-5，M164：1-5，M169：1-3、4	
共计	46			

附表6.2　出土五铢钱类型统计表

类型	数量（枚）	钱文特征	标本号	备注
A	34	"五"字宽大，交笔较直或缓曲	Ⅰ区M22：2-12，M32：1-5，M33：2-2、3，M34：1-1、4、5、8、11，M45：5-5，M57：13-5、8、11、12，M80：1-1，M81：3-1，M83：1-20，M90：5-1，M93：3-2、3、4、5、6、7、10，M94：1-1、5、9，M99：1，M101：2-10、18，M112：9-11，M131：2-8，M198B：5-47	
B	620	"五"字瘦长，交笔较直或缓曲	Ⅰ区M1：2-1，M2：5-1、2、3、4、5、6、8，M3：6-1，M6：14-1、2、3、4、6、9、10、11，M7：5-2，M9：1-1、2、5、6、7、8、9、10、11、12、13、14、15、16、17、18、19、20，M11：4-1、2、4、5、6、7、8，M12：1-1，M13：2-3、4、5、8，M14：2-2、5、6，M22：2-1、2、3、4、5、6、7、8、9、10、11，M26：1-1、2、3、6、7、8、10，M27：1-1、2、3、6，M31：6-1、2，M32：1-1、3、4、6、8、9，M33：2-1，M34：1-2、3、7，M35：3-1、2、3、4、5，M36：3-1、2，M38：7-1、2，M40：12-1、2、3、4、5、6，M42：21-1、3、4、5、6、7、8、11、12、15、16、17，M44：1-1，M45：5-2、3，M49：5-1、2，M52：1-1、2、4、5、6、7，M53：10-1、2，M54：3-2、3，M56：3-1、2，M57：13-1、2、3、4、6、7、9、10，M59：2-1、2、3、4、5、7、8、9、10，M61：1-1、2、3、4、6、7、8、9、10、11，M64：2-1，M66：3-1、2、3、4、5、6、8、10、11，M67：2-1、2、3、4、5、6、7、10、11、12、13、14、15、16、17、18、21、22、23、24、25、26、27，M68：1-1、2、5、6、10、11、12、13、14、15，M73：6-2、3、4、5、6、8，M74：1-1、2、4、5，M79：2-1、2、3、6、7、8、10、11、12、13、14、15、18，M80：1-2、3、4、5、6、7、8、9、10、11、12、13、14、15、16、17、18、20、21、22、23、24、25，M81：3-2、3、4、5、6、7、9、10、11、12、13、14、15、16、17、18、25、26、27、28、29，M83：1-1、2、7、8、10、11、12、14、15、17、18、19，M84：1-1、2、3、4、5、6、7、9、10、11、12、13，M90：5-2、3，M93：3-8、9、11、12、13、14、15，M94：1-2、3、4、6、7、8，M95：6-1，M101：2-2、3、4、5、6、8、9、11、12、13、14、15、16、17、19、20、21、22、23、24，M103：4-1、2、4、6、9，M105：1-1，M109：2-3、4、5、6、7、8，M111：4-1、4、5，M112：9-1、3、4、5、7、9、10、12，M113：6-1、2、3、4、5、6、7、8、9、10、11、12，M115：4-1、2、3、4、5、7、8、9、10、11、12、13，M118：12-1、2、3、4、5、6，M129：4-1，M131：2-1、2、3、4、5、6、9、10、11、12，M133：2-1、2、3、4、5、6、7、10、11、12、13、14，M135：1-1、2、3、4、5、6、7、8、9、11，M137：1-1、2、3、4、5、6、7、8、9、10、11、12、13、14、15、16，M147：1-1、2、3、4、5、6、7、8、9、10、11、12、13、14、15、16、17、18、19、20、21、22、23，M148：2-1、2、3、4、6，M149：5-1、2、3、4、5、6、7、8，M159：1-1、2、3、4、5、6、7、8、9、10、11、12、13、14、15，M160：1-1、2、3，M162：2-1、2、3、4、8、9、10、11，M174：15-1、2、3、4、5，M176：2-1、2，M179：1-1、2、3，M180：1-1、2，M181：2-1、2、3、7，M183：1-1、2，M186：1-1、2、8、9、10、11、12、13、14、15、16、17、19、20、21、22、23，M189：1-4，M190：1-1，M191：1-1、2、3，M193：1-1，M194：1-1、3、4，M198A：2-1、2、3、4、5、7、8、9、10、11、12、13、14、15、16、17、18，M198B：5-4、5、6、7、8、9、10、11、12、13、14、15、16、17、18、19、20、21、22、23、24、25、26、27、28、29、30、31、32、33、34、35、37、38、39、40、41、42、43、44、46、48、61，M200：2-1、2，M205：2-1、6、7、8、9，M208：3-1、2、3、4、5、6、7、10、11；Ⅱ区M20：3-1、3，M25：9-2、4、5、6、7、8，M27：1-2、4	残缺80枚，钱文不清14枚

类型	数量（枚）	钱文特征	标本号	备注
C	23	"五"字较瘦短，交笔缓曲	Ⅰ区M2：6，M11：4-3、9，M13：2-1、7，M40：12-7，M42：21-2、9，M56：3-3，M73：6-7、9、10，M83：1-3、6，M94：1-10，M101：2-1、7，M158：1，M176：2-4，M179：1-4，M180：1-3，M181：2-6，M189：1-1	
D	48	"五"字瘦长，交笔甚曲，末端近乎平行	Ⅰ区M1：2-2，M3：6-2，M6：14-5、7、8、12，M7：5-1，M9：1-3、4，M27：1-5，M31：6-3、4，M42：21-13、14，M44：1-2、3、4，M46：4，M63：1-1，M73：6-1、12，M81：3-19、20、21、22、23、24、30、31，M83：1-4、5、9，M93：3-1，M95：6-2，M103：4-3、5、7、8，M104：13-1、5，M129：4-2，M162：2-5，M180：1-4，M186：1-7，M189：1-2，M198B：5-45，M208：3-8、9	
E	87	"五"字宽大，交笔甚曲，末端近乎平行	Ⅰ区M13：2-2、6，M27：1-4，M52：1-8、9、10、11、12、13，M63：1-2，M64：2-2，M68：1-3、4，M70：1-1、2，M72：2，M73：6-11，M79：2-4、5、16、17、19、20、21、22、23，M81：3-8，M83：1-13、16，M104：13-2、3、4、6、7，M112：9-2、8，M149：5-9、10、11，M186：1-3、4、6、18，M189：1-5，M194：1-5、6，M195：1-1，M198A：2-6，M198B：5-1、2、3、36、49、50、51、52、53、54、55、56、57、58、59、60、62、63、64、65、66、67、68、69、70、71、72、73、74、75、76、77、78、79、80、81、82、83；Ⅱ区M15：7	
F	12	"五"字宽大，交笔甚曲，上下三角近炮弹形	Ⅰ区M14：2-1，M112：9-6、13、14，M194：1-2、7；Ⅱ区M3：5-1，M20：3-2、4，M22：1-1、2，M27：1-1	
共计	918			

附表7　出土车马器统计表

器类	质地	数量	器物号
马衔镳	铜	14	Ⅰ区M2：2-2，M72：7，M93：17，M95：11，M137：11，M149：22（2件），M174：8，M185：1；Ⅱ区M5：13，M15：18-1，M24：9，M25：8，M26：4
	铅	15	Ⅰ区M14：18，M42：26，M51：11，M53：9，M56：4，M68：20，M78：14，M81：26，M84：15，M122：15，M126：9-1，M153：4，M157：7-4，M179：2，M182：10
当卢	铜	9	Ⅰ区M72：12，M95：14，M137：12，M149：23，M174：7，M185：2，M208：13；Ⅱ区M24：8，M25：15
	铅	13	Ⅰ区M14：16，M29：10-1，M40：14-2，M42：18，M68：3，M78：16，M81：6，M84：3，M109：3，M110：6，M157：7-2，M181：4，M182：8
辖軎	铜	14	Ⅰ区M74：9，M78：13，M95：10，M127：9（2件），M137：4（2件），M149：17（2件），M174：13，M185：13，M208：9；Ⅱ区M24：18，M27：7
	铅	16	Ⅰ区M3：2-2，M5：4（2件），M29：10-3，M42：25，M51：10，M52：7，M79：13，M84：13，M93：18，M110：5，M118：11（2件），M126：9-2，M151：13，M153：3
盖弓帽	铜	98	Ⅰ区M2：2-3，M3：2-1（2件），M46：3，M48：5，M57：9，M72：11（9件），M74：22（8件），M78：10（14件），M95：9（8件），M110：7，M127：8（15件），M137：6（10件），M149：19（3件），M174：12（13件），M185：3，M208：10；Ⅱ区M24：7（5件），M25：4，M27：3（3件）
	铅	21	Ⅰ区M29：10-4，M42：28（4件），M68：23，M81：25，M118：9（2件），M126：9-3（4件），M157：7-3（3件），M159：2（4件），M179：4
衡末饰	铜	30	Ⅰ区M2：2-1，M3：2-3（4件），M72：10-1（3件），M74：24-1（4件），M78：12，M95：12-1（3件），M127：10（2件），M137：5-1（4件），M149：20-1（2件）、2，M174：9（2件），M185：4，M208：11；Ⅱ区M24：5
	铅	9	Ⅰ区M29：10-2，M68：21（2件），M84：14，M118：10（3件），M157：7-5，M181：16
车辕	铜	9	Ⅰ区M74：23，M78：11，M95：13（2件），M174：11（2件）；Ⅱ区M15：18-2，M21：3，M24：6
节约	铜	11	Ⅰ区M2：2-4，M40：14-1，M72：13-1（2件）、2，M95：15，M137：13，M149：18，M174：10（3件）
	铅	18	Ⅰ区M3：2-4，M42：27（4件），M53：8（2件），M56：6，M68：22（2件），M78：15（2件），M102：4，M109：4，M122：14，M157：7-1，M181：17，M182：9
伞柄饰	铜	1	Ⅰ区M122：12
车饰件	铜	9	Ⅰ区M57：6、7、11、12、16、17（共7件），M95：16，M110：8
	铅	2	Ⅰ区M16：2，M52：8

附表8　墓葬时代统计表

时代	数量（座）	墓葬
西汉早期	31	Ⅰ区M92，M116，M117，M119，M122，M124，M125，M128，M130，M134，M138，M139，M140，M141，M142，M145，M146，M150，M151，M152，M154，M164，M165，M166，M168，M169，M170，M171，M172，M173，M175
西汉中期	93	Ⅰ区M5，M8，M9，M10，M11，M12，M18，M21，M22，M23，M24，M25，M26，M28，M30，M33，M34，M35，M36，M37，M38，M39，M41，M42，M45，M49，M50，M51，M53，M54，M55，M56，M57，M58，M59，M60，M61，M64，M65，M66，M67，M73，M74，M75，M76，M77，M78，M82，M83，M84，M85，M90，M93，M94，M96，M97，M98，M99，M100，M101，M109，M111，M113，M114，M115，M118，M120，M121，M123，M126，M127，M131，M132，M133，M135，M136，M137，M143，M144，M147，M148，M149，M153，M157，M159，M160，M161，M162，M167，M176，M183，M188，M190
西汉中晚期	77	Ⅰ区M6，M7，M13，M14，M15，M16，M17，M19，M20，M27，M29，M32，M40，M43，M44，M46，M48，M52，M62，M68，M69，M70，M72，M79，M80，M81，M86，M87，M89，M95，M102，M103，M104，M105，M106，M108，M110，M112，M129，M155，M156，M158，M163，M174，M177，M178，M179，M180，M181，M182，M184，M185，M186，M187，M189，M191，M192，M193，M194，M195，M196，M197，M198A、B，M200，M201，M202，M203，M204，M206，M207，M208，M209；Ⅱ区M5，M8，M12，M13，M31
西汉晚期到新莽时期	22	Ⅰ区M1，M2，M3，M4，M47，M63，M71；Ⅱ区M3，M14，M15，M16，M17，M18，M19，M20，M21，M22，M23，M24，M25，M26，M27
东汉时期	2	Ⅰ区M199，M205
合计	225	

附表9　出土陶器分期统计表　　　　　　（单位：枚）

质地	器类	型		式	西汉早期	西汉中期	西汉中晚期	西汉晚期到新莽	东汉时期	合计
陶器	鼎			Ⅰ	17	4				21
				Ⅱ		15	21			36
				Ⅲ			8			8
				Ⅳ				1		1
		残缺			3	8	2			13
	盒			Ⅰ	23	12				35
				Ⅱ		20	11			31
				Ⅲ			21			21
				Ⅳ			12			12
		残缺			5	8	3			16
	壶	A		Ⅰ		2				2
				Ⅱ		1				1
		B	Ba	Ⅰ			11			11
				Ⅱ			1	2		3
				Ⅲ					2	2
			Bb				4			4
		残缺				4		1		5
	钫				44	33	9			86
	仓	A				5				5
		B	Ba			3	34			37
			Bb	Ⅰ		38	30			68
				Ⅱ			27	2		29
		C					3	8		11
		房仓			1					1
		残缺				4	5	9		18
	樽	A		Ⅰ		5	7			12
				Ⅱ			10			10
				Ⅲ				2		2
		B							1	1
	缶			Ⅰ	1	1				2
				Ⅱ	2	14	1			17
	釜	A			2	10				12
		B					4			4
		C					3	3		6
		D							1	1

续表

质地	器类	型		式	西汉早期	西汉中期	西汉中晚期	西汉晚期到新莽	东汉时期	合计
陶器	灶	A		Ⅰ	16	27	1			44
				Ⅱ	2	10	2			14
		B	Ba	Ⅰ		17	39	1		57
				Ⅱ			6	2		8
			Bb				1			1
		C							2	2
		残缺			1	3	3			7
	盆	A			6	16		3		25
		B			12	27	39	3		81
		残缺					2			2
	甑	A			4	24	10	3	1	42
		B			10	21	13			44
	罐	A	Aa		1	13	2			16
			Ab			12	7	1	1	21
			Ac	Ⅰ	1	32	1			34
				Ⅱ	1	26	111			138
			Ad	Ⅰ	5	81	3			89
				Ⅱ		7	19	3		29
				Ⅲ				9		9
		B	Ba		10	7				17
			Bb		2	9				11
			Bc			5	2			7
			Bd		3	6	1			10
		C	Ca			3	9	1	1	14
			Cb				1	3		4
			Cc			3	5			8
		D					3			3
		残缺						1		1
	熏炉						5			5
		残缺					1	1		2
	灯						1	2		3
		残缺						1		1
	井								2	2
	案								2	2
	盘								2	2
	钵					2		1	3	6

续表

质地	器类	型	式	西汉早期	西汉中期	西汉中晚期	西汉晚期到新莽	东汉时期	合计
		时代							
陶器	耳杯					2		10	12
	斗							2	2
	勺							3	3
	人物俑			2					2
	动物俑	猪	A	2	1				3
			B				1	1	2
		狗	A	1	1				2
			B					1	1
		鸡	A	2	2				4
			B					2	2
	砖灯						2		2
	陶球				1				1
	器盖				2				2
	瓦当					1			1
	筒瓦					1			1
	烟囱					1			1
				181	542	521	65	37	1346

附录　西安市雁翔路文化产业创意谷墓地出土汉代铁剑的初步科学分析研究

李梦雨[1]　李秀辉[1]　赵凤燕[2]　冯　健[2]

（1. 北京科技大学；2. 西安市文物保护考古研究院）

摘要： 铁剑作为西汉时期步兵的主要兵器应用于战争中，同时它也是一种社会历史和文化现象，其发展进程对研究汉代社会的历史变迁和文化交流起着重要的作用。西安市雁翔路文化产业创意谷墓地出土的汉代铁剑为研究两汉时期铁剑的材质、成分、制作工艺水平等提供了珍贵的实物样本。本文对该墓地出土的12件汉代铁剑进行了金相组织观察，使用扫描电子显微镜能谱仪对组织中的夹杂物进行了成分分析，判定有4件炒钢制品、7件铸铁脱碳钢制品、1件块炼铁制品，多存在折叠锻打痕迹。在块炼铁制品中发现浮凸组织。将铁剑的科学分析与社会文化背景相结合，进而探讨这一时期西安地区的社会、经济、文化发展面貌，以补充两汉时期西安地区铁剑的研究内容。

关键词： 冶金史　汉代　铁剑　制作技术

　　曲江文化产业创意谷墓地为西安市曲江新区二期雁翔路文化产业聚集区，位于雁翔路以东，金花路以西，黄渠头路以南，黄渠头南路以北。总占地面积约7.33万平方米，总建筑面积约62万平方米。雁翔路文化产业创意谷墓地发掘的汉代铁剑为了解两汉时期西安地区铁剑的材质、成分、制作工艺，以及认识这一时期西安地区的钢铁技术提供了科学依据。并在此基础上，对其背后所蕴含的文化、经济、社会联系进行探讨，以丰富汉长安城的物质文化面貌研究和补充两汉时期西安地区铁剑的研究内容。

1. 样品采集概况

　　雁翔路文化产业创意谷墓地的发掘报告尚在整理中，本文所采集的12件汉代铁剑样品均由西安市文物保护考古研究院提供，详细情况见表一。

表一　实验样品名称与取样部位

	样品名称	实验编号	原编号	出土位置	现状	取样位置	器物特征（cm）
1	铁剑	XATJ12	M147：7	YXZ	完整	剑尖残断处	全长90，剑身长82.5。铜剑格，剑尖、剑柄残。断为2节
2	铁剑	XATJ13	M208：6	YXZ	残	剑身1/5处	全长104.7，剑身长87.8。铜环首，木剑鞘，木剑柄断裂，露出铁芯，断为3节。剑尖残，剑柄处有纺织品。剑格处宽3.7
3	铁剑	XATJ14	M72：4	住宅区	断	剑身残断处	全长90，剑身长85，最宽处3.4，最窄处2.5，最厚处1.5，最薄处9.2。剑柄、剑尖残，木剑鞘，铜剑格。断为3节
4	铁剑	XATJ15	M36：2	住宅区	剑柄断，剑身全	剑尖	全长102，剑身长92.6。柄残，铜剑格残，木剑鞘。剑格宽3.3（图一）
5	铁剑	XATJ16	M48：8	住宅区后室		剑尖3cm处	全长60，剑身长47，宽2.9，厚4.1。保存完整，有剑尖，无剑格（图二）
6	铁剑	XATJ17	M149：8	YXZ	残	剑尖残断处	全长96.5，剑身长83.1。铜环首，木剑鞘朽，剑尖稍残，断为6节。环首与剑身连接处宽3.5，剑尖宽17.0
7	铁剑	XATJ18	M154：3	YXZ	残	剑身1/4处	全长96.5，剑柄16.3，剑尖残。断为3节
8	铁剑	XATJ22	M198A：24	YXZ	完整	剑尖	全长123，剑身长84。剑尖稍残，铜剑格，木剑鞘。剑柄长18，剑宽3.8（含剑鞘）
9	铁剑	XATJ23-1	M66：4	住宅区	残	剑尖	
10	铁剑	XATJ27	M12：2	墓室内	剑柄残，剑身完整	剑身	全长90，剑身长84。剑尖、剑柄残，剑柄处纺织品有花纹，玉剑格
11	铁剑	XATJ28	M57：ll	住宅区	断	剑尖残断处	全长93.5，剑身长83.5。剑尖、剑柄残，玉剑格
12	铁剑	XATJ29-1	M93：5	YXZ	完整	剑身1/5处	全长98，剑身长81，剑柄长15.5。铜剑格，木剑鞘已毁

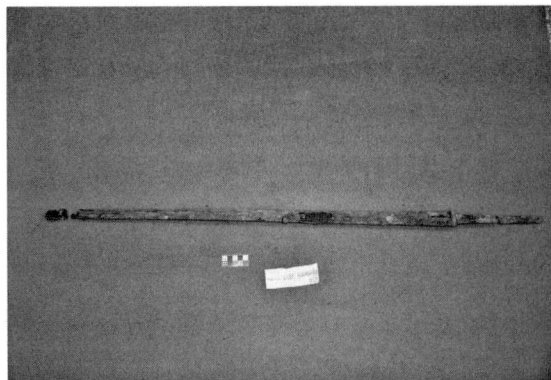

图一　XATJ15

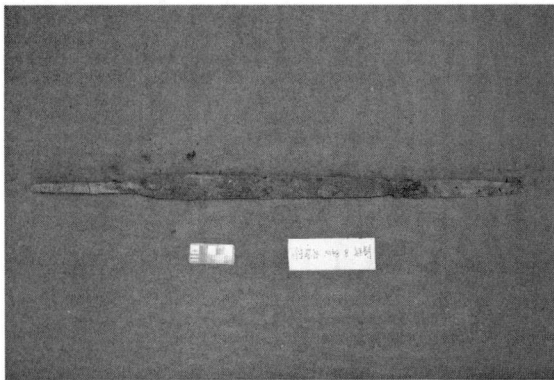

图二　XATJ16

2. 金相组织观察

通过对这些汉代铁剑的金相组织观察，可以判断铁剑的材质、工艺。在不破坏铁剑整体结构上沿剑身横截面的取样，经过镶样、磨样、抛光后，用4%硝酸乙醇溶液浸蚀，在莱卡DM4000金相显微镜下观察金相组织，并拍摄金相照片，其判定结果如表二。

表二　金相组织鉴定结果

	样品名称	实验编号	原编号	金相组织
1	铁剑	XATJ12	M147：7	质地纯净，铁素体+珠光体及大量魏氏组织
2	铁剑	XATJ13	M208：6	铁素体+珠光体，分层明显，含碳量不均匀，夹杂物变形量大且沿加工方向排列
3	铁剑	XATJ14	M72：4	珠光体，含碳量高，晶粒粗大，夹杂物细小且沿加工方向分布
4	铁剑	XATJ15	M36：2	铁素体+珠光体，夹杂物少，边缘有少量石墨析出（图三）
5	铁剑	XATJ16	M48：8	铁素体+珠光体，含碳量高，夹杂物少且沿加工方向排列。有铸造孔洞
6	铁剑	XATJ17	M149：8	铁素体+珠光体，组织较为均匀，有折叠痕迹，分层现象并不明显，夹杂物很少
7	铁剑	XATJ18	M 154：3	铁素体，有明显分层现象，分为7层，边缘有淬火痕迹。有不易受浸蚀的区域，为浮凸组织（图四）
8	铁剑	XATJ22	M198A：24	铁素体+珠光体，含碳量高，组织较均匀，夹杂物呈带状分布
9	铁剑	XATJ23-1	M66：4	少量铁素体+珠光体、淬火马氏体，含碳量高，晶粒粗大，夹杂物细小且呈带状分布（图五）
10	铁剑	XATJ27	M12：2	少量铁素体+珠光体，有分层现象，含碳量高，夹杂物多且变形量大
11	铁剑	XATJ28	M57：11	网状铁素体+珠光体，晶粒大小不一，含碳量高，边缘有渗碳痕迹，夹杂物变形量大
12	铁剑	XATJ29-1	M93：5	两侧为铁素体且晶粒大，中间夹有一条铁素体+少量珠光体的带状区域，晶粒细小；质地纯净，基本没有夹杂物存在（图六）

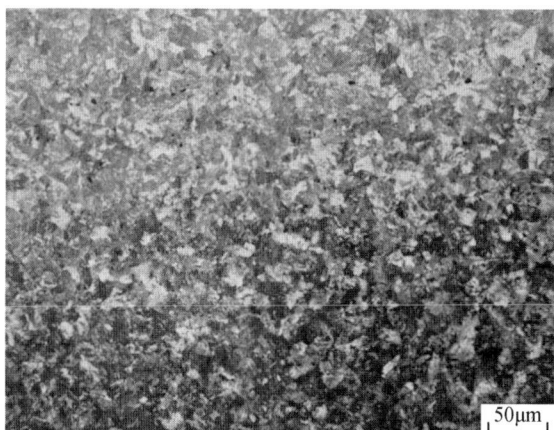

图三　XATJ15

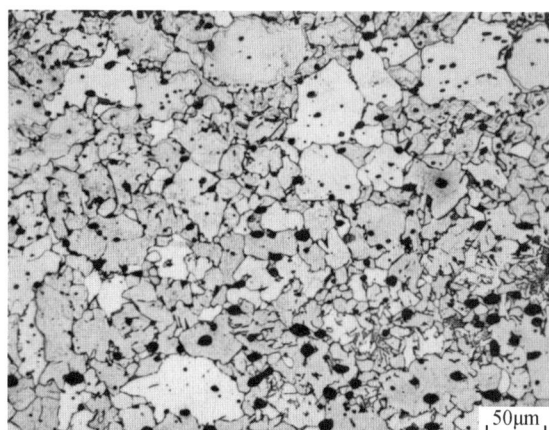

图四　XATJ18

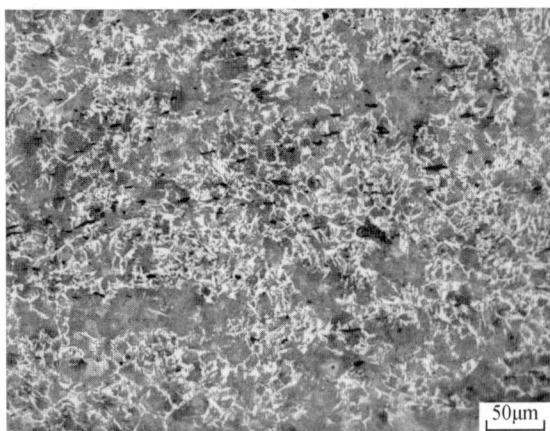

图五　XATJ23-1

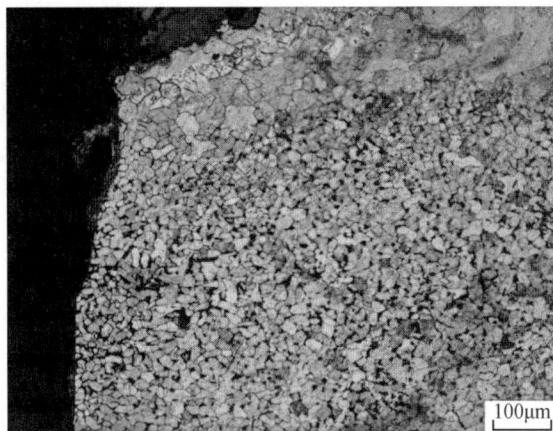

图六　XATJ29-1

3. 夹杂物形貌及元素分析

　　为了配合金相组织判断雁翔路文化产业创意谷墓地出土的12件汉代铁剑的材质及制作工艺，对其进行扫描电镜能谱无标样成分分析。实验选用蔡司EV018高分辨扫描电镜，能谱仪型号为BRUKER XFlash Detector 5010，加速电压为20kV，检测时间为60秒。夹杂物面扫分析结果如表三。

表三　扫描电镜分析结果

样品编号	夹杂形态	K	Mg	Al	Mn	Na	Ti	Ca	P	Si	Fe
XATJ12	单相夹杂			2.0				1.8		2.1	94.2
	单相夹杂		0.6	2.9			1.4	11.4		8.6	75.2
	单相夹杂									26.2	73.8
XATJ13	单相夹杂	4.6	2.9	9.0	1.6	1.7		30.0		38.2	12.1
	单相夹杂	3.1	2.2	8.5	1.9	1.3		24.2		40.3	18.7
	单相夹杂	4.0	2.2	7.0	1.6	1.4	1.5	16.6		40.5	25.3
	单相夹杂	3.5	3.9	8.0	1.3	2.3		23.5		32.2	25.4
XAFJ14	单相夹杂	3.3	2.7	7.9	4.8	1.4	1.4	22.6		37.1	18.9
	单相夹杂			1.4				5.5		85.9	7.2
	单相夹杂	3.1	2.5	5.7	6.1	0.8	1.7	24.5		43.0	12.7
	单相夹杂						6.2	1.4		83.5	8.8
XATJ15	复相夹杂	1.3	1.7	2.4				66.6	1.2	19.0	7.7
	复相夹杂							69.3	21.9	5.3	3.5
	单相夹杂	1.1	2.7	2.8				26.8		23.5	43.1
	单相夹杂	0.7	2.1	2.2				28.9		22.8	43.2

续表

样品编号	夹杂形态	K	Mg	Al	Mn	Na	Ti	Ca	P	Si	Fe
XATJ16	单相夹杂	5.2	2.0	11.9		1.9	1.1	17.7		49.1	11.2
	单相夹杂	4.3	2.0	10.7		2.0	0.9	19.1		43.4	17.6
	单相夹杂	5.4	2.0	12.2		2.2	0.9	18.1		50.6	8.6
	单相夹杂	2.1	2.7	6.2	8.0	1.1		28.3	3.5	29.8	18.5
	单相夹杂	3.2	2.7	6.7	5.6	1.0		34.7	2.7	30.9	12.5
XATJ17	单相夹杂	0.8	2.0	3.2	5.5			15.4		18.9	54.1
	单相夹杂	1.9	1.1	3.7	1.8	0.9		16.1		25.6	48.9
	单相夹杂	1.7	1.0	3.8		1.0		20.6		26.5	45.5
	单相夹杂	3.2	3.2	8.0			1.2	44.7		30.6	9.1
	单相夹杂	2.3	2.7	8.4		1.9		9.6		27.3	47.8
XATJ18	复相夹杂							1.6	16.5	6.3	75.7
	复相夹杂								10.4	7.9	81.7
	复相夹杂								14.4	2.8	80.9
	复相夹杂								16.7	4.3	79.0
	复相夹杂								15.2	5.5	79.3
XATJ22	单相夹杂	1.5	1.1	7.9		2.7		4.3		43.3	39.3
	单相夹杂	2.2	1.4	8.8		2.9		12.6		47.6	24.6
	单相夹杂	2.5	1.5	9.6		2.3		13.1		49.1	21.9
	单相夹杂	3.2	1.7	9.2		2.8		15.5		44.1	23.5
	单相夹杂	2.0	1.6	7.4		2.9		10.6		32.1	43.5
XATJ23-1	复相夹杂				1.8			6.1		74.9	17.2
	复相夹杂	1.3	3.0	4.4	8.1	0.8		35.2		33.8	13.4
	复相夹杂		1.3	2.3	5.6			14.6		41.0	35.3
	单相夹杂	1.3	2.8	2.9	8.6			32.1		29.6	22.8
	单相夹杂	4.1	5.5	9.6	2.5	1.1		23.2		41.2	12.8
XATJ27	单相夹杂	2.2	3.1	5.3		0.6		37.4		29.8	21.5
	单相夹杂	2.5	1.5	4.4	1.6	1.6		15.2		26.0	47.2
	单相夹杂	2.1	1.4	4.9		1.3		20.2		24.7	45.5
	单相夹杂	1.2	2.3	4.3	1.2	0.7		27.9		25.1	37.3
	单相夹杂	0.8	2.7	2.4		0.5		17.7		16.4	59.6
XATJ28	单相夹杂	1.9	1.7	3.6	11.7	0.4		21.8		31.1	27.8
	单相夹杂	1.7	1.8	3.3	13.4	0.3		25.4		28.3	25.8
	复相夹杂	1.6	0.7	1.8	2.7	0.5		15.4	9.6	16.6	51.0
	单相夹杂	1.7	0.5	1.5	2.3	0.7		15.2	5.5	14.5	58.0
	单相夹杂	1.9	1.7	3.6	11.7	0.4		21.8		31.1	27.8
XATJ29-1	复相夹杂		0.8	6.5				10.9		25.3	55.9
	单相夹杂					0.3		0.9		0.2	98.6
	单相夹杂							1.3			98.7
	单相夹杂							1.1			98.9

4. 金相鉴定结果

XATJ18的金相组织为铁素体，边缘有淬火痕迹，基体上含有氧化亚铁夹杂，为块炼铁制品。其中有不易受浸蚀区域，使用扫面电镜检测后发现磷含量很高，推测为浮凸组织。

XATJ15的金相组织为铁素体和珠光体，夹杂物较少，横截面边缘有少量石墨析出，判断为铸铁脱碳钢锻打而成。XATJ16为铁素体和珠光体，含碳量高，夹杂物少且沿加工方向排列，发现铸造孔洞，为铸铁脱碳钢。XATJ29-1两侧为铁素体且晶粒大，中间夹有一条铁素体和少量珠光体的带状区域，晶粒细小，样品表面质地纯净，基本没有夹杂物存在，判断为块炼渗碳钢和铸铁脱碳钢两种材料折叠锻打。此外，通过金相观察和扫描电镜分析，XATJ12、XATJ17、XATJ22均为铸铁脱碳钢制品。

XATJ13为铁素体和珠光体组织，含碳量不均匀且分层明显，夹杂物多为单相硅酸盐，变形量大且沿加工方向排列，材质工艺为炒钢锻打。XATJ14、XATJ23-1的金相组织为少量铁素体和珠光体，晶粒粗大，含碳量高，夹杂物细小且呈带状分布，判断为炒钢锻打。此外，基体上存在大量淬火马氏体，说明样品经过淬火工艺。XATJ28为网状铁素体和珠光体，晶粒大小不一，含碳量较高，夹杂物变形量大，制作工艺为炒钢锻打。样品边缘含碳量较之内侧明显升高，有渗碳痕迹，说明此柄铁剑进行了表面渗碳。

总之，经过鉴定的12件汉代铁剑中，有块炼铁1件、铸铁脱碳钢6件、炒钢5件，具体结果见表四。

表四　金相检验结果

	样品名称	实验编号	原编号	材质及工艺
1	铁剑	XATJ12	M147：7	铸铁脱碳钢/锻打
2	铁剑	XATJ13	M208：6	炒钢/锻打
3	铁剑	XATJ14	M72：4	炒钢/锻打
4	铁剑	XATJ15	M36：2	铸铁脱碳钢/锻打
5	铁剑	XATJ16	M48：8	铸铁脱碳钢/锻打
6	铁剑	XATJ17	M149：8	铸铁脱碳钢/锻打
7	铁剑	XATJ18	M154：3	块炼铁/锻打
8	铁剑	XATJ22	M198A：24	铸铁脱碳钢/锻打
9	铁剑	XATJ23-1	M66：4	炒钢/锻打
10	铁剑	XATJ27	M12：2	炒钢/锻打
11	铁剑	XATJ28	M57：11	炒钢/锻打
12	铁剑	XATJ29-1	M93：5	块炼渗碳钢+铸铁脱碳钢/锻打

5. 雁翔路文化产业创意谷墓地出土汉代铁剑的材质

5.1　块炼铁和块炼渗碳钢

块炼铁是铁矿石在1000℃左右的固体状态下用木炭还原而得到的含有较多夹杂物的铁。这种铁为海绵状固体，杂质较多，含碳量低，质软，只能锻不能铸。经加热锻打，挤出夹杂物，改善机械性能而制成的铁器称为块炼铁锻件。金相为铁素体组织，较纯净；其夹杂物形态表现为大块的氧化亚铁-铁橄榄石型硅酸盐共晶夹杂，变形量小且沿加工方向延伸[1]。如在反复加热过程中，碳渗入而增碳变硬，则成为块炼渗碳钢，性能可接近甚至超过青铜[2]。

迄今中国发现最早的块炼渗碳钢制品为1975年湖南长沙出土的春秋末钢剑，也是目前已发现最早的钢剑[3]。河北满城1号汉墓[4]出土的刘胜佩剑M1∶5105和钢剑M1∶4249都有大共晶夹杂物，是块炼渗碳钢。前者脊部高低碳分层，低碳含0.1%～0.2%，高碳含0.5%～0.6%，刃部为淬火马氏体和上贝氏体。后者的金相为高低碳分5层，高碳含0.6%～0.7%，低碳含0.3%，夹杂物多分布在高碳层，各层组织均匀，刃部为马氏体，表层有无碳贝氏体和铁素体、索氏体。雁翔路创意谷墓地M93∶5铁剑含碳量低，几乎全部为铁素体，只有极少量的珠光体，且并未发现淬火组织。不经过淬火等热处理技术，其刃部可能较软，达不到实战中砍杀的硬度要求，质量比较差。说明至两汉期间，块炼铁及块炼渗碳钢在兵器的制作过程中仍旧沿用，对钢铁技术的使用及推广起了重要的作用。

雁翔路创意谷墓地 M154∶3 铁剑的金相组织为铁素体，边缘有淬火痕迹，基体上含有氧化亚铁夹杂，铁元素含量远远高于硅元素，为块炼铁制品（表五；图七、图八）。其中有不易受浸蚀区域，使用扫描电镜能谱仪分析后发现磷含量很高，为浮凸组织，原料很可能采用了高磷铁矿石。

表五　雁翔路创意谷墓地M154∶3铁剑样品扫描电镜成分分析（wt%）

编号	夹杂形态	Ca	P	Si	Fe
1	复相夹杂	1.6	16.4	6.3	75.7
2	复相夹杂	-	10.4	7.9	81.7
3	复相夹杂	-	14.4	4.7	80.9
4	复相夹杂	-	16.7	4.3	79.0
5	复相夹杂	-	15.2	5.5	79.3

5.2　铸铁脱碳钢

铸铁脱碳钢是通过白口生铁铸件在氧化性气氛中脱碳退火，使它的含碳量降低到钢的成分范围而不析出或很少析出石墨。可根据不同的用途，在退火时适当掌握规律，可以得到含碳量不同的高碳钢以至低碳钢。其夹杂物特点一般是数量少且多为硅酸盐，铁元素含量低硅元素含量高，各种元素含量较为均匀。

除了本文中的7件汉代铁剑是铸铁脱碳钢制品外，安徽天长三角圩西汉墓[5]出土的一柄铁

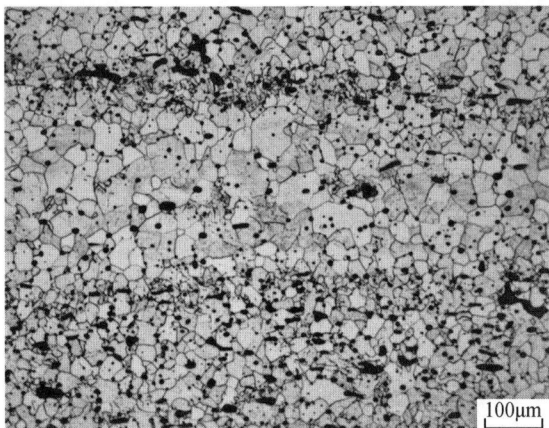

图七　雁翔路创意谷墓地M154：3铁剑的金相组织，
铁素体和大量夹杂物

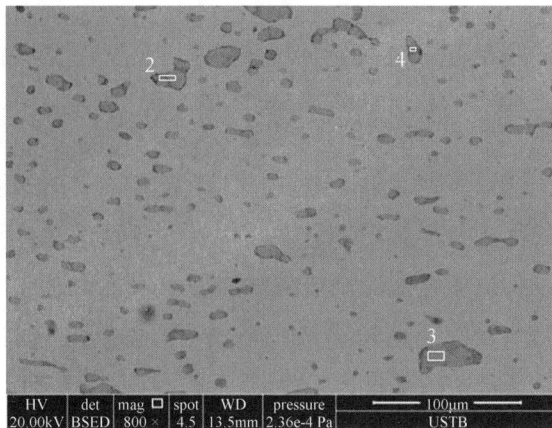

图八　雁翔路创意谷墓地M154：3铁剑样品组织中的
氧化亚铁—铁橄榄石型硅酸盐共晶夹杂

剑的金相组织也显示为珠光体加渗碳体，且细而均匀，较少见杂质，也是铸铁脱碳钢。申明铺遗址[6]出土的一件西汉铁剑有锻打痕迹，隐约可见共析珠光体，为铸铁脱碳钢。其夹杂物特点一般是数量少且多为硅酸盐，铁元素含量低硅元素含量高，各种元素含量较为均匀。雁翔路文化产业创意谷墓地出土的铸铁脱碳钢制成的铁剑说明至汉代，这种古代中国独有的炼钢技术已经成熟且大量应用于兵器制作中了。

雁翔路创意谷墓地 M208：6 铁剑有折叠锻打的痕迹且夹杂物较少，剑格为铜环首，类似于汉朝出现的环首刀。此外，许多汉代环首刀的材质都是铸铁脱碳钢，如北京大葆台西汉墓出土的环首铁刀，细小夹杂物略有延长，环首系锻造弯成；申明铺遗址[6]出土的东汉环首铁刀HXS-13有残存珠光体痕迹；河北徐水东黑山遗址[7]出土西汉早期的环首刀，铁素体、珠光体及其魏氏组织，含碳量约为 0.6%；西汉中后期的一件铁刀为过共析钢的魏氏组织，含碳量约为 0.8%；另一西汉中后期的铁刀芯部为珠光体组织，含碳量约为 0.6%，刃部为淬火马氏体组织，有单相夹杂物沿加工方向排列，锻打和局部淬火；以及一件东汉刀，其组织为铁素体、珠光体组织的亚共析钢组织，含碳量不均匀，低处约为 0.1%，高处约0.3%。

5.3　炒钢

炒钢是以生铁为原料，入炉熔融，并鼓风搅拌，促使生铁中的碳氧化，炼成熟铁或钢的新工艺。陈建立[1]指出炒钢金相组织均匀或分层且含碳量均匀，存在单相和亚复相夹杂，夹杂物细小且沿加工方向变形拉长。杨菊[8]认为在生铁炒炼过程中，磷还存在着被氧化脱除的过程，进而在炒炼的产品中留下特有的含磷非金属夹杂物，可作为炒钢工艺的一种判据。中国最早的炒钢技术始于西汉，现已发现最早的炒钢制品是河南省陕县汉墓[9]出土的一柄钢剑。

除了本次分析铁剑中的这5件以炒钢为原料的铁剑，广州南越王墓钢剑[10]、徐州五十炼钢剑[11]、陕西省扶风县汉墓[12]钢剑均使用了炒钢锻打工艺，说明炒钢在汉代已经被发明且技术成熟，并且广泛应用于钢铁制品中，汉代炒钢已经成为铁剑制作中的主流材质。此外，我国古代勤劳智慧的工匠在此基础上又创造了闻名于世的百炼钢。

5.4　夹钢

雁翔路创意谷墓地 M93：5 铁剑使用了夹钢工艺，铁剑芯部为含碳量较高的块炼渗碳钢，边部为块炼铁。虽然刃部锈蚀，但从样品横截面的高碳带延伸情况来看，刃部也应为硬度比较高的块炼渗碳钢。同样的工艺也出现在吉林榆树老河深中层文化墓葬出土的铁矛和直背环首刀[13]、辽宁北票喇嘛洞墓地出土的凿[1]、北京大庄科墓地铁镞[14]等器物（图九）上。

雁翔路创意谷墓地 M93：5铁剑金相组织两侧为铁素体且晶粒大，中间夹有一条铁素体和少量珠光体的带状区域，晶粒细小，质地纯净，基本没有夹杂物存在（图一〇）。两个区域存在着明显的界限，扫描电镜能谱分析结果（表六）显示编号 1~4 的夹杂区域铁元素含量颇高，含钙元素但含量不稳定；编号 5~7 的夹杂区域发现了含量非常高的硼元素，且除铁、硼外，并没有钾、镁、铝、锰、钙等元素存在，可能使用了硼铁矿。推测为块炼铁和块炼渗碳钢锻打而成。夹钢工艺虽然会加强刃部的强度和硬度，但同时也会加强铁剑芯部的硬度，降低其韧性，不利于实战中的弯折。

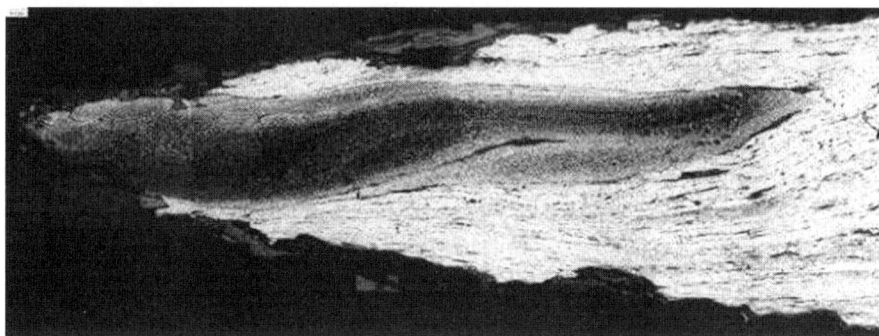

图九　北京大庄科墓地 D69 铁镞前锋组织

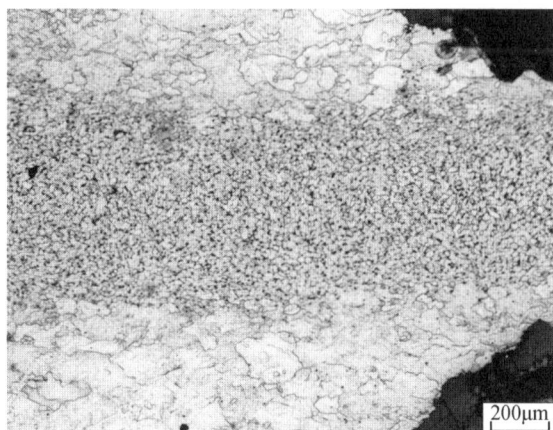

图一〇　雁翔路创意谷墓地 M93：5 铁剑金相组织

表六　雁翔路创意谷墓地 M93∶5 铁剑样品扫描电镜成分分析（wt%）

编号	夹杂形态	Mg	Al	Na	Ca	B	Si	Fe
1	复相夹杂	0.8	6.5	-	10.9	-	25.3	55.9
2	单相夹杂	-	-	0.3	0.9	-	0.2	98.6
3	单相夹杂	-	-	-	1.3	-	-	98.7
4	单相夹杂	-	-	-	1.1	-	-	98.9
5	单相夹杂	-	-	-	-	52.1	-	47.9
6	单相夹杂	-	-	-	-	18.2	-	81.8
7	单相夹杂	-	-	-	-	37.7	-	62.3

6.讨论

6.1　汉代铁剑制作技术

西安市雁翔路文化产业创意谷墓地出土的12件汉代铁剑在残断的情况下长度均在100cm左右，而在西汉时期，铁剑作为步兵的主要兵器应用于战争中，长剑在形制上的主要特点是把柄长，长柄是便于双手执柄以奋力挥杀，出土的汉代铁剑一般通长1.2米左右，剑身长约1米[15]。从器物特征来看，这12件汉代铁剑基本符合实用兵器标准。

西安市雁翔路文化产业创意谷墓地出土的12件汉代铁剑使用的材质有块炼铁、铸铁脱碳钢及炒钢三种，说明铁制兵器在当时已经十分普及，工匠对于冶铁技术的掌握也已十分纯熟。除此之外，两汉也出现了举世闻名的百炼钢工艺，经鉴定陕西省扶风县法门镇官务村窑院组98-1号汉墓[12]出土的一柄钢剑在制作时就使用了这种工艺。其基体是细片层片状珠光体和铁素体，平均密度约为4g/cm³，不到钢密度的一半。通过扫描电子显微镜能谱分析，发现该剑心部元素主要是铁和碳，硅、磷、硫都含量甚微，估计其原始含碳量约为0.65%～0.70%，具有良好的强度硬度和弹性韧性。

6.2　淬火和渗碳工艺的使用

在铁剑加工过程中工匠还使用了热处理技术，如淬火和渗碳等。把金属加热到临界点以上温度，获得高温相，然后急剧冷却，获得不平衡组织成为淬火。雁翔路创意谷墓地 M154∶3 铁剑、M66∶4 铁剑等均有淬火马氏体的存在，说明使用了淬火技术，相对提高了铁剑的硬度。上文中提到的河北满城汉墓[4]的两把铁剑、西汉南越王墓[10]出土的铁剑D171刃部均发现了马氏体，判定为局部淬火工艺。Michael R.[16]对日本剑金属学方面的研究，发现其制作工艺是将黏土涂覆在刃上，使得前缘的涂层很薄，而侧边和刃的背面的涂层很厚。这样在淬火时，只有前缘和下侧的组织转变为马氏体。就是用这种只将前缘转变为马氏体的方法来提高刃的韧性。在兵器的刃部进行局部淬火，可以在保持器物原有韧性的前提下提高使用部位的硬度，使芯部避免因淬火引起的脆性。

马明达[17]总结《居延汉简》的"善剑四事"，其中之一便是"其锋如不见，视白坚未至锋，三分所而绝，此天下利善剑也"。"其锋如不见"指铁剑的锋部与剑体浑然一体，没有明显的分界；"白坚"是指局部淬火工艺。这句话的意思是剑的锋部与剑体浑然一体，刃部在接近剑锋的位置停止，则是一把好剑。 从字面上理解，"白"为刃的颜色，"坚"为硬度，即淬火后刃部的颜色变浅、硬度增加，符合钢铁淬火后的特征。"视白坚未至锋，三分所而绝"是指剑身中靠近剑尖一端的三分之一处应没有淬火工艺，因为剑尖位置斩刺时所需韧性较大，若使用淬火后材质过硬易折。雁翔路创意谷墓地 M66：4铁剑取材于剑尖且发现淬火马氏体，通过对其金相组织和夹杂物分析，前者虽然含碳量高但组织不均匀，没有较好的机械性能，不能算为"善剑"之列。这点也说明当时的相剑师们判断剑优劣的方法是有一定道理和依据的。

在汉代为了增加钢铁的硬度，除了淬火以外，工匠们还常使用固体渗碳技术。钢制品经过表面渗碳处理后获得芯部柔韧及表面硬化的良好性能。如雁翔路创意谷墓地 M57：11铁剑的断面上就有渗碳痕迹，其扫描电镜成分分析显示铁剑中含钙、磷较多的氧化亚铁夹杂，可能使用了骨灰作为渗碳剂。此外，陕西省扶风县法门镇官务村窑院组98-1号汉墓[12]出土和广州南越王墓[10]出土的铁剑也都经过表面渗碳的处理。 Ghiara[18]对法国中部出土的公元前2世纪凯尔特人的三柄铁剑的刃部进行了科学分析。他们判断其中2柄的刃部为渗碳体并有正火工艺，余下那柄则为铁素体和冷锻工艺。同时，他们也认为通过对古代铁器显微组织的观察，可以再现古代铁匠掌握的工艺制造过程。

6.3　浮凸现象的产生

雁翔路创意谷墓地 M154：3 铁剑的金相组织为铁素体，边缘有淬火痕迹，基体上含有氧化亚铁夹杂，为块炼铁制品。其中有不易受浸蚀区域，使用扫面电镜检测后发现磷含量很高，推测为浮凸组织。浮凸组织是样品在用 4%硝酸酒精溶液浸蚀后，铁素体基体上出现不在同一平面上的浮雕状组织，是由于磷元素的偏析所引起的（图一一）。北票喇嘛洞的铁矛 7107就存在浮凸组织。浮凸组织产生的最基本的原因在于矿石中的磷和砷在冶炼过程中进入铁中，而在随后的脱碳退火和冷、热加工过程中而不能有效地脱去磷和砷[1]（图一二）。

6.4　折叠锻打工艺

西安市雁翔路文化产业创意谷墓地出土的12件汉代铁剑中，其中取7件剑尖、5件剑身作为实验样品。以剑尖为取样部位的7件铁剑中有5件铸铁脱碳钢制品和2件炒钢；而以剑身作为取

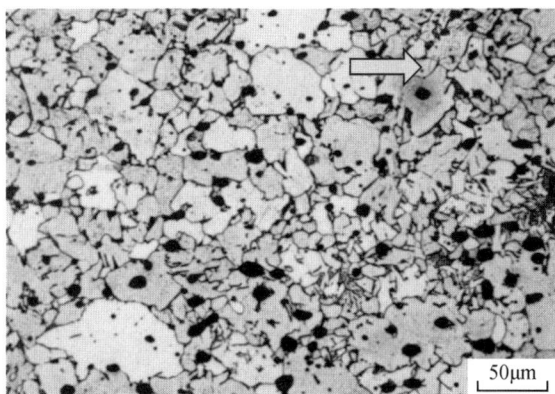

图一一　雁翔路创意谷墓地 M154：3 铁剑的浮凸组织　　　　图一二　北票喇嘛洞铁矛 7107 中的浮凸组织

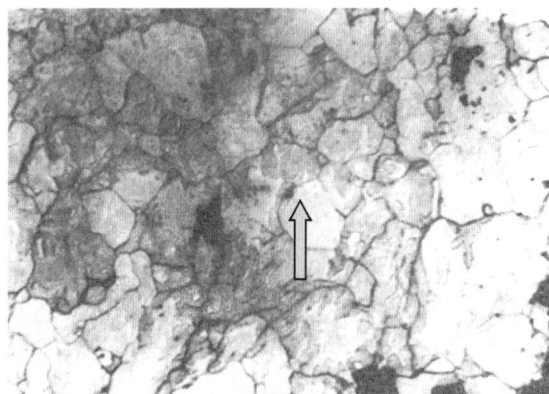

（×200）

样部位的5件铁剑中，有1件块炼铁制品、1件块炼铁和铸铁脱碳钢合铸制品、 3件炒钢打造。从M208：6、M154：3、M12：2的剑身和M149：8的剑尖的金相组织来看，都有明显的分层现象，说明4件铁剑采用了折叠锻打工艺，其中M12：2铁剑折叠层数超过30层（图一三）。铁剑分层现象的层间距窄，层数多，说明在铁剑的制作过程中折叠次数较多，制作时间长。在长时间的折叠锻打中，夹杂物愈加细小，组织愈加均匀，其机械性能也大大加强。

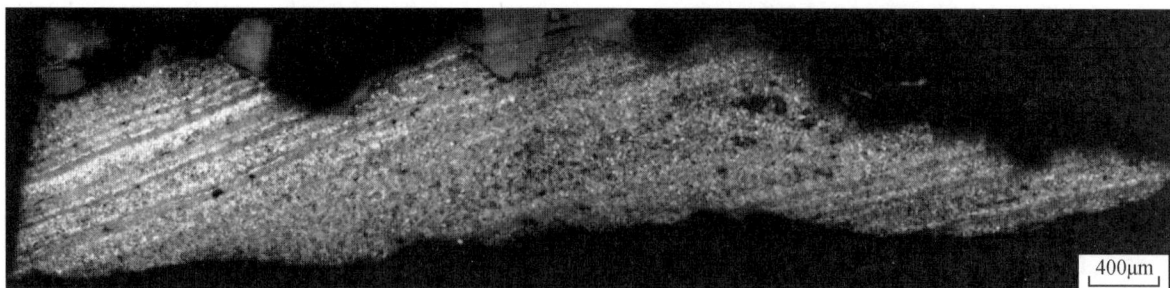

图一三　雁翔路创意谷墓地M12：2铁剑横截面的金相组织分层

徐州发现的东汉建初二年五十涷钢剑[11]，其刃口部分由珠光体和铁素体组成，分层明显，各层含碳量不同，组织较均匀；夹杂物数量不多，细薄分散，变形大，以硅酸盐夹杂为主，夹杂物排列成行（图一四）。雁翔路创意谷M12：2铁剑与徐州五十涷剑相似，不同的是徐州五十涷剑的剑镡内侧阴刻"直千五百"，而文献中也由记载当时做工尚可的一件剑的价格为"剑一，直六百五十"[19]，在当时六七百钱的价格也颇为不菲，相当于平常年景20余石的粮食。所以，可以推测这7件百炼钢剑在当时的市值约为六百到一千钱左右。按照汉代的容量计算，当时的20石相当于现在的400.0kg，是一个汉代下层官员一个月的俸禄。

除此以外，雁翔路创意谷墓地M147：7铁剑较为特殊，其金相组织含碳量低，组织均匀，全部为魏氏组织，未发现渗碳、局部淬火和折叠锻打等痕迹，疑为直接将铁剑坯料锻打而成，没有使用可改变其机械性能，增强其强度和韧性的工艺（图一五）。这种铁剑一般制作时间短、质量相对较差，不易于实战中使用，推测为一般平民佩剑或娱乐项目（如击剑、舞剑等）道具。

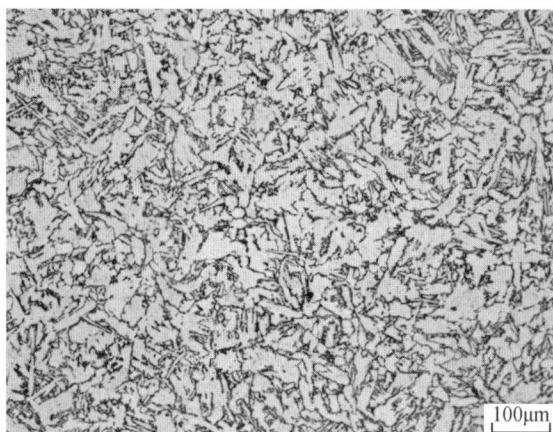

图一四　徐州东汉五十涷钢剑的金相组织　　　　　图一五　雁翔路创意谷墓地 M147：7 铁剑金相组织

7. 结论

　　本文对西安市雁翔路文化产业创意谷墓地出土的12件汉代铁剑进行了科学分析并就相关问题作了初步探讨。结果显示，经分析的12件汉代铁剑中有块炼铁、铸铁脱碳钢和炒钢三种材质类型，其中1件为块炼铁制品，6件为铸铁脱碳钢制成，5件为炒钢制品，且均为锻打而成。块炼铁与块炼渗碳钢体系在汉代铁剑的制作过程中在数量上有所下降，铸铁脱碳钢和炒钢则为汉代生产铁剑的主要用材，部分铁剑采用了夹钢工艺和百炼钢工艺，部分铁剑经过了渗碳、淬火处理。对汉代铁剑不同部位之间的工艺进行了初步探讨，认为其可能存在着某种制作规律。

　　　　　　　　　　　　　　　　　　（原刊于第四届中国技术史论坛，2015年9月）

　　（说明：文章名称中的"文化产业创意谷"是开发项目的名称，当时文章发表时，《西安黄渠头汉代墓地》报告的名称还未确定）

参 考 文 献

［1］　陈建立.北票喇嘛洞鲜卑墓地出土铁器的金相学及相关问题研究［D］.北京：北京科技大学，2001.

［2］　韩汝玢，柯俊.中国科学技术史：矿冶卷［M］.北京：科学出版社，2007.

［3］　长沙铁路车站建设工程文物发掘队.长沙新发现春秋晚期的钢剑和铁器［J］.文物，1978（10）：44-48.

［4］　北京钢铁学院金相实验室.满城汉墓部分金属器的金相分析报告［M］.中国社会科学院考古研究所，河北省文物管理处.满城汉墓发掘报告.北京：文物出版社，1980.

［5］　晏德付，秦颖，陈茜，等.天长西汉墓出土部分金属器的研究［J］.有色金属（冶炼部分），2011（9）：56-61.

［6］　戎岩，罗武干，魏国锋，等.申明铺遗址出土铁器的工艺考察［J］.文物保护与考古科学，2013（3）：64-70.

［7］　刘海峰，陈建立，梅建军，等.河北徐水东黑山遗址出土铁器的实验研究［J］.南方文物，2013（1）：133-142.

［8］　杨菊，李延祥，赵福生，等.北京昌平马刨泉长城戍所遗址出土铁器的实验研究——兼论炒钢工艺的一种判据［J］.中国科技史杂志，2014（2）：177-187.

［9］　中国社会科学院考古研究所实验室.陕县汉墓出土铁器的金相鉴定［M］.中国社会科学院考古研究所.陕县东周秦汉墓.北京：科学出版社，1994.

［10］　北京科技大学冶金史研究室.西汉南越王墓出土铁器鉴定报告［M］.广州市文物管理委员会，中国社会科学院考古研究所，广东省博物馆.西汉南越王墓.北京：文物出版社，1991.

［11］　徐州博物馆.徐州发现东汉建初二年五十湅钢剑［J］.文物，1979（7）：51-52.

［12］　周原博物馆.陕西扶风县法门镇官务村院组的98-1号汉墓［J］.考古与文物，2001（5）：17-29.

［13］　韩汝玢. 吉林榆树老河深鲜卑墓葬出土金属文物的研究［M］. 吉林省文物考古研究所. 榆树老河深. 北京：
　　　　文物出版社，1987：146.

［14］　程瑜. 北京延庆地区出土铁器的初步研究［D］. 北京：北京科技大学，2009：50.

［15］　上官绪智. 秦汉时期兵器生产情况新探［J］. 湖北师范学院学报（哲学社会科学版），2007（6）：65-68.

［16］　Michael R. The history of the metallographic study of the Japanese sword［J］. Materials Characterization,
　　　　2000(45): 253-258.

［17］　马明达. 居延汉简《相剑刀》册初探［J］. 敦煌学辑刊，1982（1）：79-89.

［18］　G. Ghiara et al. Microstructural Features in Corroded Celtic Iron Age Sword Blades［J］. The Minerals: 2014(5):
　　　　793-801.

［19］　谢桂华，李均明，朱国炤. 居延汉简释文合校［M］. 北京：文物出版社，1987.

后　记

　　自从《西安西汉壁画墓》出版后，我这心里就一直很不安。因为她被冠上了"杜陵汉墓考古报告之一"这个小标题。"之一"后已经五年多了，可这"之二"迟迟不能接上，让人心里怎能不着急。今天，《西安黄渠头汉代墓地》终于完成了，这"二"就算是接上了，让我也小小地舒了口气。"二"来了，"三"还会远吗？"三"可能是真的不远了，我们在缪家寨附近发掘的一批汉墓资料，目前正在紧锣密鼓地整理中，希望很快能与大家见面。

　　黄渠头这块，应该不算是个什么知名的地方，建设项目的用地也不大，一下子竟然挖出二百多座汉墓来，当时还是让人挺感意外的。发掘之初，本是没有什么想法的，因为报告上标明的只是几十座小墓。可一挖开，完全出乎意料，挖一座就牵出好几座来。于是全部铲面发掘，最后就挖出了这么一个结果。后来想想，这也没什么好奇怪的，因为它的南侧不远就是汉宣帝的杜陵邑。杜陵邑当时可是个有名的地方，高官显贵云集，人口多达几十万。发掘的这二百多座墓，应该仅仅是陵邑内居民公共墓地的一小部分。发掘工作由张翔宇领队，高博、刘汉兴现场负责，参加发掘的技术人员王励耘、赵俊英、王娅、王鑫博等。南开大学历史学院刘尊志教授、辽宁师范大学历史文化旅游学院徐昭峰教授带领同学们参与发掘工作。

　　这批墓葬整体上保存还是不错的，尤其是东侧Ⅰ区部分，因为这地方之前是黄渠头村的耕地，地形没有发生太大变化。发掘工作应该也是很认真的，尤其注重了墓葬的平面位置关系，墓葬分布图用全站仪统一测绘，确保了墓葬之间准确的相对位置关系。但也存在一些问题，如部分区域墓葬上部机械取土过深，失去了墓葬原始深度、斜坡墓道原始长度等重要信息。当时并没有感觉到这信息有多么重要，在报告编写到讨论墓葬建制需要统计墓葬深度、墓道长度的时候，深深感觉到这是一个重大缺失，且无法挽救。还有就是Ⅰ区北部的广大区域没有墓葬分布，不知道是真没有墓葬分布，还是当时勘探工作做得不够精细，把墓给漏掉了。地形上，向北虽然一直是下坡，墓葬可能会变少，但一座没有还是让人很疑惑的。如今，这些都已成为过去时，对报告编写是无补了。希望在今后的工作中，类似的情况尽可能少发生。

　　这批墓葬，分布非常密集，排列得也很齐整，还有好多未被盗扰，出土的东西也不错，尤其是出土一批保存较好的彩绘陶器，实在难得，更重要的是它可能与杜陵邑相关。所以，大家觉得应该把这批资料编出一本考古报告来，于是报告的整理与编写就这样开始了。前期的整理工作还是相当紧凑的，就在马腾空村租了个民房，边发掘，边清理，边修复，边绘图，发掘结束，清理、修复工作也基本完成了。之后，文物搬到秦二世陵遗址博物馆的地下库房，绘图、照像、写卡片、文字资料初稿就是在这里完成的。地下库的工作，留给我两个印象。一是让人回味无穷的霉香，几可与地上公园的芳草媲美，二是整理室内的大蚊子，一旦被叮上，得让你享受好几天。工作过程的苦与累，到现在都变成美好回忆。由于人员的流动（刘汉兴去中国人民大学读博），加上日常工作的忙碌，编写工作曾一度停了下来。"之一"出版后，又再次提上日程，修修补补，改来改去，断断续续到今天。

报告的编写中，我们特别重视墓葬之间的位置关系。如前所说，在发掘阶段，我们用全站仪统一测绘墓葬分布图，确保了墓葬相对位置的精确关系。介绍单个墓葬时，把墓葬的位置首先交代清楚，尤其是周边墓葬的关系，如与谁并列，与谁成组等。讨论部分，对墓地布局进行专题分析，年代结合平面，对墓葬进行了分组尝试，还获得了一点粗浅认识，希望对以后汉代公共墓地、家族（庭）墓地的研究有所帮助。另外，在资料编写中，我们对一些现象进行说明，以供大家参考，但为了确保资料的客观性，我们把这些文字放在括号内，以与正文区别开来。报告中还有诸多问题没有涉及或有待深入，如陶器的彩绘艺术，墓地中的外来文化因素等，因能力、精力有限，还是把这些留给有兴趣的同仁们去研究吧。

报告的编写主要由张翔宇、高博、刘汉兴、徐昭峰完成。整理的前期，刘汉兴付出的最多，墓葬形制与出土器物的文字初稿，主要是由他来完成的。后期，高博最为辛苦，前面的概述和后面初步研究部分的初稿、资料部分修改、各种统计表格、器物照片及排版等主要是由他来完成的。线图主要由王凤娥绘制完成，王娅、王鑫博参与了部分线图的绘制。出土器物线图的排版由高博、王娅、覃思鑫、秦宇星、林洁、蒋刚完成。张翔宇确定报告体例，制定编写大纲，完成初稿的补充、修改及统稿工作。考古发掘、资料整理及报告编写过程中，得到尚民杰院长、冯健院长、王自力副院长等领导的大力支持，张小丽、朱连华、柴怡等同事也为报告的编写提出了很多宝贵意见，科学出版社的张亚娜、闫广宇等同志在报告的编辑出版阶段也付出很多汗水。在此表示最衷心的感谢！

编　者

2023年9月

1. 黄渠头区域地貌

2. 黄渠头墓地地貌

黄渠头地形地貌

1. 西安市财政局干部考察工地现场

2. 郑州大学赵海洲教授指导现场发掘

工作交流

1. 辽宁师范大学实习生发掘清理Ⅱ区M5

2. 南开大学与辽宁师范大学实习生发掘清理Ⅰ区M1

3. 辽宁师范大学实习生发掘清理Ⅰ区M4

4. 发掘清理Ⅰ区M40

5. 辽宁师范大学实习生发掘清理Ⅰ区M46

6. 南开大学实习生发掘清理Ⅰ区M46

发掘现场

1. Ⅰ区M113：3

2. Ⅰ区M18：16

彩绘陶鼎（一）

1. Ⅰ区M125：1

2. Ⅰ区M174：1

彩绘陶鼎（二）

1. Ⅰ区M18：13

2. Ⅰ区M7：1

彩绘陶盒（一）

1. Ⅰ区M119：5

2. Ⅰ区M73：16

彩绘陶盒（二）

1. 盒（Ⅰ区M124∶2）

2. 盒盖（Ⅰ区M124∶2）

彩绘陶盒（三）

1. 盒（Ⅰ区M125：2）

2. 樽（Ⅰ区M74：10）

彩绘陶盒、樽

1.钫（Ⅰ区M73：14）

2.壶（Ⅰ区M74：16）

彩绘陶钫、壶

1. Ⅰ区M124：3

2. Ⅰ区M174：4

彩绘陶钫

1. Ⅰ区M42：16

2. Ⅰ区M74：5

彩绘陶仓（一）

1. Ⅰ区M181：6

2. Ⅰ区M188：11

彩绘陶仓（二）

1. Ⅰ区M68：6

2. Ⅰ区M68：6内部

3. Ⅱ区M5：6

4. Ⅰ区M198A：20

5. Ⅰ区M81：20

6. Ⅰ区M95：25

釉陶鼎

1. Ⅱ区M25：14

2. Ⅰ区M198A：11

3. Ⅰ区M46：8

4. Ⅰ区M48：13

釉陶盒

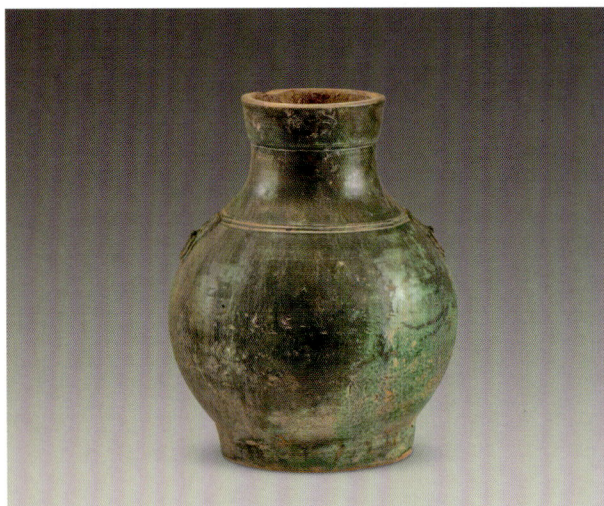

1. I区M68：5

2. I区M198A：18

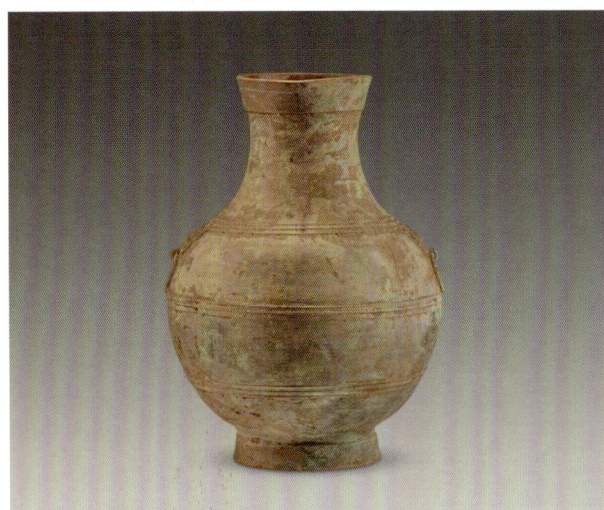

3. I区M198B：4

4. I区M48：19

5. I区M81：19

6. I区M95：5

釉陶壶

1. Ⅰ区M68：4

2. Ⅰ区M185：8

3. Ⅰ区M198A：23

4. Ⅰ区M81：23

5. Ⅰ区M95：1

6. Ⅰ区M95：2

釉陶樽

1. Ⅱ区M5：3

2. Ⅰ区M185：16

3. Ⅰ区M198A：7

4. Ⅰ区M48：9

5. Ⅰ区M81：9

6. Ⅰ区M95：22

釉陶仓

1.釜（Ⅰ区M185：19）

2.熏炉（Ⅰ区M81：17）

3.釜（Ⅰ区M95：26）

4.熏炉（Ⅰ区M95：4）

釉陶釜、熏炉

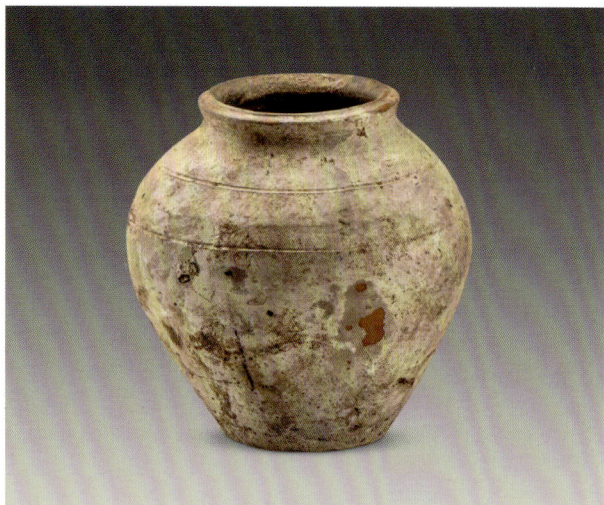

1. Ⅰ区M185：7

2. Ⅰ区M198A：15

3. Ⅰ区M40：1

4. Ⅰ区M40：1底部

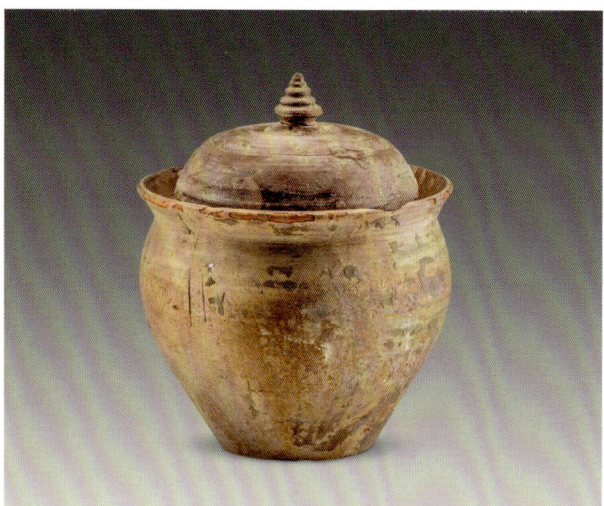

5. Ⅰ区M95：27

6. 双领口（Ⅰ区M95：27）

釉陶罐

2. I区M198B：14

铜钫

1. I区M131：1

1.釜（Ⅰ区M198B：22）

2.甑（Ⅰ区M198B：8）

3.灶釜甑组合（Ⅰ区M198B：9、22、8）

M198铜灶釜甑组合

1. Ⅰ区M189：2

2. Ⅰ区M198B：2

铜釜

1. Ⅰ区M30：1

2. Ⅰ区M36：1

铜镜（四）

1. Ⅰ区M46：1

2. Ⅰ区M48：1

铜镜（五）

1. Ⅰ区M53：1

2. Ⅰ区M57：3

铜镜（六）

1. Ⅰ区M63：3

2. Ⅰ区M64：1

铜镜（七）

1. Ⅰ区M71：5

2. Ⅰ区M72：1

铜镜（八）

1. Ⅰ区M73：1

2. Ⅰ区M73：2

铜镜（九）

1. Ⅰ区M79：1

2. Ⅰ区M81：2

铜镜（一〇）

1. Ⅰ区M83：2

2. Ⅰ区M86：1

铜镜（一一）

1. Ⅰ区M93：1

2. Ⅰ区M96：1

铜镜（一二）

1. Ⅰ区M103：1

2. Ⅰ区M112：8

铜镜（一三）

1. Ⅰ区M115：1

2. Ⅰ区M130：1

铜镜（一四）

1. Ⅰ区M134：1

2. Ⅰ区M136：1

铜镜（一五）

1. Ⅰ区M142：2

2. Ⅰ区M142：3

铜镜（一六）

1. Ⅰ区M148：1

2. Ⅰ区M149：1

铜镜（一七）

1. Ⅰ区M149：2

2. Ⅰ区M149：3

铜镜（一八）

1. Ⅰ区M162:1

2. Ⅰ区M164:2

铜镜(一九)

1. Ⅰ区M165：1

2. Ⅰ区M169：2

铜镜（二〇）

1. Ⅰ区M170：1

2. Ⅰ区M175：1

铜镜（二一）

1. Ⅰ区M193：2

2. Ⅰ区M195：3

铜镜（二四）

1. Ⅰ区M198A∶1

2. Ⅰ区M198B∶1

铜镜（二五）

1. Ⅰ区M205∶1

2. Ⅰ区M208∶1

铜镜（二六）

1. Ⅱ区M13：10

2. Ⅱ区M24：13

铜镜（二七）

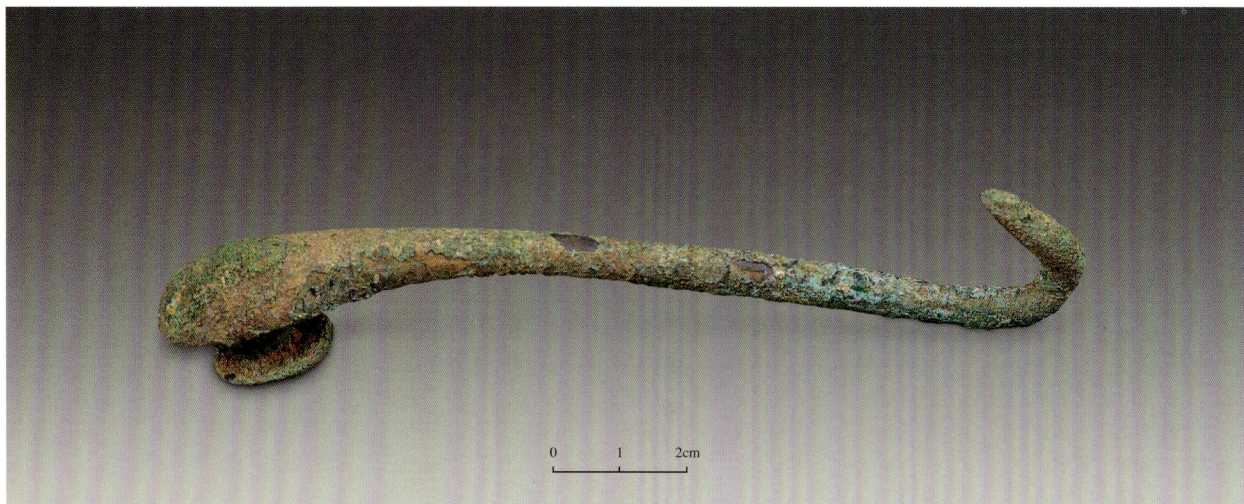

1. 带钩（Ⅰ区M198A：3）

2. 匙（Ⅰ区M198A：4）

3. 镜刷（Ⅰ区M48：30-2）

铜带钩、镜刷、匙

1. 铜环（Ⅱ区M22：1）

2. 弩机（Ⅱ区M24：10）

3. 饰件（Ⅰ区M57：8）

铜环、弩机、饰件

1. 菱形棺饰（Ⅰ区M149：10-1）

2. 柿蒂形棺饰（Ⅰ区M149：1-2）

3. 铺首环（Ⅰ区M48：3）

铜棺饰、铺首

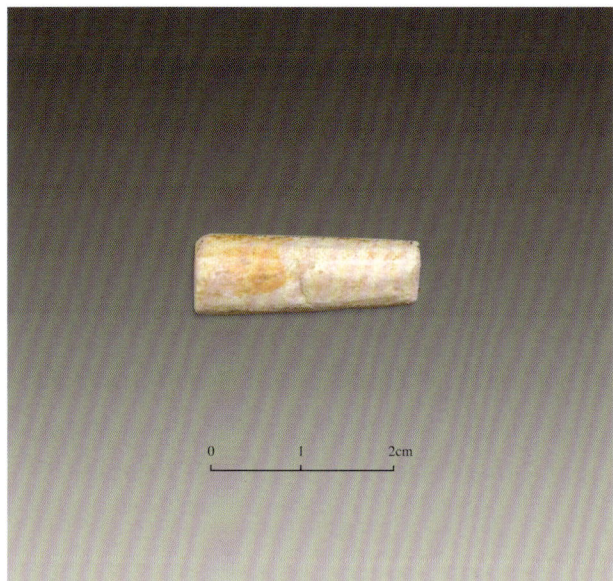
1. 鼻塞（Ⅰ区M20：3）

2. 眼罩（Ⅱ区M5：11）

3. 口琀（Ⅱ区M5：8）

4. 口琀（Ⅰ区M20：2）

玉器

1. 耳塞（Ⅰ区M20∶4）

2. 玉饰件（Ⅱ区M8∶4）

3. 剑珌（Ⅰ区M49∶3）

4. 剑彘（Ⅰ区M57∶5）

5. 饰件（Ⅰ区M198B∶7）

6. 铁剑柄（Ⅱ区M26∶5）

玉、石、铁器

1. Ⅰ区M13与M14

2. Ⅰ区M31与M32

3. Ⅰ区M31与M32之间过洞

4. Ⅰ区M40与M41

墓葬合照（一）

1. Ⅰ区M44与M45

2. Ⅰ区M53与M54

3. Ⅰ区M59与M60

4. Ⅰ区M68与M69

墓葬合照（二）

1. Ⅰ区M73与M74

2. Ⅰ区M75与M76

3. Ⅰ区M95与M96

4. Ⅰ区M114与M115

墓葬合照（三）

1. Ⅰ区M116与M117

2. Ⅰ区M120与M121

3. Ⅰ区M135与M136

4. Ⅰ区M160与M161

墓葬合照（四）

1. Ⅰ区M172与M173

2. Ⅰ区M181与M182

3. Ⅰ区M196与M200

4. Ⅰ区M207与M208

墓葬合照（五）

1. Ⅰ区M16

2. Ⅰ区M20

3. Ⅰ区M24

4. Ⅰ区M24墓室

Ⅰ区M16、M20、M24

1. Ⅰ区M26

2. Ⅰ区M27

3. Ⅰ区M27墓室

4. Ⅰ区M28

Ⅰ区M26、M27、M28

1. Ⅰ区M29

2. Ⅰ区M29墓室

3. Ⅰ区M31

4. Ⅰ区M31墓室

Ⅰ区M29、M31

1. Ⅰ区M36

2. Ⅰ区M36墓室

3. Ⅰ区M37

4. Ⅰ区M37墓室

Ⅰ区M36、M37

1. Ⅰ区M38

2. Ⅰ区M38墓室

3. Ⅰ区M40

4. Ⅰ区M40墓室

Ⅰ区M38、M40

1. Ⅰ区M41

2. Ⅰ区M41墓室

3. Ⅰ区M42

4. Ⅰ区M42墓室

Ⅰ区M41、M42

1. Ⅰ区M50

2. Ⅰ区M50墓室

3. Ⅰ区M51

4. Ⅰ区M51墓室

Ⅰ区M50、M51

1. Ⅰ区M52

2. Ⅰ区M52墓室

3. Ⅰ区M57

4. Ⅰ区M57墓室

Ⅰ区M52、M57

1. Ⅰ区M59

2. Ⅰ区M59墓室

3. Ⅰ区M60

4. Ⅰ区M60墓室

Ⅰ区M59、M60

1. Ⅰ区M62

2. Ⅰ区M62墓室

3. Ⅰ区M63

4. Ⅰ区M63墓室

Ⅰ区M62、M63

1. Ⅰ区M66

2. Ⅰ区M66墓室

3. Ⅰ区M67

4. Ⅰ区M67墓室

Ⅰ区M66、M67

1. Ⅰ区M68

2. Ⅰ区M68墓室

3. Ⅰ区M70

4. Ⅰ区M70墓室

Ⅰ区M68、M70

1. Ⅰ区M71

2. Ⅰ区M71墓室

3. Ⅰ区M72

4. Ⅰ区M72墓室

Ⅰ区M71、M72

1. Ⅰ区M73

2. Ⅰ区M73墓室

3. Ⅰ区M74

4. Ⅰ区M74墓室

Ⅰ区M73、M74

1. Ⅰ区M76

2. Ⅰ区M77

3. Ⅰ区M80

4. Ⅰ区M80墓室

Ⅰ区M76、M77、M80

1. Ⅰ区M81

2. Ⅰ区M81墓室

3. Ⅰ区M85

4. Ⅰ区M85墓室

Ⅰ区M81、M85

1. Ⅰ区M86

2. Ⅰ区M86墓室

3. Ⅰ区M87

4. Ⅰ区M87墓室

Ⅰ区M86、M87

1. Ⅰ区M89

2. Ⅰ区M89墓室

3. Ⅰ区M90

4. Ⅰ区M90墓室

Ⅰ区M89、M90

1. Ⅰ区M92

2. Ⅰ区M92墓室

3. Ⅰ区M93

4. Ⅰ区M93墓室

Ⅰ区M92、M93

1. Ⅰ区M95

2. Ⅰ区M95墓室

3. Ⅰ区M96

4. Ⅰ区M96墓室

Ⅰ区M95、M96

1. Ⅰ区M98

2. Ⅰ区M98墓室

3. Ⅰ区M99

4. Ⅰ区M99墓室

Ⅰ区M98、M99

1. Ⅰ区M100

2. Ⅰ区M100墓室

3. Ⅰ区M101

4. Ⅰ区M101墓室

Ⅰ区M100、M101

1. Ⅰ区M103

2. Ⅰ区M103墓室

3. Ⅰ区M104

4. Ⅰ区M104墓室

Ⅰ区M103、M104

1. Ⅰ区M105

2. Ⅰ区M105墓室

3. Ⅰ区M106

4. Ⅰ区M106墓室

Ⅰ区M105、M106

1. Ⅰ区M109

2. Ⅰ区M109墓室

3. Ⅰ区M110

4. Ⅰ区M110墓室

Ⅰ区M109、M110

1. Ⅰ区M111

2. Ⅰ区M111墓室

3. Ⅰ区M112

4. Ⅰ区M112墓室

Ⅰ区M111、M112

1. Ⅰ区M118

2. Ⅰ区M118墓室

3. Ⅰ区M119

4. Ⅰ区M119墓室

Ⅰ区M118、M119

1. Ⅰ区M120

2. Ⅰ区M120墓室

3. Ⅰ区M121

4. Ⅰ区M121墓室

Ⅰ区M120、M121

1. Ⅰ区M122

2. Ⅰ区M122墓室

3. Ⅰ区M124

4. Ⅰ区M124墓室

Ⅰ区M122、M124

1. Ⅰ区M125

2. Ⅰ区M125墓室

3. Ⅰ区M126

4. Ⅰ区M126墓室

Ⅰ区M125、M126

1. Ⅰ区M127

2. Ⅰ区M127墓室

3. Ⅰ区M130

4. Ⅰ区M130墓室

Ⅰ区M127、M130

1. Ⅰ区M131

2. Ⅰ区M131墓室

3. Ⅰ区M135

4. Ⅰ区M135墓室

Ⅰ区M131、M135

1. Ⅰ区M136

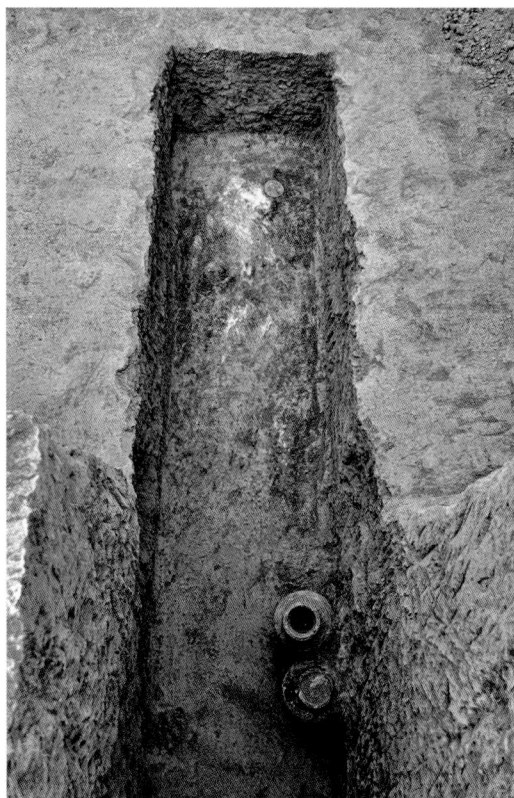

2. Ⅰ区M136墓室

3. Ⅰ区M137

4. Ⅰ区M137墓室

Ⅰ区M136、M137

1. Ⅰ区M141

2. Ⅰ区M141墓室

3. Ⅰ区M142

4. Ⅰ区M142墓室

Ⅰ区M141、M142

1. Ⅰ区M145

2. Ⅰ区M145墓室

3. Ⅰ区M146

4. Ⅰ区M146墓室

Ⅰ区M145、M146

1. Ⅰ区M147

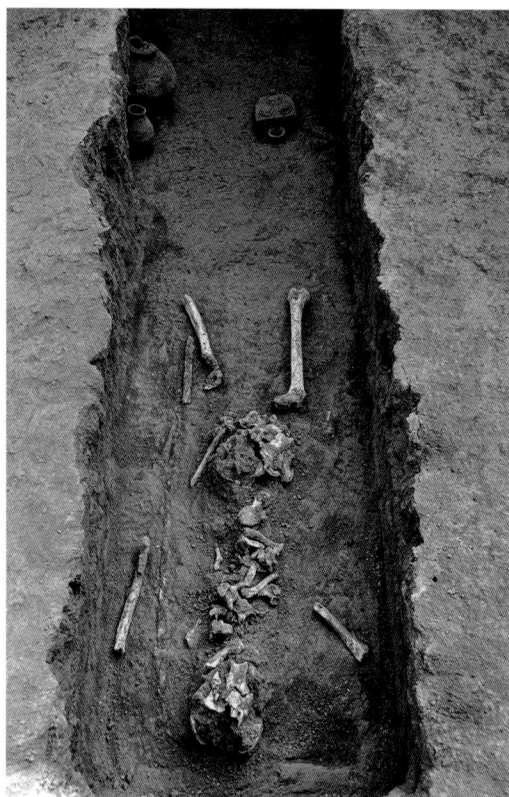

2. Ⅰ区M147墓室

3. Ⅰ区M148

4. Ⅰ区M148墓室

Ⅰ区M147、M148

1. Ⅰ区M149

2. Ⅰ区M149墓室

3. Ⅰ区M150

4. Ⅰ区M150墓室

Ⅰ区M149、M150

1. Ⅰ区M151

2. Ⅰ区M151墓室

3. Ⅰ区M152

4. Ⅰ区M152墓室

Ⅰ区M151、M152

1. Ⅰ区M153

2. Ⅰ区M153墓室

3. Ⅰ区M154

4. Ⅰ区M154墓室

Ⅰ区M153、M154

1. Ⅰ区M160

2. Ⅰ区M160墓室

3. Ⅰ区M161

4. Ⅰ区M161墓室

Ⅰ区M160、M161

1. Ⅰ区M163

2. Ⅰ区M166

Ⅰ区M163、M166

1. Ⅰ区M172

2. Ⅰ区M172墓室

3. Ⅰ区M173

4. Ⅰ区M173墓室

Ⅰ区M172、M173

1. Ⅰ区M174

2. Ⅰ区M174墓室

3. Ⅰ区M175

4. Ⅰ区M175墓室

Ⅰ区M174、M175

1. Ⅰ区M176

2. Ⅰ区M176墓室

3. Ⅰ区M177

4. Ⅰ区M177墓室

Ⅰ区M176、M177

1. Ⅰ区M178

2. Ⅰ区M178墓室

3. Ⅰ区M179

4. Ⅰ区M179墓室

Ⅰ区M178、M179

1. Ⅰ区M181

2. Ⅰ区M181墓室

3. Ⅰ区M182

4. Ⅰ区M182墓室

Ⅰ区M181、M182

1. Ⅰ区M184

2. Ⅰ区M184墓室

3. Ⅰ区M185

4. Ⅰ区M185墓室

Ⅰ区M184、M185

1. Ⅰ区M186

2. Ⅰ区M186墓室

3. Ⅰ区M188

4. Ⅰ区M188墓室

Ⅰ区M186、M188

1. Ⅰ区M189

2. Ⅰ区M189墓室

3. Ⅰ区M191

4. Ⅰ区M191墓室

Ⅰ区M189、M191

1. Ⅰ区M193

2. Ⅰ区M193墓室

3. Ⅰ区M194

4. Ⅰ区M194墓室

Ⅰ区M193、M194

1. Ⅰ区M195

2. Ⅰ区M195墓室

3. Ⅰ区M196

4. Ⅰ区M196墓室

Ⅰ区M195、M196

1. I区M197

2. I区M197墓室

3. I区M199

4. I区M199墓室

I区M197、M199

1. Ⅱ区M5

2. Ⅱ区M5墓室

3. Ⅱ区M8

4. Ⅱ区M8墓室

Ⅱ区M5、M8

1. Ⅱ区M12

2. Ⅱ区M12墓室

3. Ⅱ区M14

4. Ⅱ区M14墓室

Ⅱ区M12、M14

1. Ⅱ区M16

2. Ⅱ区M16墓室

3. Ⅱ区M18

4. Ⅱ区M18墓室

Ⅱ区M16、M18

1. Ⅱ区M19

2. Ⅱ区M19墓室

3. Ⅱ区M21

4. Ⅱ区M21墓室

Ⅱ区M19、M21

1. Ⅰ区M63封门

2. Ⅰ区M70半砖室券顶与封门

3. Ⅰ区M71封门

4. Ⅰ区M81封门

封门（二）

1. Ⅰ区M102封门

2. Ⅰ区M103封门

3. Ⅰ区M112封门

4. Ⅰ区M177封门

封门（三）

图版七八

2. Ⅰ区M46墓室北壁与小龛之间预留孔洞

4. Ⅰ区M198A-B封门

1. Ⅰ区M43封门及封门槽俯视

3. Ⅰ区M110封门内侧

封门（四）

1. Ⅰ区M12墓道、天井及过洞

2. Ⅰ区M50甬道及天井

3. Ⅰ区M59天井、过洞及木板封门槽

4. Ⅰ区M60天井及甬道

墓道、天井及过洞（一）

1. Ⅰ区M81墓道及天井

2. Ⅰ区M101墓道及过洞

3. Ⅰ区M101墓道及天井

4. Ⅰ区M114天井

墓道、天井及过洞（二）

1. Ⅰ区M12

2. Ⅰ区M14

Ⅰ区M12、M14出土陶器组合

1. Ⅰ区M18

2. Ⅰ区M24

Ⅰ区M18、M24出土陶器组合

1. Ⅰ区M26

2. Ⅰ区M27

Ⅰ区M26、M27出土陶器组合

1. Ⅰ区M29

2. Ⅰ区M36

Ⅰ区M29、M36出土陶器组合

1. Ⅰ区M38

2. Ⅰ区M40

Ⅰ区M38、M40出土陶器组合

1. Ⅰ区M42

2. Ⅰ区M48

Ⅰ区M42、M48出土陶器组合

1. Ⅰ区M52

2. Ⅰ区M68

Ⅰ区M52、M68出土陶器组合

1. Ⅰ区M73

2. Ⅰ区M74

Ⅰ区M73、M74出土陶器组合

1. Ⅰ区M81

2. Ⅰ区M85

Ⅰ区M81、M85出土陶器组合

1. Ⅰ区M90

2. Ⅰ区M93

Ⅰ区M90、M93出土陶器组合

1. Ⅰ区M95

2. Ⅰ区M113

Ⅰ区M95、M113出土陶器组合

1. Ⅰ区M116

2. Ⅰ区M117

Ⅰ区M116、M117出土陶器组合

1. Ⅰ区M124

2. Ⅰ区M126

Ⅰ区M124、M126出土陶器组合

1. Ⅰ区M131

2. Ⅰ区M151

Ⅰ区M131、M151出土陶器组合

1. Ⅰ区M162

2. Ⅰ区M181

Ⅰ区M162、M181出土陶器组合

1. Ⅰ区M185

2. Ⅰ区M194

Ⅰ区M185、M194出土陶器组合

1. Ⅰ区M198A

2. Ⅰ区M205

Ⅰ区M198A、M205出土陶器组合

1. Ⅱ区M5

2. Ⅱ区M25

Ⅱ区M5、M25出土陶器组合

1.罐（Ⅰ区M1：7）

2.仓（Ⅰ区M1：6）

3.釜（Ⅰ区M1：9）

4.筒瓦（Ⅰ区M1：11）

5.罐（Ⅰ区M12：4）

6.罐（Ⅰ区M12：5）

Ⅰ区M1、M12出土陶器

1.罐（Ⅰ区M12：10）

2.灶（Ⅰ区M12：8）

3.鼎（Ⅰ区M14：9）

4.盒（Ⅰ区M14：11）

5.钫（Ⅰ区M14：5）

6.罐（Ⅰ区M14：6）

Ⅰ区M12、M14出土陶器

1.罐（Ⅰ区M14：8）

2.罐（Ⅰ区M14：12）

3.仓（Ⅰ区M14：15）

4.灶、盆、甑（Ⅰ区M14：4）

5.鼎（Ⅰ区M18：16）

6.盒（Ⅰ区M18：13）

Ⅰ区M14、M18出土陶器

1.钫（Ⅰ区M18：14）

2.缶（Ⅰ区M18：15）

3.罐（Ⅰ区M18：7）

4.罐（Ⅰ区M18：8）

5.仓（Ⅰ区M18：3）

6.灶、盆、甑（Ⅰ区M18：11）

Ⅰ区M18出土陶器

1. 壶（Ⅰ区M20：7）

2. 罐（Ⅰ区M20：6）

3. 灶、盆、甑（Ⅰ区M20：5）

4. 鼎（Ⅰ区M24：10）

5. 盒（Ⅰ区M24：7）

6. 钫（Ⅰ区M24：9）

Ⅰ区M20、M24出土陶器

1.罐（Ⅰ区M24∶2）

2.罐（Ⅰ区M24∶6）

3.罐（Ⅰ区M24∶12）

4.罐（Ⅰ区M26∶6）

5.罐（Ⅰ区M26∶7）

6.釜（Ⅰ区M26∶8）

Ⅰ区M24、M26出土陶器

1. 灶、盆、甑（Ⅰ区M26：9）

2. 鼎（Ⅰ区M27：7）

3. 罐（Ⅰ区M27：3）

4. 罐（Ⅰ区M27：4）

5. 樽（Ⅰ区M27：5）

6. 仓（Ⅰ区M27：2）

Ⅰ区M26、M27出土陶器

1.灶、盆、甑（Ⅰ区M27：6）

2.鼎（Ⅰ区M29：7）

3.盒（Ⅰ区M29：5）

4.罐（Ⅰ区M29：13）

5.仓（Ⅰ区M29：9）

6.灶、盆、甑（Ⅰ区M29：3）

Ⅰ区M27、M29出土陶器

1. 灶纹饰（Ⅰ区M29∶3-1）

2. 罐（Ⅰ区M30∶4）

3. 灶、盆、甑（Ⅰ区M30∶3）

4. 鼎（Ⅰ区M36∶10）

5. 盒（Ⅰ区M36∶11）

6. 钫（Ⅰ区M36∶9）

Ⅰ区M29、M30、M36出土陶器

1.罐（Ⅰ区M36:4）

2.仓（Ⅰ区M36:15）

3.灶、盆、甑（Ⅰ区M36:13）

4.罐（Ⅰ区M38:3）

5.罐（Ⅰ区M38:5）

6.缶（Ⅰ区M38:1）

Ⅰ区M36、M38出土陶器

1. 釜（Ⅰ区M38：2）

2. 鼎（Ⅰ区M40：7）

3. 鼎（Ⅰ区M40：8）

4. 盒（Ⅰ区M40：9）

5. 壶（Ⅰ区M40：6）

6. 罐（Ⅰ区M40：1）

Ⅰ区M38、M40出土陶器

1.罐（Ⅰ区M40：5）

2.灶、盆、瓿（Ⅰ区M40：11）

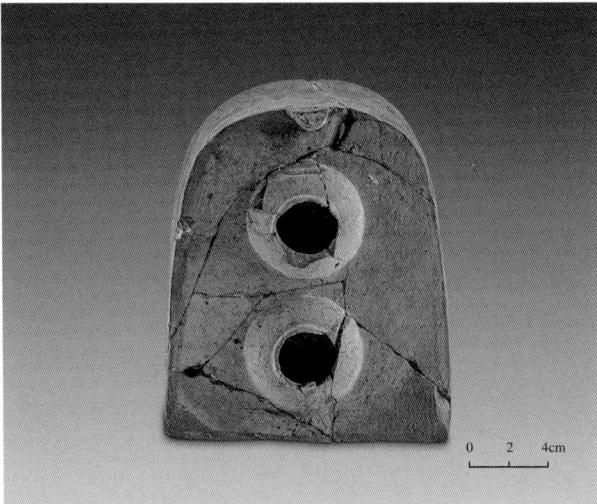

3.灶正面（Ⅰ区M40：11）

4.罐（Ⅰ区M41：3）

5.罐（Ⅰ区M41：4）

6.灶（Ⅰ区M41：5）

Ⅰ区M40、M41出土陶器

1.甑（Ⅰ区M41∶6）

2.鼎（Ⅰ区M42∶3）

3.盒（Ⅰ区M42∶6）

4.钫（Ⅰ区M42∶1）

5.罐（Ⅰ区M42∶11）

6.樽（Ⅰ区M42∶2）

Ⅰ区M41、M42出土陶器

1. 仓（Ⅰ区M42:16）

2. 灶、盆、甑（Ⅰ区M42:7）

3. 灶纹饰（Ⅰ区M42:7）

4. 鼎（Ⅰ区M43:12）

5. 盒（Ⅰ区M43:11）

6. 钫（Ⅰ区M43:4）

Ⅰ区M42、M43出土陶器

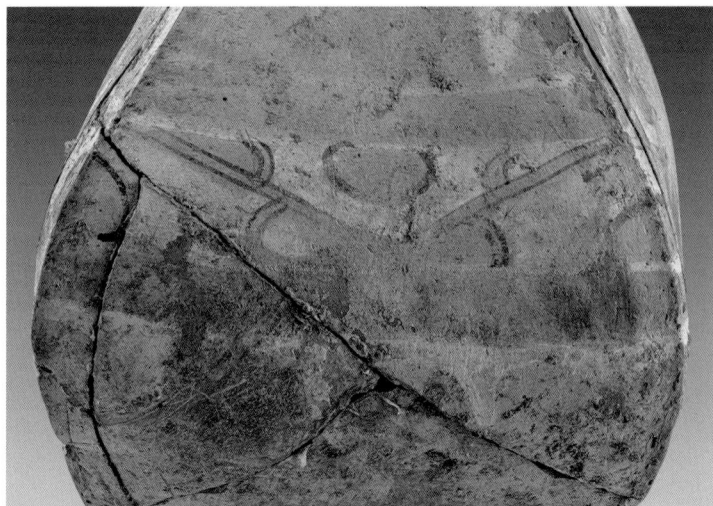
1. 钫纹饰（Ⅰ区M43：4）

2. 罐（Ⅰ区M43：9）

3. 仓（Ⅰ区M43：5）

4. 灶（Ⅰ区M43：6）

5. 灶纹饰（Ⅰ区M43：6）

6. 罐（Ⅰ区M44：4）

Ⅰ区M43、M44出土陶器

1.灶（Ⅰ区M44：5）

2.盒（Ⅰ区M46：8）

3.罐（Ⅰ区M46：5）

4.罐（Ⅰ区M46：11）

5.灶、甑、盆（Ⅰ区M46：13）

6.鼎（Ⅰ区M48：20）

Ⅰ区M44、M46、M48出土陶器

1. 盒（Ⅰ区M48：12）

2. 壶（Ⅰ区M48：19）

3. 罐（Ⅰ区M48：16）

4. 仓（Ⅰ区M48：9）

5. 灶、盆、甑（Ⅰ区M48：22）

6. 鼎（Ⅰ区M52：16）

Ⅰ区M48、M52出土陶器

1. 鼎（Ⅰ区M52：35）

2. 盒（Ⅰ区M52：17）

3. 钫（Ⅰ区M52：14）

4. 罐（Ⅰ区M52：12）

5. 仓（Ⅰ区M52：9）

6. 樽（Ⅰ区M52：15）

Ⅰ区M52出土陶器

1.灶、盆、甑（Ⅰ区M52：3）

2.盒（Ⅰ区M60：5）

3.罐（Ⅰ区M60：1）

4.罐（Ⅰ区M60：2）

5.灶（Ⅰ区M60：6）

6.鼎（Ⅰ区M68：6）

Ⅰ区M52、M60、M68出土陶器

1.鼎内部（Ⅰ区M68：6）

2.盒（Ⅰ区M68：9）

3.壶（Ⅰ区M68：5）

4.壶细部（Ⅰ区M68：5）

5.樽（Ⅰ区M68：4）

6.仓（Ⅰ区M68：12）

Ⅰ区M68出土陶器

1. Ⅰ区M68：13灶、盆、甑

2. 鼎（Ⅰ区M73：12）

3. 盒（Ⅰ区M73：16）

4. 钫（Ⅰ区M73：14）

5. 仓（Ⅰ区M73：9）

6. 罐（Ⅰ区M73：19）

Ⅰ区M68、M73出土陶器

1.灶（Ⅰ区M73：15）

2.鼎（Ⅰ区M74：15）

3.壶（Ⅰ区M74：16）

4.樽（Ⅰ区M74：10）

5.仓（Ⅰ区M74：5）

6.釜（Ⅰ区M74：11）

Ⅰ区M73、M74出土陶器

1. 灶（Ⅰ区M74：8）

2. 鼎（Ⅰ区M81：20）

3. 盒（Ⅰ区M81：22）

4. 壶（Ⅰ区M81：19）

5. 樽（Ⅰ区M81：23）

6. 仓（Ⅰ区M81：9）

Ⅰ区M74、M81出土陶器

1. 熏炉（Ⅰ区M81∶17）

2. 盒（Ⅰ区M84∶5）

3. 罐（Ⅰ区M84∶6）

4. 罐（Ⅰ区M84∶11）

5. 灶、盆（Ⅰ区M84∶10）

6. 鼎（Ⅰ区M85∶3）

Ⅰ区M81、M84、M85出土陶器

1.钫（Ⅰ区M85:4）

2.仓（Ⅰ区M85:1）

3.灶、盆、甑（Ⅰ区M85:2）

4.鼎（Ⅰ区M90:6）

5.盒盖（Ⅰ区M90:7）

6.钫（Ⅰ区M90:2）

Ⅰ区M85、M90出土陶器

1.缶（Ⅰ区M90：1）

2.罐（Ⅰ区M90：3）

3.灶、盆、瓿（Ⅰ区M90：9）

4.鼎（Ⅰ区M93：13）

5.盒（Ⅰ区M93：16）

6.钫（Ⅰ区M93：6）

Ⅰ区M90、M93出土陶器

1.罐（Ⅰ区M93：8）

2.罐（Ⅰ区M93：12）

3.灶、甑（Ⅰ区M93：11）

4.鼎（Ⅰ区M95：24）

5.鼎盖（Ⅰ区M95：24）

6.鼎（Ⅰ区M95：25）

Ⅰ区M93、M95出土陶器

1.壶（Ⅰ区M95：5）

2.罐（Ⅰ区M95：27）

3.罐口部（Ⅰ区M95：27）

4.樽（Ⅰ区M95：1）

5.樽（Ⅰ区M95：2）

6.仓（Ⅰ区M95：3）

Ⅰ区M95出土陶器

1. 仓（Ⅰ区M95：23）

2. 釜（Ⅰ区M95：26）

3. 釜口部（Ⅰ区M95：26）

4. 釜（Ⅰ区M95：30）

5. 熏炉（Ⅰ区M95：4）

6. 鼎（Ⅰ区M103：11）

Ⅰ区M95、M103出土陶器

1.盒（Ⅰ区M103：12）

2.罐（Ⅰ区M103：9）

3.仓（Ⅰ区M103：8）

4.樽（Ⅰ区M103：13）

5.灶、盆、甑（Ⅰ区M103：14）

6.罐（Ⅰ区M104：7）

Ⅰ区M103、M104出土陶器

1. 罐（Ⅰ区M104：12）

2. 樽（Ⅰ区M104：11）

3. 灶、甑、盆（Ⅰ区M104：9）

4. 罐（Ⅰ区M112：4）

5. 灶、甑、盆（Ⅰ区M112：1）

6. 鼎（Ⅰ区M113：3）

Ⅰ区M104、M112、M113出土陶器

1.缶（Ⅰ区M113：2）

2.罐（Ⅰ区M113：4）

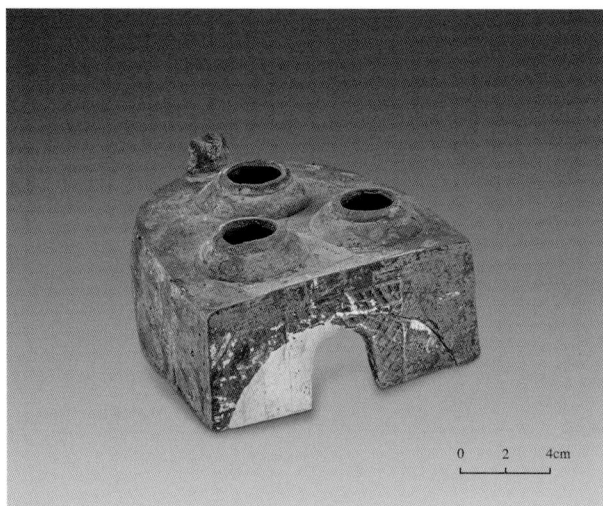

3.灶（Ⅰ区M113：1）

4.鼎（Ⅰ区M116：5）

5.钫（Ⅰ区M116：4）

6.罐（Ⅰ区M116：3）

Ⅰ区M113、M116出土陶器

1.灶、盆、瓿（Ⅰ区M116：2）

2.鼎（Ⅰ区M117：3）

3.鼎盖（Ⅰ区M117：3）

4.钫（Ⅰ区M117：8）

5钵（Ⅰ区M117：4）

6.罐（Ⅰ区M117：6）

Ⅰ区M116、M117出土陶器

1.灶、盆（Ⅰ区M117：12）

2.鼎（Ⅰ区M121：1）

3.钫（Ⅰ区M121：7）

4.釜（Ⅰ区M121：3）

5.罐（Ⅰ区M121：2）

6.鼎（Ⅰ区M124：1）

Ⅰ区M117、M121、M124出土陶器

1.鼎盖（Ⅰ区M124：1）

2.盒（Ⅰ区M124：2）

3.盒盖（Ⅰ区M124：2）

4.钫（Ⅰ区M124：3）

5.釜（Ⅰ区M124：4）

6.釜底部烟炱痕迹（Ⅰ区M124：4）

Ⅰ区M124出土陶器

1.灶、甑、盆（Ⅰ区M124：5）

2.盒（Ⅰ区M126：8）

3.壶（Ⅰ区M126：3）

4.壶铺首（Ⅰ区M126：3）

5.罐（Ⅰ区M126：4）

6.罐（Ⅰ区M131：5）

Ⅰ区M124、M126、M131出土陶器

1. 罐（Ⅰ区M131：8）

2. 釜（Ⅰ区M131：9）

3. 灶、甑、盆（Ⅰ区M131：12）

4. 鼎（Ⅰ区M151：2）

5. 盒（Ⅰ区M151：4）

6. 钫（Ⅰ区M151：12）

Ⅰ区M131、M151出土陶器

1.缶（Ⅰ区M151：5）

2.仓（Ⅰ区M151：7）

3.灶、盆、甑（Ⅰ区M151：6）

4.俑（Ⅰ区M151：14）

5.俑背面（Ⅰ区M151：14）

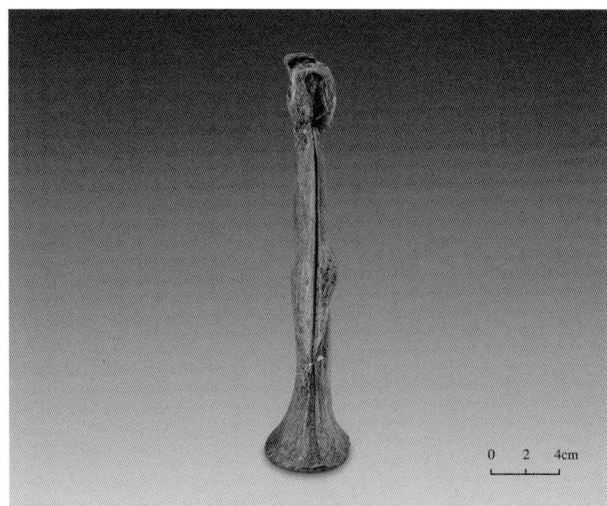

6.俑侧面（Ⅰ区M151：14）

Ⅰ区M151出土陶器

1. 俑（Ⅰ区M151：15）

2. 灶（Ⅰ区M157：6）

3. 缶（Ⅰ区M159：3）

4. 罐（Ⅰ区M159：5）

5. 釜（Ⅰ区M159：9）

6. 鼎（Ⅰ区M162：7）

Ⅰ区M151、M157、M159、M162出土陶器

1. 盒（Ⅰ区M162：9）

2. 钫（Ⅰ区M162：10）

3. 罐（Ⅰ区M162：6）

4. 仓（Ⅰ区M162：13）

5. 灶、盆、甑（Ⅰ区M162：16）

6. 鼎（Ⅰ区M174：1）

Ⅰ区M162、M174出土陶器

1. 盒（Ⅰ区M174：3）

2. 钫（Ⅰ区M174：4）

3. 灶、盆（Ⅰ区M174：5）

4. 盒（Ⅰ区M176：9）

5. 罐（Ⅰ区M176：8）

6. 罐（Ⅰ区M176：11）

Ⅰ区M174、M176出土陶器

1.灶（Ⅰ区M176∶12）

2.樽（Ⅰ区M181∶15）

3.罐（Ⅰ区M181∶11）

4.罐（Ⅰ区M181∶14）

5.仓（Ⅰ区M181∶6）

6.仓（Ⅰ区M181∶9）

Ⅰ区M176、M181出土陶器

1.灶、盆、甑（Ⅰ区M181：13）

2.盒（Ⅰ区M185：9）

3.樽（Ⅰ区M185：8）

4.仓（Ⅰ区M185：6）

5.罐（Ⅰ区M185：7）

6.釜（Ⅰ区M185：19）

Ⅰ区M181、M185出土陶器

1.灶、盆（Ⅰ区M185：11）

2.壶（Ⅰ区M194：5）

3.樽（Ⅰ区M194：11）

4.罐（Ⅰ区M194：12）

5.仓（Ⅰ区M194：8）

6.灶、盆、甑（Ⅰ区M194：15）

Ⅰ区M185、M194出土陶器

1. 灶正面纹饰（Ⅰ区M194：15）

2. 鼎（Ⅰ区M198A：20）

3. 盒（Ⅰ区M198A：11）

4. 壶（Ⅰ区M198A：18）

5. 壶（Ⅰ区M198A：26）

6. 罐（Ⅰ区M198A：15）

Ⅰ区M194、M198A出土陶器

1.樽（Ⅰ区M198A：23）

2.灯（Ⅰ区M198A：21）

3.仓（Ⅰ区M198A：10）

4.熏炉（Ⅰ区M198A：22）

5.熏炉内部（Ⅰ区M198A：22）

6.灶、盆、甑（Ⅰ区M198A：17）

Ⅰ区M198A出土陶器

1. 灶底部（Ⅰ区M198A：17）

2. 鼎（Ⅰ区M198B：16）

3. 盒（Ⅰ区M198B：17）

4. 壶（Ⅰ区M198B：4）

5. 壶铺首（Ⅰ区M198B：4）

6. 罐（Ⅰ区M198B：11）

Ⅰ区M198A、M198B出土陶器

1. 樽（Ⅰ区M198B∶6）

2. 壶（Ⅰ区M205∶25）

3. 釜（Ⅰ区M205∶4）

4. 罐（Ⅰ区M205∶6）

5. 罐（Ⅰ区M205∶7）

6. 罐（Ⅰ区M205∶8）

Ⅰ区M198B、M205出土陶器

1. 樽（Ⅰ区M205：24）

2. 钵（Ⅰ区M205：22）

3. 案（Ⅰ区M205：13）

4. 井（Ⅰ区M205：26）

5. 耳杯（Ⅰ区M205：20）

6. 斗（Ⅰ区M205：14）

Ⅰ区M205出土陶器（一）

1. 甑（Ⅰ区M205：5）

2. 灶（Ⅰ区M205：3）

3. 勺（Ⅰ区M205：16）

4. 鸡（Ⅰ区M205：9）

5. 鸡（Ⅰ区M205：10）

6. 狗（Ⅰ区M205：12）

Ⅰ区M205出土陶器（二）

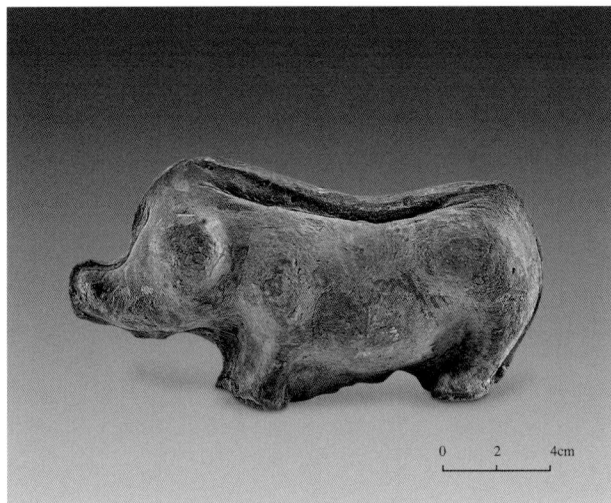

1.猪（Ⅰ区M205：11）

2.灯（Ⅱ区M3：1）

3.灶、盆、甑（Ⅱ区M3：2）

4.仓（Ⅱ区M5：3）

5.壶（Ⅱ区M5：5）

6.鼎（Ⅱ区M5：6）

Ⅰ区M205、Ⅱ区M3、Ⅱ区M5出土陶器

1. 樽盖（Ⅱ区M25：12）

2. 仓（Ⅱ区M25：5）

3. 灶（Ⅱ区M25：11）

4. 盒（Ⅱ区M25：14）

Ⅱ区M25出土陶器

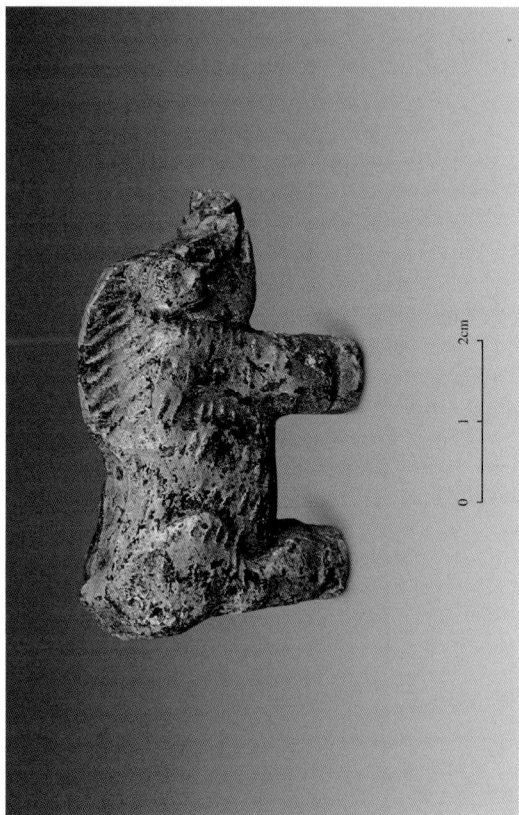

2. 狗（Ⅰ区M30：5）

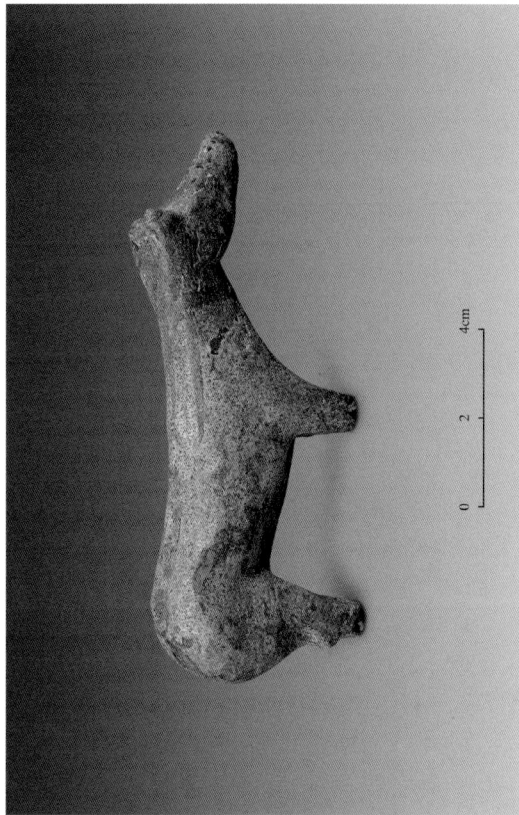

4. 猪（Ⅰ区M30：8）

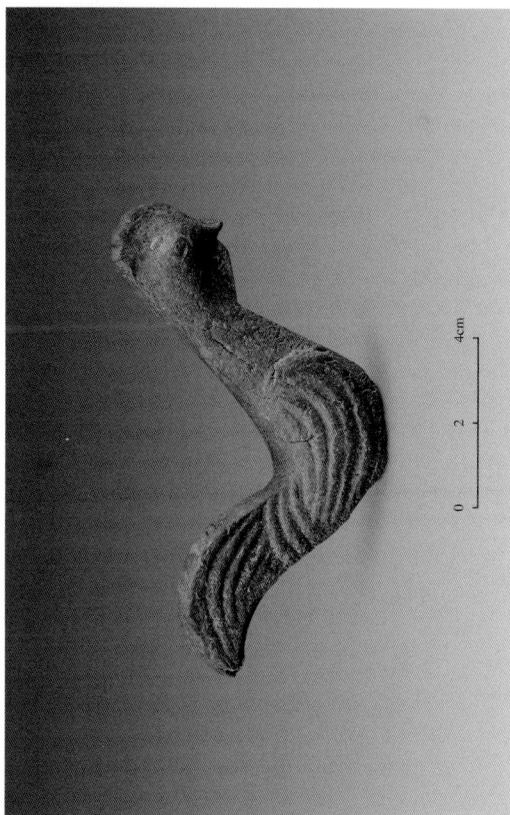

1. 猪（Ⅱ区M15：11）

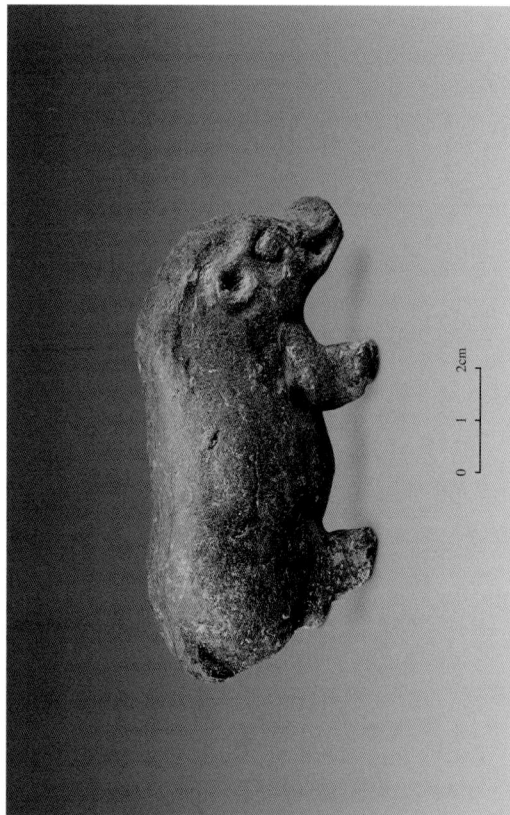

3. 鸡（Ⅰ区M30：6）

陶动物模型

1. 伞柄（Ⅰ区M122：12）

2. 当卢（Ⅰ区M174：7）

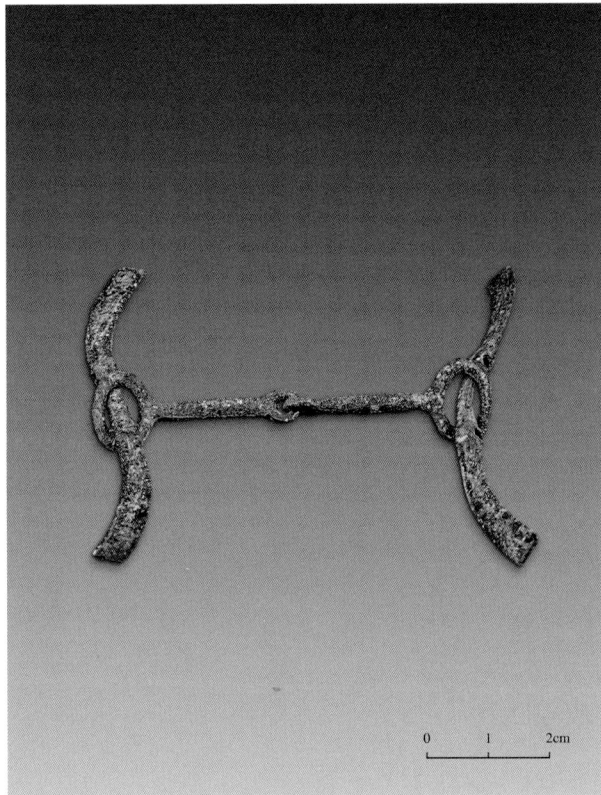

3. 马衔镳（Ⅰ区M185：1）

4. 铃（Ⅰ区M20：1）

铜车马件（一）

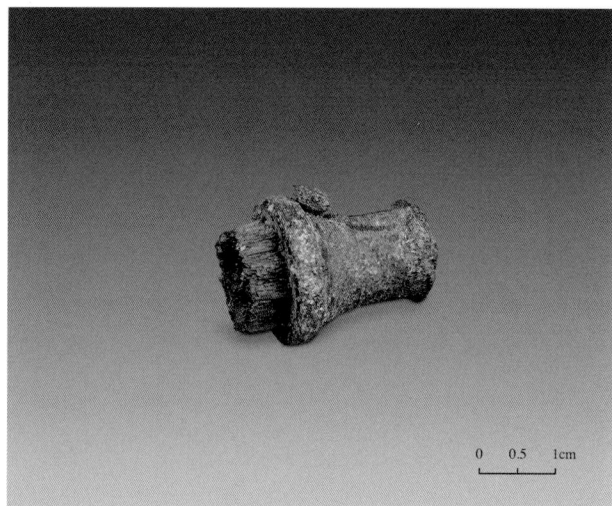

1. 辖軎（Ⅱ区M27：7）

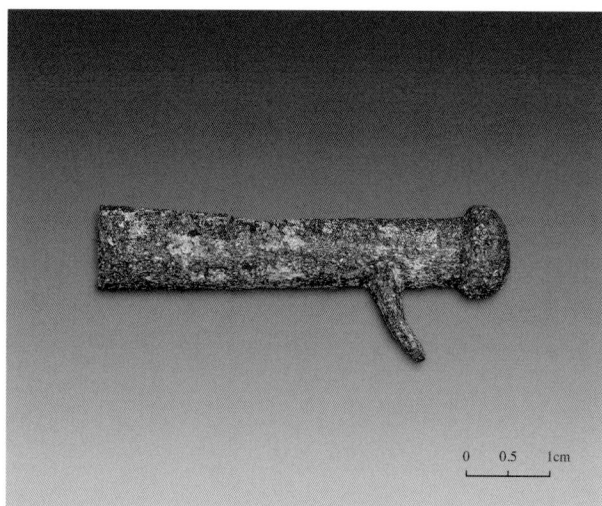

2. 盖弓帽（Ⅰ区M46：3）

3. 辖軎（Ⅰ区M95：10）

4. 衡末饰（Ⅰ区M95：12）

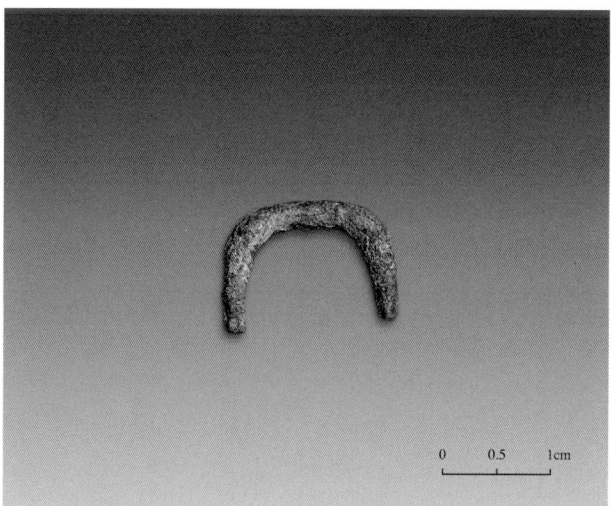

5. 车軏（Ⅰ区M95：13）

6. 扣饰（Ⅰ区M95：15）

铜车马件（二）

1. 扣饰（Ⅰ区M109：4）

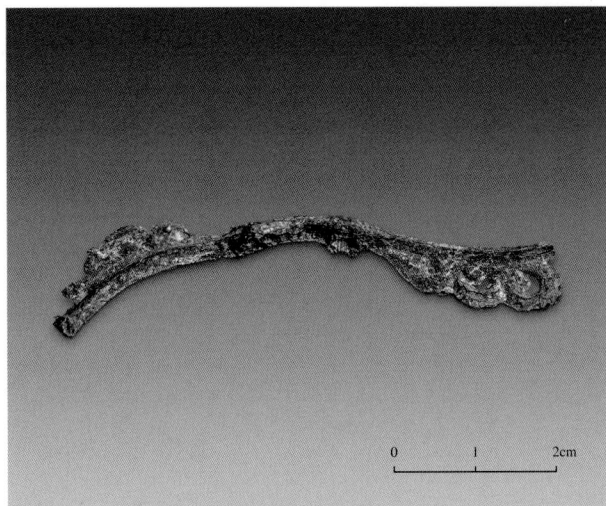

2. 马镳（Ⅰ区M126：9-1）

3. 车軎（Ⅰ区M126：9-2）

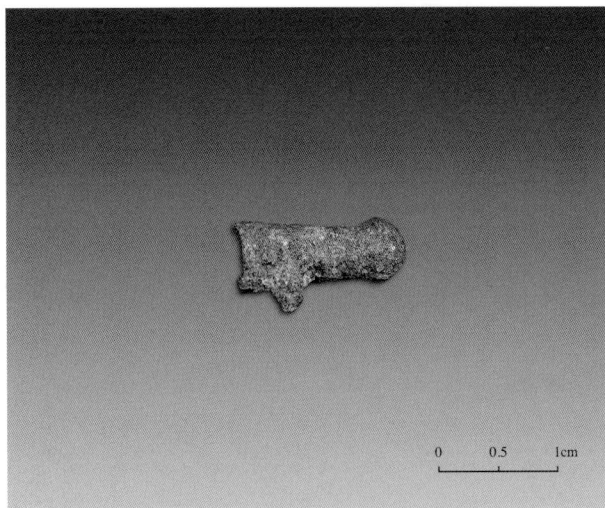

4. 盖弓帽（Ⅰ区M126：9-3）

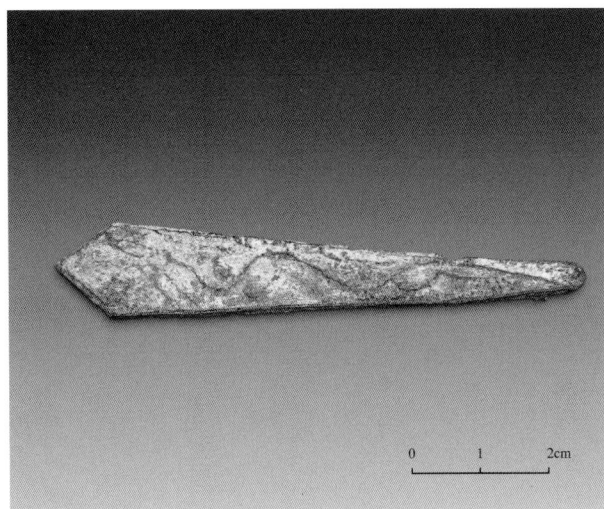

5. 当卢（Ⅰ区M42：18）

6. 衡末饰（Ⅰ区M68：21）

铅车马器

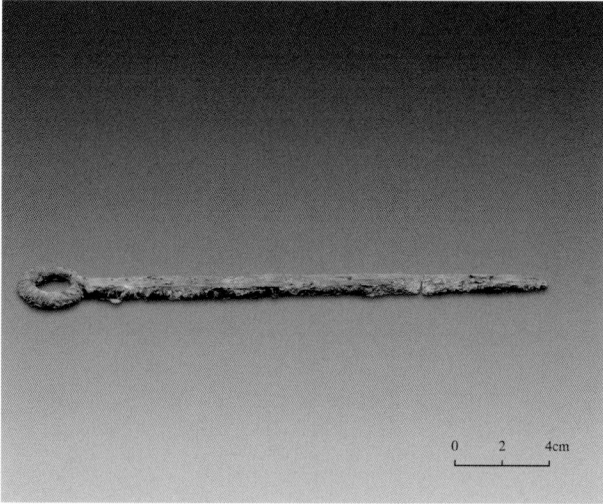

1. 环首削（Ⅱ区M18：17）

2. 钩（Ⅰ区M205：28）

3. 剑璏（Ⅰ区M74：26）

4. 磨石（Ⅰ区M104：14）

5. 石丸（Ⅰ区M173：1）

铁、石器

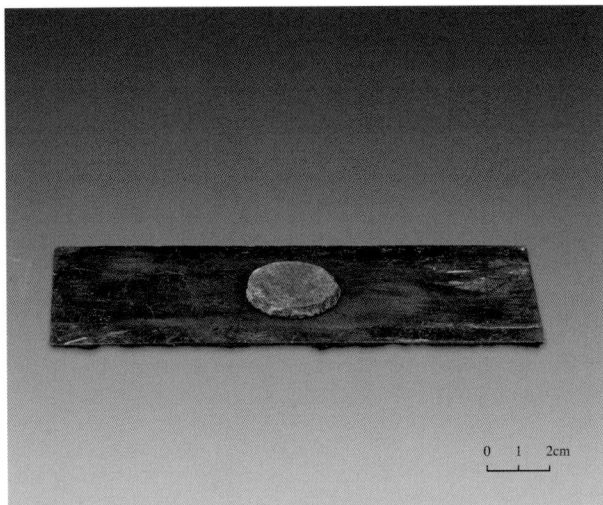

1. 石砚（Ⅰ区M208：4）

2. 泥灯（Ⅰ区M112：2）

3. 骨环（Ⅰ区M198B：21）

4. 泥球（Ⅰ区M67：5）

5. 陶球（Ⅰ区M97：2）

石、泥、骨、陶器